DIGITAL TRANSFORMATION
AND SHIPPING LOGISTICS

디지털 전환과 해운물류

한철환 · 김태일

박영사

해운산업은 거대한 2가지의 물결을 맞이하고 있다. 소위 '2D'의 탈탄소화(Decarbonization)와 디지털화(Digitalization)가 그것이다.

그런데 이 둘은 차이점이 있다. 탈탄소화는 해운업에 대한 규제로서 반드시 이행해야 하는 의무로 다가오는 반면, 디지털화는 선택이라는 착각에 빠지기 쉽다.

본서는 해운을 비롯한 물류산업이 왜 디지털 전환으로 나아가야 하는지를 분명하고 구체적으로 설명하고 있다.

정보시스템과 정보망을 연계하는 플랫폼을 구축하고 데이터를 공유하여 어떠한 경쟁도구를 생산하는지 현장의 사례를 보여준다.

새로운 기술을 적용해 이전에 없던 비즈니스 기회를 창출함으로써 기존의 산업 패러다임이 어떻게 변환되어 가는지를 통찰하게 한다.

무엇보다 우리의 현실 이해를 바탕으로 가능한 단계적 접근과 자원 확보, 그리고 지속가능한 발전 전략을 본서는 제시하고 있다.

해운과 물류산업의 디지털 전환, 무엇부터 어디서부터 시작해야 할까를 고민하는 분들께 일독을 추천드린다.

한국해양진흥공사 사장 김양수

우리는 4차 산업혁명의 시대에 살고 있다. 우리 생활에서도 사물인터넷과 인공지능 등을 활용한 사례를 많이 볼 수 있게 되었다. 스마트홈, 웨어러블 기기, 스마트 시티 등의 개념과 자율주행차 등이 대표적이다.

해운물류산업은 디지털화가 필연적이라고 강조되고 있다. 많은 전문가들은 해운물류산업에 있어 디지털화가 계약거래, 운송과정, 안전관리, 최적화 등 많은 비즈니스 과정에서 접목이 될 것으로 예상한다.

그러나 막상 무엇을 준비하고 논의해야 하는지 물어본다면, 선뜻 답을 내놓기가 쉽지 않다. 디지털 전환에 직면한 해운물류산업의 흐름을 이해하고, 해운물류산업이 어떠한 변화가 요구되는지는 끊임없는 탐색이 요구된다.

이 책은 해운물류산업에 있어 디지털화의 기본적인 개념부터 해운물류기업들의 실제 디지털화 사례 등을 통해 그동안 흩어진 논의주제를 일목요연하게 정리했다.

아울러 각 장마다 중요한 인사이트를 얻을 수 있는 내용들이 함께 녹아 있다. 해운물류산업과 관련된 많은 분들이 새로운 미래에 대응하고, 디지털화에 대한 나침반이 필요하다면 이 책을 적극 추천한다.

한국해양교통안전공단 이사장 김준석

코로나 이후의 시대를 예측하는 것은 불가능에 가깝다.

최근 세계 1위를 구가했던 글로벌 해운선사 머스크 라인이 29년 만에 왕좌를 MSC에 내어주고 2위로 밀려났다. 인류가 경험한 최악의 위기인 코로나로 인한 팬데믹은 '뉴노멀'이라는 신조어를 만들며 앞길을 예측하기 힘든 오리무중으로 만들었다. 지속되는 고금리, 강달러, 높은 인플레이션, 세계 공급망 붕괴, 러우 전쟁, 중동 분쟁 등은 그렇지 않아도 높은 해운물류 산업의 변동성에 불을 붙였고 더욱 예측하기 힘든 상황이 되고 있다.

우리나라를 비롯한 세계 대부분의 국민들은 이러한 경험들을 통해 해운물류 산업이 국가경제와 국민생활에 얼마나 큰 영향을 끼치고 있었는지 깨닫는 계기가 되었다. 원자재를 수입하여 가공, 제조하여 수출하는 반도체, 자동차, 조선 등 주요 수출품이 제조업을 기반으로 하는 우리나라는 해운물류산업이야 말로 국가경제를 떠받치고 있는 중요한 버팀목이었음을 많은 국민들이 깊이 이해하게 되었다.

이 책은 4차 산업혁명과 디지털 전환의 기본적인 개념에서부터 해운물류 분야의 디지털화 기술, 그리고 이 기술이 가져올 미래 변화에 이르기까지 해운물류 분야가 가야 할 디지털 전환의 미래 그림을 생생히 그리고 있다. 30여 년을 해양산업 정책의 현장에 있었고 본격적인 우리나라 해양 디지털화 정책이라 할 수 있는 '한국형 e-네비게이션 사업'을 계획하고 추진했던 본인으로서도 남다른 감회와 함께 앞으로의 다가올 미래를 생각하며 흥미진진하게 읽었다.

저자들의 예상이 맞고 안 맞고는 누구도 알 수 없다. 그러나 불확실한 미래를 저자들과 동행하고 그 시선을 함께 따라가 보는 것만으로도 다가올 급격한 변화를 준비하는데 큰 도움이 되리라 믿는다. 특히 해운물류산업의 중요성을 인식하고 미래 관련산업의 변화에 관심이 있는 학생과 취업을 준비하고 있는 분들이나 남다른 혜안을 갖고 싶은 분이라면 저자들과 함께 미래 여행을 다녀오라고 꼭 한번 권하고 싶다.

한국해양수산연수원 원장 김민종(前 중앙해양안전심판원장)

디지털 전환(DX, Digital Transformation)이 세계경제의 핵심 흐름으로 자리매김하고 있다. 디지털 전환은 기존에 존재하던 것을 디지털 방식을 통해 개선하거나 새로운 판을 형성하여 우리의 삶이 더 나은 방향으로 개선되는 현상을 말한다.

해운물류산업이 디지털 전환에 주목해야 하는 이유는 무엇일까? 바로 거대한 변화의 물결에 적응해 나가지 않으면 생존할 수 없다는 진리 때문이다.

디지털 전환은 해운산업의 미래를 여는 새로운 열쇠가 될 것이며 해운산업의 혁신을 위한 필수 과정으로 인식되고 있기 때문이다. 우리 해운산업도 지속가능한 미래 산업으로 혁신할 수 있는 '디지털 전환 열차'에 탑승할 적기를 놓쳐서는 안 될 것이다.

이 책은 해운에서의 디지털 전환을 너무 어렵게 느끼거나 이해하기 힘든 분들을 위해서 디지털 전환은 생각보다 우리 해운산업과 밀접히 연관되어 있다는 것을 제시하는 한편, 해운물류분야의 디지털 전환을 보다 체계적으로 이해하고 학습하는 데 큰 도움이 될 최적의 서적으로 평가된다.

한국항만경제학회 회장 김현덕(순천대학교 물류비즈니스 교수)

디지털 전환은 해운물류 미래 도약의 중요한 요소가 될 것이다. 증기선 개발과 컨테이너화라는 혁신이 세계 무역 발전의 주요 초기 동인이 되었듯이 디지털 전환과 혁신이 해운물류의 경쟁력을 다시 강화시킬 수 있을 것이다. 이 책은 디지털 전환 시대에 해운물류 측면에서 변화될 내용을 조망하고, 우리가 무엇을 준비해야 하는지를 잘 나타내고 있다

한국해운협회 상근부회장 양창호(前 한국해양수산개발원 원장)

코로나 팬데믹이 주는 교훈: 해운물류의 중요성

전 세계를 강타한 코로나 19가 서서히 끝을 보이고 있다. 코로나 팬데믹의 영향을 평가하기에는 다소 이른 감이 없지 않지만 그것이 세계 각국의 경제활동에 심대한 영향을 미쳤다는 것만은 분명한 사실이다. 코로나로 인해 중국을 비롯한 세계 주요 도시들과 항만 등 주요 물류거점들이 봉쇄되면서 의약품에서 자동차 부품의 조달에 이르기까지 글로벌 공급사슬의 붕괴로 지구촌 모두가 고통에 시달렸다. 코로나 팬데믹으로부터 우리가 배운 교훈 중 하나는 해운물류가 봉쇄되면 지구상 어느 국가도 정상적인 경제활동을 영위할 수 없다는 것이다. 다시 말해 세계 상품교역의 80%를 담당하는 해운물류가 멈추면 세계가 멈추게 된다는 사실을 이번 코로나 팬데믹을 통해 우리는 실감하게 되었다. 이제 대부분의 국가들은 코로나 팬데믹의 영향권에서 벗어났지만 향후 재발할지도 모르는 유사한 상황에 대비하여 해운물류의 회복력을 개선할 필요성은 그 어느 때보다 증가하고 있다. 이를 위해 국제기구와 선진국을 중심으로 해운물류분야의 디지털화를 촉진하여 전통적인 인간 상호작용과 서류기반 거래를 줄이고 국가간 교역을 자동화하려는 노력을 경주하고 있다. 특히 4차 산업혁명시대를 맞아 디지털화라는 거대한 흐름은 이제 해운물류분야도 피해갈 수 없는 상황이 되었다.

4차 산업혁명의 흐름에 물류산업도 적극 대응해야

　　인류는 농업혁명과 산업혁명을 거치며 새로운 기술이 개발됨에 따라 일자리를 잃게 되리라 걱정하며 살아왔다. 19세기 영국에서 일어났던 러다이트 운동에서부터 최근의 챗GPT와 같은 생성형 인공지능(AI)의 등장에 이르기까지 기술발전이 대량해고를 야기할 것이라는 우려는 끊임없이 제기되어 왔다. 하지만 인류 역사를 돌아볼 때 새로운 기술의 발전이 일부 일자리를 대체하기도 하지만 신규 일자리를 창출하는 효과가 더 컸던 것이 사실이다. 일례로 개인용 컴퓨터와 인터넷의 등장 등 정보통신혁명으로 인해 당초 사무직 일자리가 대폭 줄어들 것이라는 예상과 달리 모바일, 전자상거래, 공유경제(sharing economy)의 대두 등에 따라 IT기술로 무장한 새로운 사무직종들이 늘어났다.

　　세계는 지금 4차산업혁명이라 불리는 새로운 기술혁명의 초입에 있다. 4차산업혁명이 몰고 올 전환은 이전에 있었던 그 어떤 변화보다 강력하고 광범위하다.[1] 어떤 측면에서 4차산업혁명은 3차산업혁명이 야기한 디지털화의 연속선상에 있다고 볼 수 있지만, 사물인터넷(IoT), 클라우딩 컴퓨터, 인공지능, 로봇, 자율주행차량, 블록체인, 3D 프린팅 등과 같은 디지털 기술의 보급을 통해 물리적 세계와 가상세계를 융합시킨다는 점에서 차별성이 있다. 산업혁명 시대에 증기기관이 인간의 근력(muscle power)을 대체했다면 4차 산업혁명시대의 디지털 기술은 우리의 사고방식과 비즈니스 환경을 근본적으로 재구성함으로써 인간의 지력(brain power)을 대체할 전망이다.[2] 따라서 기업들은 디지털기술을 기반으로 전략, 조직, 프로세스, 비즈니스 모델 등 조직 전반을 변화시키는 디지털 전환(digital transformation: DX)을 적극 추진해야 한다.

물류산업 내부적으로도 비용절감과 기술투자에 대한 압력 증가

　　말콤 맥린(Macolm McLean)의 컨테이너 발명은 비단 대형 국제운송회사의 등장뿐만 아니라 미국과 서유럽 같은 거대 소비국의 제조업을 약화시키는 결과를 낳았다. 최근 보호무역주의의 대두와 자동화에 따른 생산비용 감소 그리고 코로나 19의 영향으로 니어쇼어링(near-shoring)과 리쇼어링(re-shoring)이 증가하는 추세이다.[3] 특히 코로나19로 인한 글로벌 공급사슬 붕괴는 해상운임의 폭등 등 물류비용을 지속적으로 상승시키고 있다. 과거에는 제조기업의 경우 제품가격에서 총비용에서 물류비용이 차지하는 비중이 낮아 물류비 절감을 위한 내부 노력이 부족했던 것이 사실이다. 그러나 최근 로봇을 포함한 자동화로 인해 제조비용이 지속적으로 감소함에 따라 제품가격에서 운송비 등 물류비가 차지하는 비중이 커지고 있다. 이에 따라 제조기업뿐만 아니라 물류기업 역시 제품과 서비스에 들어가는 투입요소를 줄여 물류서비스의 판매원가를 낮춰야 하는 시장압력에 직면해 있다.

고객수요의 다양화와 물류스타트업의 등장 등 외부 압력 증가는 물류기업으로 하여금 비용절감을 위한 기술의 중요성을 재평가하게 되었다. 이에 따라 전통적으로 B2B 산업인 물류산업의 디지털 전환을 위한 기술투자가 최근 크게 증가하고 있다. 2012년부터 2017년까지 벤처캐피탈은 해운물류관련 스타트업에 33억 달러(한화 약 40조원) 이상 투자하였고[4] 업계 선두주자들도 이에 뒤질세라 기술에 막대한 투자를 하기 시작했다. 미국의 종합물류기업인 로빈슨(C. H. Robinson)은 공급사슬에 심대한 영향을 미칠 기술부문에 향후 5년간 10억 달러를 투자하기로 발표했고, DHL 역시 디지털 전환에 20억 유로를 투자하기로 결정한 바 있다. 이에 따라 디지털 전환을 위한 적절한 투자를 수행하지 못한 기업은 경쟁에서 뒤처지게 되거나, 인수합병(M&A)을 당하는 등 시장에서 도태되는 운명을 맞이하게 될 것이다.

물류기업들도 디지털 전환을 슬기롭게 활용해야

대형 물류기업들은 이미 오래전에 행정지원서비스(back-office functions)를 해외센터로 이전하였고, 현재는 이들 기능을 자동화하기 위한 노력을 진행 중이다. 중형 물류기업들은 아웃소싱과 자동화간 손익에 대한 저울질을 계속하고 있다. 문서처리와 서류작업의 비용이 감소함에 따라 값싼 임금에 의존하는 저숙련 노동업무는 해외로 아웃소싱되거나 자동화될 것이다. 업무 자동화에 대한 투자 효과는 단순 업무의 해외 아웃소싱에 따른 비용절감을 능가할 것이다. 지난 수십년간 물류기업들은 팩스나 이메일과 같은 전통적인 방식을 유지해 왔기 때문에 디지털기술을 활용한 물류산업의 효율성 개선 기회는 무궁무진하다. 다만 기업문화, 조직의 우선순위, 환경변화에 대한 조직전략 등을 먼저 검토할 필요가 있다. 이제 물류기업은 디지털 전환의 큰 파고를 맞이하고 있으며 이러한 변화에 먼저 대응하는 기업만이 생존할 수 있는 시대가 될 것이다.

물류산업의 디지털 전환이란 무엇인가

디지털 전환이란 디지털 기술을 활용하여 비즈니스 프로세스, 비즈니스 모델, 비즈니스 생태계를 바꿔 고객에게 이전에는 경험하지 못한 새로운 가치를 제공하는 것이다. 이러한 디지털 전환은 효율적인 물류를 위해서도 필수 요소이다. 사물인터넷(IoT), 로봇, 인공지능(AI), 클라우드 컴퓨팅, 블록체인 및 빅데이터 분석과 같은 디지털기술을 활용하여 기업은 일상적인 업무의 자동화에서부터 운송, 보관, 하역, 포장 등 물류 전반의 효율성을 향상시킬 수 있다. 나아가 디지털기술을 물류프로세스에 통합하면 공급사슬 운영을 최적화하여 기업의 성과를 제고할 수 있다.

구체적으로 디지털 전환은 물류기업이 상품 배송을 실시간으로 추적하는 것은 물론, 개선해야 할 영역을 찾아내어 보완함으로써 기업의 생산성을 높일 수 있도록 지원한다. 또한 디지털 전환을 통해 배송 차량의 이동경로를 최적화하고, 도착 지연을 예측하여 사전에 개선하고, 차량 사고 발생 시 대안경로를 제공할 수 있다. 나아가 예측 정비(predictive maintenance), 운송경로 및 연료 최적화(route and fuel optimization), 차량 추적(traffic traceability) 등과 같은 기능을 통해 물류비용과 시간을 획기적으로 단축시켜 기업경쟁력 제고에 기여할 수 있다.

물류분야에 적용 가능한 디지털기술과 활용사례를 살펴보면 다음과 같다. 물류 및 공급사슬에 있어서 블록체인 기술은 특히 국제화물운송에 매우 유용하다. 스마트 계약과 DApps[5]은 안전한 데이터 배포, 분산 및 검증을 제공하여 공급사슬 내에서 신뢰와 가시성(visibility)을 높이는 데 중요한 기능을 제공한다. 증강현실(AR)은 물품의 피킹과 포장 등 창고운영을 근본적으로 변화시켜 물류기업에 중요한 경쟁우위를 제공할 수 있고, 가상현실(VR)은 물품의 무게, 내용 및 취급방법과 같은 중요한 배송정보가 VR 글래스에 표시되어 업무 효율성을 높일 수 있다. 또한 물류기업은 방대한 데이터에 접근할 수 있는데, 이러한 빅데이터를 딥러닝 기술을 통해 분석하여 비용이 많이 발생하는 배송지연 또는 부정적인 고객경험을 초래할 수 있는 잠재적인 문제들을 사전에 발굴하여 대처하는 데 유용하다. 인공지능(AI)과 기계학습(ML)은 공급사슬상 이해관계자들의 원격 네트워크 전반에 걸쳐 가시성과 통합성을 향상시킴으로써 공급사슬의 거버넌스와 데이터 사일로(data silos)[6] 문제를 해결할 수 있다. 디지털 물류 플랫폼(digital logistics platforms)은 물류기업의 운영 최적화와 보다 나은 고객경험을 위한 상호연계 시스템을 제공한다. 사물인터넷(IoT)은 제품 식별 및 데이터 분류, 배송경로, 위치 추적 및 재고관리를 용이하게 하는 등 공급사슬 운영에 혁신을 일으키고 있다. 사물인터넷과 컴퓨터를 결합하여 즉각적으로 데이터를 수집·처리하면 문서작업과 관련된 인적오류의 위험을 감소시킬 수 있다. 이러한 기술을 통해 기업들은 별도의 노력 없이 장비 상태나 분실된 화물을 실시간으로 추적할 수 있다. 또한 인공지능 기반 사물인터넷 설비가 부착된 장비를 이용해 최적화된 하역 솔루션과 해상운송경로를 제공받아 화물운송의 효율성을 높일 수 있다.

디지털 전환이 물류기업에 주는 편익

  디지털 전환은 물류산업에 효율성 향상을 통한 수익성 개선, 지속가능성, 안전성 그리고 고객만족 제고를 통한 기업경쟁력 강화 등 다양한 편익을 제공한다. 첫째, 운영 효율성 향상을 통한 수익성 개선이다. 기존 복잡한 수출입관련 서류작업을 디지털 플랫폼으로 전환하여 서류 없는 수출입 거래를 활용한다든가, 선박운항 데이터를 활용하여 최적의 운항경로를 도출하여 연료소비를 최소화한다거나, 인공지능 기술을 활용하여 예측정비(predictive maintenance)를 통한 선박관리시스템을 구축한다거나, 향후 자율운항선박 운영에 이르기까지 해운물류분야에 있어서 디지털기술을 활용하여 비용절감과 운영효율성을 제고할 수 있는 방안은 무궁무진하다. 특히 젊은층의 선원직 기피현상으로 유능한 선원인력을 확보하기 어려운 상황에서 최근 코로나 펜데믹으로 선원의 안전문제가 국제적 이슈로 부상함에 따라 안정적인 선원확보는 중요한 문제가 아닐 수 없다. 이러한 상황에서 디지털기술은 부족한 선원인력을 보완하고 인적오류에 의한 해상사고를 미연에 방지할 수 있는 중요한 대안이 될 수 있다.

  둘째, 디지털 기술은 해운물류산업의 지속가능성(sustainability)에도 큰 기여를 할 수 있다. 앞서 언급한 빅데이터와 인공지능 기술을 활용한 선박의 최적 운항경로, 폐기물이나 유해물질을 발생시키는 해양활동에 대한 실시간 모니터링, 무인자동화에 기반한 스마트항만의 등장은 탄소배출과 해양폐기물을 줄이고 취약한 해양생태계를 보존하는 데 기여할 수 있다.

  셋째, 안전성 확보이다. 해상이나 하역작업에 디지털기술을 활용하면 선박이나 항만에서 발생하는 해양사고를 획기적으로 줄일 수 있다. 예를 들어 선박운항 시 스마트 내비게이션 시스템을 사용하면 사람의 실수로 인해 발생할 수 있는 선박 충돌과 해난사고를 방지하는 데 도움이 된다. 2021년 수에즈운하에서 발생한 에버기븐호 좌초사고도 강풍이 주요 사고원인이었는데 이는 디지털 모니터링과 피드백 시스템으로 쉽게 감지할 수 있는 것이었다. 또한 네덜란드

로테르담항과 같은 항만들은 완전 무인 자동화 컨테이너터미널을 구축한 데 이어, 5G 네트워크를 활용해 무선 센서를 항만 곳곳에 배치하여 화물이동과 작업을 실시간으로 모니터링함으로써 작업자의 안전사고를 최소화하고 있으며, 벨기에 앤트워프항은 디지털 트윈 플랫폼을 구축하여 대량의 데이터를 실시간으로 수집할 수 있는 디지털 3D 맵을 구현하였다.

넷째, 고객만족 제고와 이해관계자들간 신뢰의 촉진이다. 물류분야의 디지털 전환은 고객이 자신의 화물처리 주문을 처음부터 끝까지 추적·확인하는 것을 가능하게 만들어 시간과 비용 절감이라는 두 마리 토끼를 모두 잡을 수 있다. 고객들이 언제 자신의 상품이 배송되는지 예상하거나 또는 배송과 관련하여 변경사항이 발생했는지 알고 싶을 때 해당기업이 제공하는 디지털배송플랫폼에 접속하여 직접 확인할 수 있다. 이처럼 상품 배송과 관련된 모든 프로세스에 대한 정보가 제공되면 고객의 만족과 신뢰는 증가하게 된다.

디지털 전환, 가능한 분야부터 단계적으로 추진해야

디지털 전환은 이제 선택이 아닌 필수이다. 사회경제적 측면에서 볼 때 저출산 고령화 시대를 맞아 숙련노동의 부족과 인건비 상승에 기업들이 대응하기 위해서는 로봇 등 자동화를 적극 추진해 나갈 수밖에 없다. 또한 지난 3년간 코로나 팬데믹을 겪으면서 비대면 업무의 증가로 디지털기술에 대한 수요도 크게 증가하였다. 이러한 현상은 쉽게 사그라지지 않을 것이다. 제러미 리프킨이 말한 한계비용 제로사회(zero marginal cost society, 일명 공유경제)에서는 새로운 디지털기술의 발전에 따라 업무 자동화의 비용이 급속히 감소할 것이므로 물류기업은 자신들의 기존 비즈니스 프로세스를 재구성하여야 한다.[7] 게다가 시장환경 측면에서도 새로운 기술로 무장한 물류스타트업 기업들이 시장에 속속 등장함에 따라 물류기업간 경쟁이 갈수록 심화되고 있는 상황에서 디지털 전환은 기존 물류기업에게도 생존을 위한 필수 전략이다.

그렇다면 물류기업들은 디지털 전환을 어떻게 추진해 나가야 할까? 무엇보다 물류기업들은 디지털 기술 도입에 필요한 예산을 어떻게 확보할 것인가? 고정비용의 비중이 높고 이윤율이 낮은 물류산업의 특성상 막대한 투자비용이 소요되는 디지털 전환에 쉽게 뛰어들 수 있는 기업은 많지 않을 것이다. 특히 영세업체가 많은 국내 해운물류업계의 특성상 디지털 전환을 추진하기란 말처럼 쉬운 일이 아니다. 중소형 물류기업의 경우 재무적 상황이나 시간적 제약을 고려할 때 다양한 디지털기술을 내부적으로 직접 개발하기보다는 전문업체들이 개발한 기술을 조직의 내부환경에 맞게 응용하거나 아웃소싱하는 편이 낫다. 무엇보다 개별기업의 디지털 전환 추진 목표를 명확히 수립한 후 현실적으로 실행가능한 사업이나 분야부터 단계적으로 추진해 나가는 것이 중요하다. 필요하다면 외부 컨설팅을 활용하거나 혹은 조직 내부에 전담부서를 두고 추진해 나가는 방법도 있다. 분명한 것은 도입하려는 디지털기술의 잠재적 편익이 해당 기술을 습득하거나 활용하는 데 들어가는 비용을 상회하여야 한다. 디지털 전환은 기업의 업무를 보다 효율적으로 수행하는 데 도움이 되기도 하지만 사내 일부 직원들의 일자리를 빼앗아 갈 수도 있다. 이들이 회사의 디지털 전환을 가로막는 장애물이 되지 않도록 적절한 배려가 있어야 함은 물론이다.

극복해야 할 디지털 전환의 장애요인들

대다수 물류기업들이 디지털 전환의 필요성에 공감하더라도 극복해야 할 현실적인 장애가 많은 것 또한 사실이다.

첫째, 물류업계 종사자들은 디지털 전환이 비즈니스 측면에서 비용이 많이 들고 위험한 것으로 생각한다는 점이다. 이러한 인식은 해운산업처럼 수익률이 낮고 서비스 차별화가 어려워 비용절감에 집중하는 산업에서 디지털 전환의 큰 장애물이 되고 있다. 대부분의 해운기업은 디지털기술이 세상에 알려진 것만큼 실질적인 효과가 있는지 알아보기 위해 선도자가 되고 싶어 하지 않는다. 많은 해운기업 CEO들이 자신들의 사업 영역에서 디지털화의 실용성을 테스트하는 데 돈을 쓰는 것을 꺼려한다는 말이다. 이 같은 보수적 성향이 해운물류분야의 디지털화가 다른 분야보다 미진한 이유 중 하나다. 해운물류기업의 디지털 전환에 대한 조직 구성원들의 인식과 태도를 바꾸고 디지털 역량을 키우는 것이 무엇보다 중요한 이유다.

둘째는 데이터 공유의 문제이다. 빅데이터의 수집과 분석, 기계학습 등 성공적인 디지털화를 위해서는 데이터 공유가 필수적이다. 선사간 선박 운영 데이터의 공유, 선사-항만-내륙운송 기업 및 기관간 데이터 공유 등은 해운물류분야의 디지털 전환에 있어 중요한 선결요건이다. 그러나 안타깝게도 많은 해운기업들이 영업비밀 보호 차원에서 데이터 교환보다 데이터 보호를 우선시하고 있다. 이는 해운산업의 원활한 디지털 전환을 저해하여 해운산업 전체의 발전을 가로막는 장벽으로 작용하고 있다.

세 번째 장애요인은 사이버 보안(cyber security)이다. 기업이 실시간으로 데이터를 공유하거나 기존 프로세스와 시스템을 디지털 솔루션으로 전환하는 것을 꺼리는 이유 중 하나는 사이버 공격에 대한 두려움 때문이다. 디지털기술의 채택은 기술적으로 사이버 공격의 위험과 영향을 증가시키기 때문에 이러한 두려움은 일면 타당한 측면도 있다. 왜냐하면 중요한 인프라에 대한 사이버 공격은 사업운영과 수익성에 막대한 영향을 미칠 수 있기 때문이다. 또한 최고경영자는 디지털기술 도입 시 사이버 보안시스템을 설치하고 유지하는 데 들어가는 비용 수반을 꺼려한다. 그러나 암호화된 안전한 디지털시스템이 지속적으로 개선되고 있으며, 적절한 예방계획을 수립하면 사이버 공격의 위험을 대폭 줄일 수 있다.

디지털 전환은 선택이 아닌 필수

디지털 전환은 해운 비즈니스 생태계에 막대한 이점을 제공한다. 한국 해운물류업계가 효율성, 수익성, 안전성 및 지속가능성을 달성하여 세계 해운물류산업의 명실공히 리더가 되기 위해서는 디지털 전환이라는 기회를 적극 활용하여야 한다. 해운기업이 산업특성상 서비스 차별화가 용이하지 않아 비용절감에 치중하기 때문에 기존 비즈니스 프로세스를 디지털로 전환하는 데 신중을 기하는 점은 일면 이해가 되는 측면도 있다. 그럼에도 불구하고 해운물류분야 이해관계자들에게 디지털 전환의 광범위한 이점을 이해시켜 최고경영자들을 디지털 전환 회의론에서 벗어나게 만드는 것이 무엇보다 중요하다. 세계 물류업계가 경쟁적으로 디지털기술을 활용하여 효율성 제고와 새로운 시장을 개척하고 있는 점을 감안할 때 국내 해운기업들도 디지털 전환을 위한 지속가능한 투자를 더이상 주저해서는 안 된다.

변화의 시간은 미래에 오는 것이 아니다. 그것은 이미 우리 곁에 와 있다.

CONTENTS 차례

Chapter 04

해운산업의 디지털 전환

디지털 전환과
해운물류

CHAPTER

01

디지털 전환의 개념과 의의

section 01 4차 산업혁명과 디지털 전환

1 산업혁명과 4차 산업혁명

4차 산업혁명(The 4th Industrial Revolution)이란 용어는 2016년 1월 클라우스 슈밥(Klaus Schwab) 세계경제포럼(WEF) 의장이 공식적으로 언급한 이후 전 세계적으로 주목을 받기 시작했다. 클라우스 슈밥은 4차 산업혁명을 "디지털 혁명인 3차 산업혁명에 기반을 두고 있으며, 디지털(digital), 물리적(physical), 생물학적인(biological) 기존 영역의 경계가 사라지면서, 융합되는(fusion) 기술혁명"이라고 정의하였다.[1]

세계경제포럼에서는 1차에서 3차 산업혁명의 특징을 설명하고 향후 4차 산업혁명에 의한 변화의 모습을 예측하고 있다. 제1차 산업혁명은 증기시대(1784년~)로 농업문명에서 공업문명으로의 변화를 의미한다. 제2차 산업혁명은 전기시대(1870년~)의 진입을 의미하며 전력, 철강, 철도, 화학공업, 자동차 등 중공업이 발전했다. 또한 새로운 에너지인 석유를 통해 교통과 운송의 발전을 야기했다. 제3차 산업혁명은 정보화시대(1969년~)로 정보자원의 교류가 글로벌화 및 신속화되면서 세계 경제의 단일화 추세를 보여주고 있다.[2] 4차 산업혁명은 20세기 중반 이후 발생한 3차 산업혁명을 기반으로 하면서 물리적, 디지털 및 생물학적 영역 사이의 경계를 모호하게 만드는 기술의 융합이 특징이다.[3]

특히, 이러한 3차 산업혁명과 4차 산업혁명을 변화의 속도(velocity), 변화의 범위(scope), 시스템의 영향(system impact) 측면에서 비교하면서, 커다란 차이가 존재하다고 분석한다. 4차 산업 혁명은 변화의 속도 측면에서 현재의 기술변화와는 비교가 불가능할 정도로 빠르게 진전되고 있으며, 범위 측면에서는 거의 모든 국가의 전 산업에서 파괴적인 혁신을 불러오고, 시스템의 영향 측면에서는 생산, 경영 및 거버넌스 등을 포함하는 전체 시스템의 변혁을 초래할 것으로 전망한다. 이러한 4차 산업혁명에는 전례 없는 컴퓨팅 파워, 저장 용량, 지식에 대한 접근을 가능하게 하는 모바일 기기와 더불어, 이러한 모바일 기기에 의해 연결되는 수십억의 사람들이 창조하는 다양한 기회가 존재한다. 그리고 이러한 기회들은 인공지능, 로봇공학, 사물인터넷(IoT), 자율주행차량, 3D 프린팅, 나노기술, 생명 공학, 재료 과학, 에너지 저장기술, 양자 컴퓨팅 등의 신기술에 의해 확대될 것으로 전망된다.4)

과거 산업혁명이 물류산업에 미친 영향을 살펴보면 1차 산업혁명은 증기기관 발명을 통해 해상운송에 있어서 바람을 이용하던 범선을 증기선으로 대체함으로써 정기선 해운이 가능하게 만들었다. 2차 산업혁명은 석유를 기반으로 한 전기·내연기관의 등장으로 철도, 도로 및 항공운송의 급진적인 발전이 이루어

표 1-1 산업혁명과 물류의 발전과정

구분	1차 산업혁명	2차 산업혁명	3차 산업혁명	4차 산업혁명
시기	18세기	19-20세기	20세기 후반	현재 이후
주요 기술	증기기관	전기, 내연기관	컴퓨터, 인터넷	AI, IoT, 3D 프린팅, AR/VR, 로봇, 자율주행, 불록체인
특징	석탄 증기 및 수력	석유 대량생산	원자력 자동화	신재생에너지 디지털 전환, 지속가능성
해운물류 분야	정기선 등장 일반화물 무역항(상업항)	철도, 교통, 항공 발달(고속화, 대용량화) 벌크화물 산업항	WMS, TMS 등 물류관리시스템 도입 컨테이너화물 공급사슬항	가상 물리 시스템(초연결+ 초지능) 컨테이너화물+ 정보흐름 스마트항만

자료: 오노즈카 마사시, 「로지스틱스 4.0」, 2019 참조하여 저자 작성.

졌고, 컨테이너의 등장과 함께 해상일관운송이 가능해져 국제적으로 해상운송이 크게 확대되었다. 20세기 후반 컴퓨터와 인터넷 등장에 따른 3차 산업혁명이 물류산업에 미친 가장 큰 영향은 무엇보다 인터넷과 컴퓨터를 이용하여 물류프로세스의 단순화(simplification)와 투명성(transparency)을 강화하게 되었다는 점이다. 특히 투명성은 기업간 경쟁을 촉발하여 이윤율을 낮추는 역할을 하는 한편, 투입노동력을 줄여 인건비를 감소시키는 역할도 수행하였다. 또한 창고관리시스템(WMS)이나 차량관리시스템(TMS) 등 물류관리시스템의 도입과 활용이 확대되었다.

2 4차 산업혁명의 개념

1) 4차 산업혁명과 구분되는 개념

(1) 독일 인더스트리 4.0(Industry 4.0)

독일은 2000년대 초반 자국의 강점인 제조업 강화를 위한 방안을 찾는 과정에서 생산과정에 정보통신기술(ICT)의 활용이 제안되기도 하였지만, 이러한 제안이 4차 산업혁명에 대한 논의를 촉발시킨 직접적인 출발점으로 보기에는 어려운 측면이 있다. 하지만 이와 같이 제조업에서 정보통신기술 활용에 관한 논의가 반복되고, 그에 대한 정부와 기업의 R&D 지원이 지속적으로 이루어졌던 것이 2010년대에 들어서며 본격적인 정책적 대응으로 이어질 수 있었던 기초가 되었던 것으로 보인다.[5]

4차 산업혁명에 대한 논의가 직접적으로 시작된 계기는 메르켈 총리가 집권하면서 2006년 수립한 독일의 하이테크 전략(High Tech Strategie)을 2010년 수정·보완하여 발표한 '하이테크 전략 2020'으로 볼 수 있다. 이 정책의 실행계획 중 하나로 2011년 1월에 추진이 결정된 프로젝트의 명칭이 바로 '인더스트리

4.0'이었다.[6]

인더스트리 4.0은 디지털 기술에 기반을 두어, 사물, 데이터 및 서비스에 인 터넷을 활용하며 향후 나타나게 될 산업 영역에서의 변화에 대한 준비와 대응을 주요 내용으로 한다. 인더스트리 4.0을 통해 구축하고자 하는 4차 산업혁명 시대 의 새로운 생산 및 소비 시스템의 주요 내용은 다음과 같이 요약될 수 있다.[7]

표 1-2 인더스트리 4.0의 주요 내용

구분	주요 내용
유연한 생산	생산에 관여하는 기업들이 디지털 방식으로 네트워크를 구성하여 제품 생산에 단계별로 기여하게 되며, 이러한 네트워크를 통해 생산공정과 장비 활용 계획을 보다 효과적으로 조정할 수 있게 됨.
변형 가능한 생산공장	모듈 방식의 생산라인을 통해 개별화된 제품의 조립 또는 소량생산에 최적화된 생산시설을 구축함.
소비자 중심 솔루션	생산공정이 네트워크로 연결됨에 따라 소비자도 생산에 참여할 수 있는 가능성이 열리게 되며, 생산되는 제품 역시 네트워크를 통해 연결되어 사용 중인 스마트 제품의 사용 정보가 생산자에게 전달되어 소비자에게 최적화된 제품을 생산하기 위한 데이터로 활용할 수 있음.
최적화된 물류	네트워크를 통해 최적화된 물류시스템을 구축하게 됨. 즉 생산과정에서 재료가 필요한 경우 자동화된 시스템을 통해 최적화된 시기와 수량의 주문이 이루어지는 등 최적의 물류흐름을 가능하게 함.
데이터 사용	데이터의 분석을 통해 제품의 효율적 생산방식과 유지, 보수에 대한 정보를 활용하게 됨.
자원 절약 순환 경제	부품의 재활용이 가능한 디자인을 전제로, 제품의 전체 수명주기 동안 네트워크를 통해 사용 정보 및 제품 상태에 대해 제공되는 데이터에 기반을 두어 최적의 시기에 노후된 제품을 재활용하여 자원의 사용을 최소화하는 순환경제를 구축함.

자료: 이승현, "독일의 4차 산업혁명에 대한 정책적 대응 : 인더스트리 4.0과 노동 4.0의 전개 상황", 「국제노동브리프」, 1월호, 한국노동연구원, 2020년 1월호 pp.97-98.

(2) OECD 차세대 생산혁명

차세대 생산혁명(NPR: Next Production Revolution)은 OECD 내 과학기술국 (STI), 환경국(ENV), 사무총장실(OSG) 전략예측팀이 2개년(2015-2016년)에 걸쳐

수행한 협력과제이다. 이는 향후 10~15년 사이 과학기술 발전으로 인한 기회와 위기를 진단하고 미래를 대비한 정책 개발 및 성공사례 발굴이 목적이다. 차세대 생산혁명을 유인할 기술로 디지털기술(데이터분석, 클라우드 컴퓨팅, 사물인터넷, 로보틱스), 바이오기반 혁명, 나노 기술, 3D 프린팅, 소재과학을 소개하고, 이 기술로 인한 생산성 향상, 혁신활동(연구방향, 자금배분, 기술사업화, 윤리적 문제), 노동시장(일자리 창출, 일자리 파괴), 소득분배 및 복지, 기술 교육(교육시스템 정비, 재교육, 평생교육), 규제(지적재산권, 개인정보보호, 보안 및 안전투자) 등 다방면의 영향 분석과 대응책을 제시하였다.[8]

(3) 영국 차세대 제조혁명

차세대 제조혁명(NMR: Next Manufacturing Revolution)은 영국 제조업의 위기를 극복하고자 2012년에 수립된 비영리 협력 프로그램이다. 이것은 제조기업들의 수익과 고용 및 지속가능성 실현을 도와주는 것이 목적이며, 더 나아가 간접고용, 환경개선, 세수확대, 에너지절감, 수송 및 폐기물처리 인프라 등을 지원한다. 영국은 차세대 제조혁명을 통해 경제적, 사회적, 환경적 혜택을 기대하고 있다. 경제적으로는 연간 10조 파운드의 추가이익이 발생할 것으로 기대하며(연평균 수익이 12% 증대), 사회적으로는 제조업 고용이 12% 증가하여 신규 제조업 고용이 314,000명 증가할 것으로 기대한다. 환경적으로는 온실가스 배출감소를 위해 연간 2,700만 톤의 CO_2 감축이 가능할 것으로 보고 있다. 요약하면 영국의 차세대 제조혁명은 용어에 있어서는 차세대 생산혁명과 유사하나 개념적인 부분에 있어서는 차이를 보이는 것을 알 수 있다. 즉, 새로운 개념의 혁명적인 생산방식의 변화보다는 미래 변화를 반영한 효율성의 향상과 중점 분야를 제시한 보다 실천적인 대안탐구에 가깝다고 볼 수 있다.[9]

2) 4차 산업혁명의 개념과 주요특징

이상에서 살펴본 바와 같이 4차 산업혁명 개념은 다양하게 해석된다. 독일의 '인더스트리 4.0'은 세계경제포럼에서 언급한 4차 산업혁명 보다 다소 협의의 개념으로서 정보통신기술을 바탕으로 자동화된 스마트팩토리 구현을 목표로 하고 있다. OECD는 독일의 '인더스트리 4.0'의 개념을 보다 확장한 것으로 생산에 사용되는 새로운 소재나 에너지원을 포함하여 '차세대 생산혁명'을 주장한다. 세계경제포럼은 4차 산업혁명을 특정 생산 부문에 국한하지 않고 인공지능, 사물인터넷, 빅데이터, 생명공학 기술, 3D 프린팅 등 다양한 부문의 신기술의 융합과 이로 인한 사회적 파급 효과로 보고 있다. 즉, 디지털화를 바탕으로 사이버 물리시스템을 구현해 산업에서는 스마트팩토리와 차세대 제조 혁명을 달성하는 동시에 무인자동차, 바이오 기술 등의 신기술로 인해 인류의 생활방식이 혁명적으로 변화되는 것을 의미한다.[10] 4차 산업혁명 개념에 대한 확장 관계는 〈그림

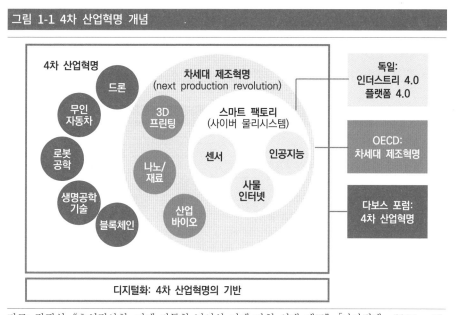

그림 1-1 4차 산업혁명 개념

자료: 장필성, "초연결사회, 기계 자동화 넘어선 기계 자치 시대 예고", 「나라경제」, 2017. p.73.

1-1〉을 통해 이해할 수 있다.[11]

4차 산업혁명의 개념은 인공지능, 사물인터넷, 빅데이터 등의 파괴적인 기술이 속도, 범위, 깊이 차원에서 과거 경험하지 못했던 수준으로 기술과 경제시스템 전반에 변화를 촉발하여 모든 것이 연결되고 지능화되면서 생활의 질과 편리성이 높아지고 업무생산성이 극대화되는 것을 말한다.

4차 산업혁명은 갑작스럽게 등장한 개념이라기보다는 산업 역사 속에서 자연스럽게 등장한 것으로, 나라별로 조금씩 차별화된 산업변화에 대한 대응방식이다. 예를 들어 앞서 언급한 독일의 인더스트리 4.0은 2010년부터 독일에서 연구되었으며, 유럽은 독일의 영향으로 '호라이즌 유럽(Horizon Europe)'이라는 이름으로 2014년부터 연구가 진행되었다. 미국은 각 산업별로 다양하게 추진되고 있는데, 2011년 첨단제조 파트너십 2.0(Advanced Manufacturing Partnership 2.0), 가상·물리 시스템(Cyber Physical System), 디지털 전환(Digital Transformation), 백악관 주도의 스마트 아메리카 챌린지(Smart America Challenge), 4차 산업혁명(4th Industrial Revolution) 등이 대표적이다. 일본은 2015년부터 일본 재흥전략, 소사이어티 5.0(Society 5.0)이라는 주제로 사회문제를 4차 산업혁명으로 해결하려고 하고 있다. 중국은 2014년부터 중국 제조 2025(Made in China 2025)를 시행하여 미국을 추월하겠다는 시도를 하고 있다.[12]

표 1-3 각국별 4차 산업혁명 관련 추진 명칭

구분	주요 내용
독일	제조 4.0(Industry 4.0), 2010년부터 진행
영국	차세대제조혁명(NMR), 2012년 비영리 협력 프로그램 출범
유럽	'호라이즌 유럽(Horizon Europe)'이라는 이름으로 2014년부터 추진
미국	'첨단제조 파트너십 2.0(Advanced Manufacturing Partnership 2.0)', 백악관 주도의 '스마트 아메리카 챌린지(Smart America Challenge)' 등 2011년부터 진행
일본	일본 재흥전략, '소사이어티 5.0(Society 5.0)' 2015년부터 추진
중국	중국 제조 2025(Made in China 2025) 2014년부터 진행
한국	2017년 8월 '4차산업혁명위원회 설치 및 운영에 관한 규정'이 국무회의 의결(대통령 직속기구 설치). 2022년 9월 대통령 직속 '디지털플랫폼정부위원회'로 명칭 변경

자료: 저자 작성.

이러한 4차 산업혁명에 대한 낙관론에 대비하여 회의론도 제기되었다. 제레미 리프킨은 3대 인프라(커뮤니케이션 매개체, 동력원, 운송 메커니즘)의 관점에서 지금은 '4차'가 아니라 '3차' 산업혁명 시대라고 주장하였다. '융합'은 디지털화의 속성일 뿐이며, 3대 인프라의 새로운 기술이 결합하여 '범용기술 플랫폼'이 등장해야 새로운 산업혁명이라고 언급하였다.[13] 이러한 주장에도 불구하고 4차 산업혁명에서 지적하고 있는 새로운 기술과 이로 인한 산업의 변화, 그리고 경제, 사회, 문화 전반에 미치는 영향은 사실상 예측이 어려울 정도이며, 이에 대한 대비는 필연적이라 할 수 있다.

표 1-4 4차 산업혁명의 주요 특징

구분	주요 내용
초연결성 (Hyper-Connectivity)	ICT를 기반으로 하는 사물 인터넷(IoT) 및 만물 인터넷(IoE; Internet of Everything)의 진화를 통해 인간-인간, 인간-사물, 사물-사물을 대상으로 한 초연결성이 기하급수적으로 확대
초지능화 (Hyper-Intelligence)	인공지능(AI)과 빅데이터의 결합·연계를 통해 기술과 산업 구조의 초지능화 강화
초융합화 (Hyper-Convergence)	'초연결성', '초지능화'에 기반하여 기술간, 산업간, 사물-인간 간의 경계가 사라지는 '대융합'의 시대 전망

자료: 진로와직업교과연구회, 「4차 산업혁명 시대를 함께할 미래 직업 체험」, 씨마스, 2017. p.6.

4차 산업혁명은 '초연결성', '초지능화', '초융합화'에 기반하여 '모든 것이 상호 연결되고 보다 지능화된 사회로 변화'한다는 특징이 있다. 초연결성은 첨단 기술로 인간－인간, 인간－사물, 사물－사물 간의 연결이 강화되고 확대된다는 의미이다. 초지능화는 인공지능(AI)과 빅데이터의 결합·연계를 통해 기술과 산업 구조가 지능화된다는 의미이며, 초융합화는 기술간, 산업간, 사물－인간 간의 경계가 사라지는 '대융합'이 이루어지는 시대가 도래한다는 것이다.[14]

표 1-5 4차 산업혁명에 대한 낙관론과 회의론

구분	4차 산업혁명 낙관론	4차 산업혁명 회의론
대표적 인물	클라우스 슈밥 (다보스포럼 회장)	제레미 리프킨 (3차 산업혁명 저자)
4차 산업혁명 특징	디지털 및 정보통신 기술 발전을 통한 전환이라는 점에서 동의	
3차 산업혁명과의 차이점	변화 속도가 빠르고 영향을 미치는 범위가 넓으며 시스템 전체에 큰 충격을 가져온다는 점에서 차별점을 지님	3차 산업혁명에 비해 단절적인 기술 진보가 있었던 것이 아니므로 4차 산업혁명으로 지칭은 무리
속도 및 사회적 수용성	기술 개발의 속도가 매우 빠르며 대응하기 어려울 정도의 사회적 변화를 초래할 것	기술개발과 사회적 변화는 충분히 대응 가능한 속도로 천천히 진행되고 있음
사회적 파급력	4차 산업혁명이 실현될 경우 산업 및 사회 전반의 변화를 맞이할 것	

자료: 장필성, "4차 산업혁명 시대, 산업변화와 함의", KMI 전문가 워크숍 발표자료, 2018.5.9, p.17.

③ 디지털 전환의 개념과 정의

1) 디지털 전환 개념의 등장

디지털 전환이라는 용어는 2016년 세계경제포럼에서 '디지털 전환 이니셔티브(DTI: Digital Transformation Initiative)'가 발표된 이후 광범위하게 사용되기 시작했다.[15] 여기서는 4차 산업혁명의 가장 핵심 주제라고도 할 수 있는 디지털 전환에 대해 알아본다.

세계경제포럼은 2015년에 액센츄어와 협력하여 디지털 전환 이니셔티브(DTI)와 관련 비즈니스 및 사회의 디지털화에 대한 새로운 기회와 주제에 대한 내용을 다루었다. 이 이니셔티브는 출범 이후 13개 개별 산업과 5개 연관 산업 주제에 걸친 디지털 혁신의 영향을 분석하였다.[16]

디지털 전환 추진의 원동력으로 환경보호에 대한 사회적 압력, 경쟁 증대에 따른 비용절감 노력, 신기술에 기반하는 새로운 사업기회와 기업활동의 효율화 모색 등을 제시한다. 디지털 전환은 기존의 경영 및 조직 운영 모델을 급격하게 변화시킴과 동시에 2016~2025년 기간 동안 전 세계적으로 100조 달러에 달하는 사회적 가치를 발생할 것으로 추산한다. 부문별로 보면, 디지털 전환은 소비재 분야에서 가장 큰 가치를 창출하고, 이산화탄소 감축 측면에서는 전력 분야에서 가장 큰 효과를 보이고, 일자리 창출 분야에서는 물류 분야에서 효과를 보일 것으로 전망하고 있다.

사회 및 산업 측면의 가치 창출 측면에서 보면, 소비재 분야에서 사회적으로 5.4조달러, 산업적으로 4.9조 달러 규모의 가치를 창출하고, 다음으로 자동차 분야에서 사회적으로 3.1조 달러, 산업적으로 6천 7백억 달러의 가치를 창출하고, 물류분야에서 사회적으로 약 2조 4천억 달러, 산업적으로 약 1조 5천억 달

표 1-6 디지털 전환에 따른 부문별 효과

구분			효과
사회 및 산업 측면	소비재 분야	사회 분야	5.4조 달러
		산업 분야	4.9조 달러
	자동차 분야	사회 분야	3.1조 달러
		산업 분야	6,700억 달러
	물류 분야	사회 분야	2조 4,000억 달러
		산업 분야	1조 5,000억 달러
CO_2 배출 규모 측면	전력		158.5억 톤
	물류		98.8억 톤
	석유 및 가스		12.8억 톤
일자리 창출 규모 측면	전기		31만 5,800개
	물류		221만 개
	통신		110만 개

주: 1) 사회적 가치는 고객과 사회 및 환경에 미치는 영향을 측정한 것이며, 산업에 미치는 외부 효과는 고려되지 않음.
2) 디지털 기술에 의한 연결성의 확장 효과는 배제함.
3) CO_2 감축 규모는 화석 연료에서 배출되는 규모를 의미함.
4) 항공산업은 항공 여행 및 관광 산업이 포함, 광업은 광업과 금속 산업, 화학 산업은 화학과 첨단 소재 산업 포함.
자료: WEF, Digital Transformation Initiative, 2018, p.65.

러의 가치를 창출할 것으로 나타난다. 이산화탄소 배출 규모 측면에서는 전력분야의 감축규모가 158.5억 톤으로 가장 많으며, 다음으로 물류 분야에서 98.8억 톤, 석유 및 가스 분야에서 12.8억 톤의 순으로 나타난다. 일자리 창출 규모 측면에서는 전기 분야에서 315.8천개, 물류 분야에서 221만여 개, 통신 분야에서 110만여 개의 일자리가 증가할 것으로 전망된다. 디지털 전환으로 일자리가 감소하는 분야도 있는데, 소비재 분야에서 325만여 개의 일자리가 줄어들고, 항공 분야에서 78만개가, 광업에서 33만개의 일자리가 줄어드는 것으로 전망된다.[17]

2) 디지털 전환 개념과 단계

디지털 전환에 대해 일반적으로 통용되는 정의는 없으며 각 주체별로 다양한 정의를 내리고 있다. 일본의 노무라종합연구소(Nomura Research Institute: NRI)는 디지털 전환을 단계별로 정의했다. 노무라종합연구소에 따르면 디지털 전환은 기존 비즈니스의 프로세스와 인프라 전환을 일으키는 디지털 전환 1.0, 디지털 기술을 통한 새로운 비즈니스 모델을 창출하는 디지털 전환 2.0, 사회 패러다임의 전환인 디지털 전환 3.0으로 정의된다.[18]

IBM은 디지털 전환이란 고객중심의 디지털 접근, 디지털 기술의 사용, 그리고 새로운 비즈니스 기회의 창출로 정의한다. 즉 IBM은 디지털 전환을 비즈니스 모델에서 고객 경험, 프로세스 및 운영에 이르기까지 비즈니스의 모든 측면에 대해 고객 중심의 디지털 우선 접근 방식을 취하고, 인공지능, 자동화, 하이브리드 클라우드 및 기타 디지털 기술을 사용하여 데이터를 활용하고 지능형 워크플로, 더 빠르고 스마트한 의사결정, 시장 혼란에 대한 실시간 대응을 주도하여 궁극적으로 고객의 기대치를 변화시키고 새로운 비즈니스 기회를 창출하는 것이라고 정의한다.[19]

베인앤컴퍼니(Bain & Company)는 디지털 기술을 조직의 전략 및 운영에 통합하는 방법이라고 정의했다.[20] 한편 마이크로소프트(Microsoft)는 디지털 혁신을 새로운 기술과 비즈니스 워크플로를 사용하여 조직의 비즈니스 운영을 최적

그림 1-2 일본 노무라종합연구소 디지털 전환 단계

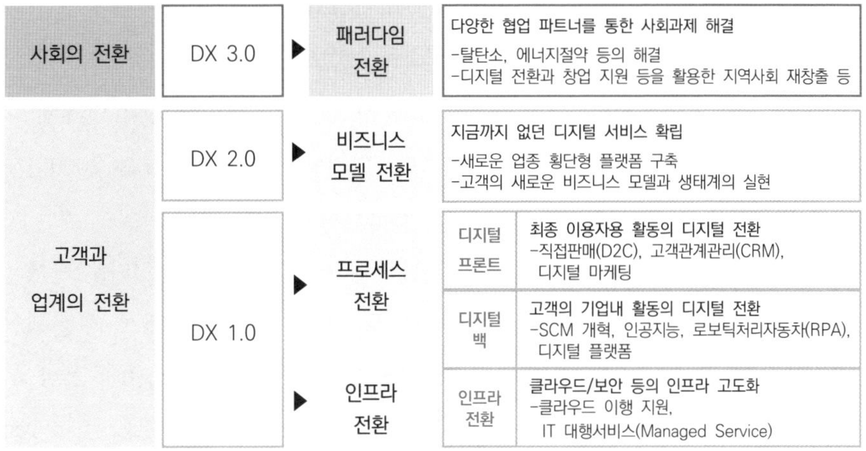

사회의 전환	DX 3.0	▶ 패러다임 전환	다양한 협업 파트너를 통한 사회과제 해결 -탈탄소, 에너지절약 등의 해결 -디지털 전환과 창업 지원 등을 활용한 지역사회 재창출 등		
고객과 업계의 전환	DX 2.0	▶ 비즈니스 모델 전환	지금까지 없던 디지털 서비스 확립 -새로운 업종 횡단형 플랫폼 구축 -고객의 새로운 비즈니스 모델과 생태계의 실현		
	DX 1.0	▶ 프로세스 전환	디지털 프론트	최종 이용자용 활동의 디지털 전환 -직접판매(D2C), 고객관계관리(CRM), 디지털 마케팅	
			디지털 백	고객의 기업내 활동의 디지털 전환 -SCM 개혁, 인공지능, 로보틱처리자동차(RPA), 디지털 플랫폼	
		▶ 인프라 전환	인프라 전환	클라우드/보안 등의 인프라 고도화 -클라우드 이행 지원, IT 대행서비스(Managed Service)	

자료: 강현무·서성호·이동원, "중소기업 디지털 전환(DX) 지원전략", 「KISTI Issue Brief」, 제41호, 2022. p.2.

화, 자동화 및 현대화하는 프로세스로 정의했다. 아울러 디지털 전환은 단순히 기술 시스템과 프로세스를 업데이트하는 것뿐만 아니라 사용하는 기술 및 작업 흐름에 대한 조직의 사고방식을 바꾸는 것도 포함된다고 강조한다.[21]

구글 클라우드(Google Cloud)는 클라우드 서비스 제공업자의 입장에서 '디지털 전환은 모든 유형의 공공, 민간 및 하이브리드 클라우드 플랫폼을 포함한 최신 디지털 기술을 사용하여 비즈니스 프로세스, 문화 및 고객 경험을 생성하거나 수정하여 변화하는 비즈니스 및 시장 역학을 충족하는 것'이라고 정의했다.[22]

삼성SDS는 디지털 전환을 기업의 비즈니스 모델, 전략, 프로세스, 시스템, 조직, 문화 등을 근본적으로 변화시키는 디지털 기반 경영전략 및 경영활동으로 정의한다.[23] 액센추어(Accenture)는 디지털 전환은 기업이 근본적인 변화를 주도하기 위해 비즈니스 전반에 기술을 적용하는 프로세스라고 정의한다.[24]

결론적으로 디지털 전환이란 기업들의 기존 조직과 운영뿐만 아니라 문화와 사고방식까지 전환시키는 것이며, 이에 따라 기업은 고객의 니즈를 보다 잘 충족시킴으로써 새로운 비즈니스 창출의 기회를 포착하고, 더 나아가 이러한 변화가 사회 패러다임의 전환으로 이어지는 것이라고 할 수 있다.

베르호프(Verhoef) 등은 디지털 전환을 정보화(Digitization),[25] 디지털화(Digitalization), 디지털 전환(Digital transformation) 3단계로 제시하고 각 단계에 대해 정의한다.[26] 아울러 삼성 SDS에 따르면, 디지털 전환의 1단계는 2000년대 초반까지 정보화(Digitization)를 목적으로 컴퓨터 시스템(대용량, 네트워크, 개인 PC 등)에 아날로그 정보를 디지털 정보로 전환하는 시기라고 할 수 있다. 2단계는 2010년대 초반까지 운영 혁신 및 효율화를 목적으로 업무 프로세스, 주문생산 방식의 디지털화(Digitalization)의 시기라고 할 수 있다. 3단계는 2010년 초반 이후 디지털화된 인프라 또는 시스템에 대한 새로운 기술의 적용(클라우드, 인공지능, 데이터분석 등)과 고객의 인터넷 서비스에 대한 접속 환경의 다변화, 인터넷상의 대중 커뮤니케이션 그룹의 다변화(모바일 디바이스 대중화, SNS 환경 등)에 따른 비즈니스 혁신의 시기인 디지털 전환(Digital Transformation)의 시기라고 할 수 있다. 이를 구체적으로 살펴보면 다음과 같다.

정보화(digitization)는 아날로그 정보를 디지털 형식(즉, 0과 1)으로 부호화하

표 1-7 디지털 전환의 개념

구분	디지털 전환의 개념
노무라종합연구소	기존 비즈니스의 프로세스와 인프라 전환을 일으키는 디지털 전환 1.0, 디지털 기술을 통한 새로운 비즈니스 모델을 창출하는 디지털 전환 2.0, 사회 패러다임의 전환인 디지털 전환 3.0으로 정의
IBM	고객중심의 디지털 접근, 디지털 기술의 사용, 그리고 새로운 비즈니스 기회의 창출
베인앤컴퍼니	디지털 기술을 조직의 전략 및 운영에 통합하는 방법
마이크로소프트	사용하는 기술 및 워크플로에 대한 조직의 사고방식을 바꾸는 것
구글 클라우드	비즈니스 프로세스, 문화 및 고객 경험을 생성하거나 수정하여 변화하는 비즈니스 및 시장 역학을 충족하는 것
삼성SDS	기업의 비즈니스 모델, 전략, 프로세스, 시스템, 조직, 문화 등을 근본적으로 변화시키는 디지털 기반 경영전략 및 경영활동

자료: 저자 작성

여 컴퓨터가 업무프로세스를 저장하고 그러한 정보를 전송할 수 있도록 하는 것이다. 또한 정보화를 아날로그에서 디지털 작업으로의 변화로 언급하거나 기존 작업과 정보기술(IT)의 통합으로 개념화했으며, 더 광범위하게는 정보기술을 사용하여 비용 효율적인 리소스를 구성하는 것으로 보기도 하였다. 즉 정보화는 아날로그 정보를 디지털 정보체계로 전환하는 것으로 정의할 수 있다. 예를 들면 고객의 주문 프로세스에서 디지털 양식 사용, 디지털 설문 조사 사용 또는 기업 내에서 회계정보처리를 위한 디지털 애플리케이션 사용과 관련될 수 있다. 일반적으로 이러한 정보화는 주로 내부 및 외부 문서 프로세스를 디지털화하는 것으로 가치창출 활동에 영향을 미치지는 않는다.

디지털화(digitalization)는 정보기술 또는 디지털 기술을 사용하여 기존 비즈니스 프로세스를 변경하는 것이다. 고객을 기업과 쉽게 연결할 수 있도록 하고 기업과 고객 상호작용을 변화시키는 새로운 온라인 또는 모바일 커뮤니케이션 채널을 생성하는 것 등이 그 예이다.[27] 디지털화에서 정보기술은 기존 비즈니스 프로세스를 변경하여 새로운 비즈니스 가능성을 포착하는 핵심 조력자 역할을 한다.[28] 기업은 디지털 기술을 적용하여 프로세스 간의 보다 효율적인 조정을 통해 고객 가치를 창출함으로써 기존 비즈니스 프로세스를 최적화한다.[29] 따라서 디지털화는 비용절감에만 초점을 맞추는 것이 아니라 고객 경험을 향상시킬 수 있는 프로세스 개선도 포함한다.

한편 디지털 전환은 새로운 비즈니스 모델의 개발로 이어지는 전사적 변화라 할 수 있다. 디지털 전환은 전체 회사와 비즈니스 수행 방식에 영향을 미치며, 단순한 조직 프로세스 및 작업의 변경인 디지털화를 뛰어넘는 개념으로 기업의 비즈니스 논리 또는 가치 창출 프로세스를 변경하고 재정립하는 것이라고 할 수 있다. 정보기술의 사용은 기존 비즈니스 프로세스, 일상업무 및 기능에 근본적인 변화를 가져오고 새로운 시장으로의 진입이나 기존 시장에서의 퇴출을 용이하게 한다. 또한 공급업체, 고객 및 경쟁업체와 국경을 초월한 상호작용도 가능하게 한다.[30] 따라서 디지털 기술은 기존 핵심역량을 강화하거나 새로운 역량을 개발하도록 조직을 변화시킴으로써 경쟁우위를 확보하는 데 도움을 줄 수 있다. 따라서 디지털 전환은 비즈니스 모델의 전략적 변화와 본질적으로 연결되어 있다.[31]

표 1-8 디지털 전환의 단계

유형	정보화 (Digitization)	디지털화 (Digitalization)	디지털 전환 (Digital transformation)
예	자동화된 루틴 및 작업 아날로그를 디지털 정보로 변환	생산에서 로봇 사용; 제품 또는 서비스 제공에 디지털 구성 요소 추가, 디지털 유통 및 커뮤니케이션 채널 도입.	'서비스로서의 제품', 디지털 플랫폼, 순수한 데이터 기반 비즈니스 모델과 같은 새로운 비즈니스 모델 도입
디지털 리소스	디지털 자산	[좌측 내용] + 디지털 민첩성, 디지털 네트워킹 기능	[좌측 내용] + 빅데이터 분석 기능
조직구조	표준 하향식 계층	분리된 민첩한 단위	유연한 조직 형태의 단위 분리, IT 및 분석 기능 영역의 내재화
디지털 성장 전략	시장 침투, (제품 기반) 시장 개발, 제품 개발	[좌측 내용] + 플랫폼 기반 시장 침투, 공동창작 플랫폼	[좌측 내용] + 플랫폼 다양화
측정항목	기존 주요성과지표(KPI): 서비스 비용, 투자수익률(ROI), 총자산이익률(ROA)	기존 및 디지털 KPI: 사용자 경험, 고유 고객/사용자, 활성 고객/사용자	디지털 KPI: 디지털 점유율, 크기 및 모멘텀, 공동 제작자 정서
목표	비용 절감: 기존 활동을 위한 보다 효율적인 리소스 배포	비용 절감 및 수익 증대: 비즈니스 프로세스 리엔지니어링을 통한 보다 효율적인 생산; 향상된 고객 경험	새로운 비용-수익 모델: 새로운 비즈니스 모델 개발을 위한 자산 재구성

자료: Peter C. Verhoef, Thijs Broekhuizen, Yakov Bart, Abhi Bhattacharya, John Qi Dong, Nicolai Fabian, Michael Haenlein,, "Digital transformation: A multidisciplinary reflection and research agenda", *Journal of Business Research*, Volume 122, 2021, p.892.

section 02 해운분야 디지털 전환의 의의

1 해운분야 디지털 전환의 요소

　디지털 전환은 해운기업의 경영전략을 변화시키고 있다. 램브로우(2019) 등에 따르면, 해운분야 디지털 전환은 경제 및 사회적 가치 창출을 위한 새로운 비즈니스 논리와 새로운 비즈니스 모델을 생성하는 것이다.[32] 이러한 변화를 촉진하는 해운분야의 디지털 전환을 살펴보기 위해서는 다양한 측면에 대한 고찰이 필요하지만 우선 몇 가지 이슈로 구분하여 설명할 수 있다.

　첫째, 디지털 전환의 기술 측면이다. 즉 해운물류 분야에 있어서 디지털 전환을 위한 효과적인 기술은 무엇인지에 관한 것이다. 앞서 살펴본 바와 같이 디지털 전환의 기술은 블록체인, 인공지능, 3D프린팅, 사물인터넷 등 다양하기 때문에 이들 가운데 접목 가능한 기술들을 살펴보고, 적절하고 효과적인 기술을 선택하는 것이 필요하다.

　둘째, 디지털 솔루션 측면이다. 즉 디지털 전환의 기술들이 해운경영에 어떻게 영향을 미치는지에 관한 것이다. 디지털 전환 기술들이 해운분야에 어떻게 적용되고 해운 경영에 어떠한 변화를 초래하는지는 매우 중요한 관심사이다. 예를 들어 디지털 전환의 기술들이 적용되는 분야는 예측정비 분야, 운송 지원분야, 무역물류 스마트 계약 분야 등이 있을 수 있다.

　셋째, 디지털 전환의 관리 측면이다. 이는 어떠한 해운경영분야에서 디지털

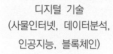

디지털 기술
(사물인터넷, 데이터분석,
인공지능, 블록체인)

디지털 관리
(디지털 파트너십,
전략적 사고)

디지털 솔루션
(예측정비, 운송지원,
무역물류 스마트 계약)

디지털
전환

자료: Lambrou, M., Watanabe, D. & Iida, J. "Shipping digitalization management: conceptualization, typology and antecedents", *Journal of Shipping and Trade*, 4, 11 (2019). p.4.

기술의 채택이 필요하고, 어떤 디지털 전환 전략이 이를 가능하게 하는지, 그리고 이를 어떻게 유지 및 발전시킬 것인지에 관한 것이다. 이를 위해서는 디지털 파트너십과 전략적 사고가 중요하다.

② 해운분야 디지털 전환 기술과 솔루션

인공지능 알고리즘 및 블록체인 플랫폼과 같은 다양한 기술은 운송 전문가를 위한 디지털 전환의 도구로서 화물 추적 프로세스와 같은 다양한 디지털 솔루션을 제공한다. 해운을 위한 디지털 전환 기술 및 솔루션은 관련 공급사슬 기술 및 솔루션과 연계되어 있다.[33] 해운분야에 있어 디지털 전환 분야와 기술, 그리고 기술이 적용되는 솔루션을 살펴보면 다음과 같다.

첫째, 선박운항 측면의 디지털 전환 분야이다. 디지털 전환에 있어 가장 중요한 변화로 볼 수 있는 자율운항기능이 이에 해당하며, 적용되는 기술로는 사물인터넷, 데이터 분석기술, 인공지능, 5G 등이 있을 수 있다. 이러한 기술들은 항해기술과 다양한 수준의 자율운항 기능, 예를 들어 항해, 접안 및 충돌 회피

표 1-9 해운 디지털 분야와 기술 및 솔루션

디지털 전환 분야	디지털 기술	디지털 솔루션
선박운항-자율운항기능	사물인터넷, 분석기술, 인공지능, 5G	▸ 운항기술 ▸ 다양한 수준의 자율운항 기능 (항해, 접안, 충돌회피)
해운 비즈니스	사물인터넷, 분석기술, 인공지능	▸ 자산 최적화(Asset optimization) ▸ 선대계획(fleet planning) ▸ 서비스 계획(service planning)
무역 및 물류	사물인터넷, 분석기술, 블록체인	▸ 화물추적(Cargo monitoring) ▸ 전자무역(Paperless Trade) ▸ 공급망동기화(Supply Chains Synchronization)[34]
선박	데이터 분석기술, 인공지능	▸ 스마트 화물 예약 시스템 (Smart Cargo Booking)
해상서비스	데이터 분석기술 인공지능	▸ 오픈데이터허브(이해관계자: 선사, 조선소, 조선기자재업체, IT기업, 날씨성보업체, 디지털솔루션제공업체)

자료: Lambrou, M., Watanabe, D. & Iida, J. "Shipping digitalization management: conceptualization, typology and antecedents", *Journal of Shipping and Trade*, 4, 11 (2019). p.6.

기능에 적용된다.

둘째, 해운비즈니스 측면의 디지털 전환 분야이다. 이에 적용되는 기술은 사물인터넷, 데이터 분석서비스, 인공지능 등이다. 이러한 기술들은 자산 최적화, 선대계획, 서비스 계획 등에 활용된다.

셋째, 무역 및 물류 측면의 디지털 전환 분야이다. 이에 적용되는 기술은 사물인터넷, 데이터 분석기술 및 블록체인 등이 있다. 이는 화물추적, 전자무역 및 공급망동기화 등에 활용된다.

넷째, 선박 측면의 디지털 전환 분야이다. 이에 적용되는 기술은 데이터 분석기술과 인공지능 등이 있으며, 스마트 화물예약시스템 등에 활용된다.

다섯째, 해상서비스 측면의 디지털 전환 분야이다. 이에 적용되는 기술은 데이터 분석기술과 인공지능 등이 있으며, 오픈데이터허브 등에 활용된다.

1) 자율운항선박 기술과 스마트 해운을 위한 인공지능

운송 분야의 인공지능은 자율운항선박 기술과 스마트 해운이라는 두 가지 응용 분야로 나눌 수 있다. 첫째, 일반적으로 인공지능이라고 할 수 있는 다양한 기술을 적용하여 구현한 자율운항선박(autonomous vessels) 기술이다. 이와 관련된 인공지능의 대표적인 기술인 기계학습 기술(machine learning techniques)은 항법 또는 충돌 방지를 위한 이상 감지를 포함하여 다양한 선박 운영 및 기능을 지원할 수 있다. 또한 선박 시스템에 대한 상태 기반 모니터링, 즉 예측정비(predictive maintenance)는 또 다른 주요 응용 분야이다. 이는 선박 설비의 상태를 주기적으로 체크하고, 다음에 계획된 예측정비 전에 정비작업의 시행여부를 예견하여 최적의 선박상태를 유지할 수 있다. 이외에도 다양한 수준의 모니터링, 예를 들어 제어, 최적화 및 자율성 등을 갖춘 자기관리 및 자율 시스템(self-management and autonomous systems)은 선박 운영의 기능 영역(항법, 화물 처리)들과 관련되어 적용된다. 일반적으로 자율운항선박은 사물인터넷, 데이터 분석기술, 광대역 통신 등 디지털 기술과 연결된 육상의 관제센터에서 통제된다.[35]

둘째, 스마트 해운 기술도 인공지능과 관계된다. 이는 상업 및 비즈니스 운영의 최적화와 관련이 있다. 인공지능은 선박 자산 최적화, 선대 계획, 서비스 계획 및 용선을 포함하여 운송 관리의 여러 응용 분야를 지원한다. 에너지 소비 모니터링이나 환경 규정 준수 소프트웨어도 스마트 해운의 디지털 솔루션 사례이다. 마찬가지로 해운 시장 모니터링 소프트웨어나 개인용 디지털 보조 장치와 같은 스마트 애플리케이션도 있다. 다양한 운송 분야에서 선박 및 해운경영(계획 및 비즈니스 운영)을 변화시키는 광범위한 인공지능 사용 사례가 출현하고 있다.[36]

2) 해운물류 및 무역을 위한 블록체인

블록체인 기술도 해운물류 및 무역 분야에서 매우 유용하게 활용되는 기술이다. 특히 다양한 개념증명시스템(proof of concept systems)이 이미 개발되고, 테스트되어 왔다. 개념증명(Proof of Concept)은 새롭게 시작하는 IT 프로젝트에 대해서 실제 실현 가능성이 있는지 그 효과에 대해서 기술적인 관점에서부터 사전에 검증을 하는 과정으로 대표적인 플랫폼으로 트레이드렌즈(TradeLens), 인슈어웨이브(Insurwave), 카코엑스(CargoX)가 상업적으로 운영되고 있다. 해운기업 블록체인은 허가된 블록체인 플랫폼을 통해 스마트 계약을 구현하고 주로 무역문서 프로세스를 디지털화한다. 그러나 화물 및 선박의 기계 모니터링을 위한 사물인터넷(IoT) 기능이 있는 블록체인 애플리케이션은 거의 없는 편이다.

하이퍼레저 패브릭(Hyperledger Fabric), 엔터프라이즈 이더리움(Enterprise Ethereum) 및 R3−코다 엔터프라이즈(R3−Corda Enterprise) 플랫폼은 해운기업 블록체인의 개발, 배포 및 운영(응용 계층)에 사용되는 기본기술(인프라 계층)을 구성하며 지속적으로 진화하고 있다.[37]

하이퍼레저 패브릭은 기업용 분산 원장 기술을 위한 오픈소스 블록체인 플랫폼이다. 리눅스재단의 하이퍼레저 프로젝트의 일부로 개발되었으며, 기업과 조직의 비즈니스 요구사항을 충족시키기 위해 설계되었다. 하이퍼레저 패브릭은 개인 정보 보호, 탈중앙화, 확장성 등 다양한 기능을 제공하여 신뢰성과 안정성을 갖춘 분산 원장 솔루션을 구현할 수 있다.

이더리움(Ethereum)은 비트코인 매거진의 초대 공동 창간자로 기고 활동을 하던 비탈릭 부테린이 제안하여 개발된 블록체인 플랫폼이다. 2014년 비탈릭 부테린은 이더리움 재단을 설립하고 크라우드 펀딩 방식으로 가상화폐공개(Initial Coin Offering)를 통해 3만 비트코인에 해당하는 자금을 모았으며 2015년 7월 30일 이더리움 제네시스 블록을 채굴했다. 이더리움은 기존 암호화폐 이외의 사용이 제한되어 있는 비트코인과 달리 스마트 컨트랙트(Smart Contract)를 작성함으로 금융거래, 부동산 계약, 공증 등 다양한 형태의 계약을 체결하고 이행할 수 있다.

R3−코다 엔터프라이즈는 2014년 핀테크 스타트업 컨설팅 서비스 공급을 주목적으로 설립되었다. 그 이후 창립자인 데이비드 루터가 블록체인 시스템

수요 증가를 전망하고, 블록체인 서비스로 사업을 전향하였다. 2016년 R3-코다(Corda)서비스를 출시하였으며, 이는 대기업의 거래 기록을 조회, 보관하는 기능이 있다. 그리고 이를 기반으로 여러 블록체인 기반의 거래 플랫폼이 구축되었다.

해운물류 분야에 블록체인이 도입된 응용 프로그램은 지속적으로 발전하고 있다. 해운물류 분야가 알고리즘 방식으로 관리되고, 사물인터넷, 5G, 인공지능 및 블록체인 기술을 통합하는 탈중앙화된 자율조직(Decentralized Autonomous Organizations: DAO) 비즈니스 모델도 곧 테스트될 수 있을 것이다.

DAO는 전통적 기업구조를 대신하는 탈중앙화 자율조직으로 가상자산 성장과 함께 주목을 받고 있으며, 중앙관리자 없이 개인들이 공통 목적을 가지고 모여 투표를 통해 의사결정을 수행하는 유동적인 온라인 공동체로 계층구조가 없다. 최근 대체불가능토큰(NFT)과 탈중앙화금융(Decentralized Finance: DeFi) 등 가상자산 시장의 성장과 함께 DAO에 대한 관심이 증가하였고 2022년 3월 기준 4,832개의 DAO가 존재하고 참여자는 180만 명에 이른다.

3) 선박 및 해상 서비스의 인터넷

사물인터넷 기술은 선박의 기술 시스템, 즉 엔진, 통신 및 데이터 융합 시스템, 프로펠러 또는 화물 시스템에 내장되어 선박 및 해상 서비스 인터넷(Internet of Ships and Sea Services)에 활용된다.[38] 이를 소위 사물인터넷의 'IoT'에 빗대어 '선박인터넷(IoS)'이라고 할 수 있다.

내장된 소프트웨어 플랫폼은 점점 더 자동화되는 선박의 기능과 상호 연결된 해운 비즈니스 프로세스는 물론 해상 물류 서비스 시스템을 통합하여 관리하게 된다.[39] 5G 통신 시스템, 5G용 위성, 유무선 부분의 통합(converged fixed and mobile segments), 5G 에지 노드 아키텍처(5G edge nodes architectures)[40]는 선박 및 해상 서비스 인터넷의 주요 기술들이다.

3 해운분야 디지털 관리

해운기업들은 디지털화를 위해 디지털 비즈니스 전략과 디지털 비즈니스 모델을 구상하게 된다. 디지털 비즈니스 전략은 비용 절감, 프로세스나 운영상의 개선이라는 단순한 전술적 혹은 운영적 목표뿐만 아니라 공급업체와 고객의 참여, 통찰력 및 의사결정 지원 목표 관점에서 설명되어 왔다. 그리고 비즈니스 모델 및 디지털 혁신에 대한 연구들은 데이터 수익화(Data monetization)를 포함하여 가치 창출 및 디지털 가치 제안 등 새로운 시각에 대한 다양한 논의를 진행하고 있다.[41]

한편 디지털 비즈니스 모델은 해운의 디지털 전략에서 가치 창출 개념이 포함되어 운영되는 방식, 실무자가 이를 이해하는 방식, 그리고 디지털화의 실현을 가능하게 하는 실행 구조가 어느 정도인가에 대한 것이라고 할 수 있다. 디지털화를 진전시키기 위한 관리 측면의 노력들은 디지털 혁신 역량을 제고하는 것과 혁신 프로세스를 도입하는 것으로 볼 수 있다(〈표 1-11〉).

이러한 디지털 전략과 디지털 비즈니스 모델을 창출하는 동인들은 다양하다. 디지털 전략의 동인은 프로세스 개선, 비용 효율성, 고객 및 비즈니스 파트

표 1-10 해운분야 디지털 관리

구분	주요 내용
디지털 혁신 역량	• 디지털 전략 1순위(패러다임 전환 및 디지털 사고 방식) • 리소스 확보(자율 차량, 스마트 시스템) • 네트워크 및 플랫폼 방향 - 기술 파트너십 • 프로세스 통합 및 기술 표준화 우선순위 지정 • 조직 설계(신규 사업부, 스핀오프 구조·융합전공팀) • 외부 및 내부 협업
혁신 프로세스 관행	• 인지-활용-변환 디지털화 루프, 신속한 개발, 개선 및 제도화 • 혁신 모드의 탐색과 활용(디지털화 포트폴리오 균형 조정) • 협업-개방형 혁신 모델 구축

자료: Lambrou, M., Watanabe, D. & Iida, J. "Shipping digitalization management: conceptualization, typology and antecedents", *Journal of Shipping and Trade*, 4, 11 (2019). p.10.

표 1-11 해운 디지털 전환의 동인

구분	디지털 전환 내용
프로세스 개선	스마트 해운 시스템은 자체 관리 기술을 통해 운송 기술, 비즈니스 및 지원 기능의 계획 및 실제 운영을 자동화한다. 주요 이점은 안전과 관련된 추가 개선 및 화주와 비즈니스 파트너의 프로세스 동기화를 들 수 있다. 이러한 기술이 적용된 각각의 디지털 솔루션은 상태 기반 선박 시스템 모니터링, 선박 운영의 자체 조정 및 실시간 화물 모니터링 등이 있다. 자율항법, 충돌방지, 접안기능 등 자율운항 기술과 기능은 안전성과 사업성과를 더욱 향상시킬 것이다. 복잡하거나 위험이 수반되는 활동은 인적 작업 대신 자율운항 선박 및 자동화된 항만 인프라에서 수행할 수 있다.
비용 효율성	디지털화는 보다 정확한 에너지(연료) 소비 모니터링, 배출 모니터링, 승선원 비용 최적화, 통합 선박 설계 및 운영을 위한 디지털 트윈 플랫폼, 예측 유지 관리 및 다양한 수준의 보다 안전한 선박 운영과 같은 다양한 디지털 솔루션 측면에서 비용 효율성을 향상시킨다.
고객 및 비즈니스 파트너 기대	전체 공급망 및 생산 프로세스와 연계된 운송 및 해상 운송 프로세스 전반에 걸친 화물 추적은 최종 고객이 요구하는 품질 수준에 필수적이다. 해운 사업은 디지털화로 가능해진 비즈니스 모델에 점차 맞춰가고 있다.
데이터 수익 창출 모델	해운분야에서 데이터화를 통한 새로운 비즈니스 모델이 등장할 것이다. 과거 및 실시간 데이터 그리고 크고 작은 데이터 세트와 데이터베이스, 클라우드 및 시각화 기술의 발전과 컴퓨팅 기술을 기반으로 해운 조직은 데이터 플랫폼과 데이터 분석 기반 서비스 및 솔루션을 개발하여 새로운 전략적 목표와 비즈니스 모델을 창출할 수 있다.
급진적 혁신	자율운항선박 및 블록체인은 해운산업의 두 가지 근본적인 혁신이라고 할 수 있다. 새로운 지식, 새로운 시장 구조뿐만 아니라 새로운 가치의 원천이 설계, 테스트 및 전환되고 있다. 기존의 선두 기업은 이러한 급진적 혁신의 최전선에 참여하여 유리한 위치를 확보하고 관련 시장을 제어/활용할 수 있다.
시장 압력	해운분야에 있어 다양한 경쟁자들이 이미 디지털 해운기술을 사용하고 있다. 디지털 전환 기술 분야에서 경쟁 우위를 확보하고 시장 표준에 뒤쳐지지 않는 것이 중요하다.
혁신 추진	혁신적인 디지털 해운시스템은 디지털 전환을 가능하게 하는 지배적인 기술에 대한 추진력과 시장 경쟁을 창출한다.
기관	협회, 규제 및 표준 관련 기관은 외부 요인으로 작용하여 디지털화의 규범, 비즈니스 및 기술 표준을 설정하는 역할을 한다.

자료: Lambrou, M., Watanabe, D. & Iida, J. "Shipping digitalization management: conceptualization, typology and antecedents", *Journal of Shipping and Trade*, 4, 11 (2019), p.9.

너 기대, 데이터 수익 창출 모델, 급진적 혁신, 시장압력, 혁신추진, 기관 등으로 구분하여 설명할 수 있다(〈표 1-11〉 참조).[42]

디지털 전환과 해운물류의 변화

section 01 해운물류와 디지털 전환의 등장

1 코로나19 팬데믹 기간

　해운산업이 국제무역과 글로벌 공급사슬 체계에서 핵심 역할을 한다는 것은 주지의 사실이다. 이는 전 세계 무역량의 약 80%가 해상운송으로 이루어지기 때문이다. 오늘날에도 해운에 있어 아날로그식 거래 관행이 여전히 존재하는 경우가 많으나 점점 디지털 솔루션의 적용 분야가 확대되고 있는 것도 사실이다.

　2019년 말까지만 해도 컨테이너 해상운송산업에 대한 일반적인 통념은 다른 산업과 비교할 때 디지털 전환이 심각하게 뒤쳐져 있다는 것이었다. 그러나 2020년 초 코로나19 발발로 인해 우리가 인식하는 것보다 더 빠른 속도로 디지털 전환이 진전되었다. 특히 이러한 추세는 2020년 상반기 동안 많은 해운 및 물류회사들이 사무실을 폐쇄하고 재택근무로 전환했을 때 더욱 확산되었다. 이러한 디지털 전환은 즉각적이고 전 세계적이며 누구도 예상치 못한 것이었다. 2020~2022년 기간은 코로나 팬데믹 여파로 인해 디지털 전환이 더욱 가속화된 시기였다.

　디지털 전환의 첫 번째는 플랫폼을 통한 화물 계약을 들 수 있다. 해운업계에서 가장 중요하고 시간이 많이 걸리는 업무 중 하나는 화물 견적 프로세스로, 지금까지 대부분의 업체가 이메일을 통해 이를 수행해 왔다. 따라서 업계의 주요 과제 중 하나는 화물 집하 프로세스를 디지털화하는 것이었다. 해운기업은 화물을 온라인으로 집하하기 위한 "온라인 디지털 플랫폼"을 빠르게 구축하기 위해 노력하고 있다. 가장 대표적인 사례는 덴마크선사 머스크(Maersk)와 독일 선사인 하팍로이드(Hapag-Lloyd)에서 볼 수 있다. 코로나 팬데믹 이전에는 소량의 화물만 온라인으로 조달되었다. 그러나 최신 데이터에 따르면 2022년 2분기 기존의 아날로그식 화물예약 규모가 머스크의 온라인 부킹시스템인 머스크 스팟(Maersk Spot)으로 전환된 비율이 66%에 달했다. 하팍로이드(Hapag-Lloyd)의 경우 총화물예약의 약 23%가 퀵 쿼터스(Quick Quotes)를 통해 온라인으로 처리되었다. 이는 2023년까지 목표치인 15%를 훨씬 상회하는 것이다. 대부분의 주요 항공사도 유사한 유형의 온라인 상품을 출시했다. 육상 화물 운송업체도 이 분야에서 노력을 경주하고 있다.

디지털 전환의 두 번째는 "투명성"을 지적할 수 있다. 이것은 특정 시점의 화물이동 상태와 관련된 정보를 말한다. 이는 통신사업자의 백엔드 시스템(back-end systems)[1]에서 나오는 데이터(종종 EDI 연결을 통해)에 의존하는데, 이 데이터의 정확성과 품질이 항상 좋은 것은 아니다. 이에 따라 투명성을 확보하기 위해 점점 더 많은 도구와 서비스가 출시되고 있다. 이들 중 하나의 사례는 선박의 자동식별장치(AIS) 데이터와 인공지능(AI)을 사용하여 선박의 예상도착시간(ETA)을 보다 정확하게 제공하는 것이다. 이 같은 정보는 독립적인 기술제공업체뿐만 아니라 고객에게 화물운송서비스를 제공하는 물류기업에서도 광범위하게 사용할 수 있다. 센서 기술과 사물인터넷은 위치 외에도 대기 및 온도 조건과 같은 중요한 요소를 실시간 원격 측정하여 냉동컨테이너에도 활용되고 있다.

2 포스트 코로나19

코로나19 팬데믹 기간인 2000~2022년 동안 지속적인 해운서비스 중단과

병목 현상으로 인해 글로벌 공급망이 붕괴됨에 따라 디지털 해운에 대한 개발 필요성이 증가했다. 이러한 추세는 향후에도 지속될 것으로 보인다.

하팍로이드(Hapag–Lloyd)는 모든 컨테이너에 대한 온라인 추적 장치를 설치하기 시작하였다. 이와 같은 정보 접근에 대한 화주들의 요구가 점점 더 늘어날 것으로 예상되기 때문에 향후 모든 주요 운송업체가 이 같은 추세에 편승할 것으로 예상된다. 화물 추적 정보는 운송업체의 필수 서비스로 변화하고 있다.

따라서 온라인으로 화물운송서비스를 판매하기 위한 선사간 경쟁이 심화될 것이고, 시장은 본질적으로 두 부분으로 나뉠 것으로 예상된다. 즉 시장의 한 부분은 화주와 운송인 사이의 장기계약 화물과 관련이 있다. 이러한 계약은 디지털 시스템에 의해 관리되나 오프라인에서 협상 및 합의가 이루어질 수 있다. 다른 부분은 거의 전적으로 디지털화되는 현물 시장이다. 현물시장의 디지털화는 시장의 상황에 대처하고, 새로운 법적 요구 사항을 처리하기 위한 실용적인 해결책이 될 것으로 예상된다.

디지털 전환과 관련된 핵심 요소는 모든 이해 관계자가 데이터를 원활하게 교환할 수 있도록 하는 디지털 표준을 설정하는 것이다. 이러한 작업은 디지털 컨테이너해운협회(Digital Container Shipping Association; DCSA)[2]의 설립으로 팬데믹 이전에 시작되었다. 현재 핵심 문제는 데이터 교환에 중요한 역할을 하는 통신사업자가 자체 시스템 내에서 합의된 표준을 잘 구현하는 것이다. 이는 상당한 시간이 소요될 것으로 예상된다. 향후 1~2년은 모든 관련 이해관계자가 데이터를 사용할 수 있도록 하는 데 중점을 두겠지만, 향후 정보를 활용하는 방법에 대한 보다 광범위한 응용 프로그램이 등장할 것이다.

디지털 전환은 해운산업의 상용 모델이 서서히 변화하기 시작하는 전환점이 될 것이다. 데이터 가용성뿐만 아니라 모든 이해관계자 간에 자동으로 데이터를 교환하는 기능이 새로운 표준이 되고, 모든 정보 및 문서의 "이동"을 포함하여 A 지점에서 B 지점으로 화물 이동이 동시에 수행될 것으로 예상된다. 디지털 전환은 성공적인 화물운송업체가 되기 위해서 해운기업들이 비즈니스 초점을 전환하는 배경이 될 것이다. 해운기업들이 경쟁우위를 갖추기 위해서는 디지털 운송과 관계된 두 가지 핵심 요소가 요구된다. 첫 번째 요소는 데이터를 사용하여 문제를 예측하는 능력이다. 예측은 발생하는 문제의 구조적 위험을 줄이기 위해 네트워크 및 제품을 설계할 때 전략적으로 사용된다.

두 번째 요소는 예기치 못한 상황에 대한 대응이다. 이는 데이터를 활용하여 예기치 못한 상황이 발생했을 때 고객을 위한 대체 옵션을 신속하게 식별하고 고객응대 직원의 지식을 결합하여 지원하는 것이다. 즉 디지털 공급망에서 가장 중요한 경쟁변수는 일이 계획대로 진행되지 않을 때 지원하는 고객응대 직원의 품질이다. 고객을 특정 브랜드의 해운기업을 이용하도록 충성도를 높이는 것은 바로 이러한 직원의 고객 지원서비스 능력이며, 이를 통해 프리미엄 가격을 정당화할 수 있게 된다. 요약하면, 산업이 디지털화될수록 예외적 상황에 대응할 수 있는 숙련된 인력을 보유하는 것이 중요해진다.

디지털 전환을 향한 길에는 여러 가지 장애물이 있다. 첫째는 통신사업자가 디지털 솔루션을 구현하는 속도이다. 이는 구현 프로젝트를 처리할 수 있는 사업자의 내부 능력에 따라 결정된다. 그러나 디지털 전환은 IT시스템을 구축하거나 구매하는 것과 같은 단순한 문제가 아니다. 비즈니스 프로세스에 필요한 변경 사항에 대한 세부적인 계획이 필요하며, 이러한 변경 사항은 직원들로 하여금 작업 방식을 바꾸도록 요구한다. 즉, 디지털 전환은 IT 문제가 아니라 리더십 문제이다. 기존의 조직 내 뿌리 깊은 작업 습관과 회사 문화를 바꾸는 데는 상당한 시간이 걸릴 것이다.

둘째, 디지털 전환을 위해서는 해운기업이 고객과 상호작용하는 방식을 변경해야 한다. 해운기업보다 훨씬 앞서 있는 진보적인 고객(예를 들어 화주)이 분명히 있으며 이들은 해운기업의 디지털 변혁에 필요한 강력한 "추진력"을 제공하는 주체이다. 그러나 현실적으로 디지털 전환 초기 단계에 머물러 있는 고객이 많아 이럴 경우 해운기업의 디지털 도구 활용과 도입이 느려질 수 있다.

셋째, 사이버 보안이다. 최근 공급망에 대한 사이버 공격의 여러 사례는 향후에도 지속될 가능성이 높다. 디지털 전환을 위해서는 처음부터 모든 솔루션에 보안이 포함되어야 하며 단순히 사후 고려 사항으로 처리되어서는 안 된다.

앞에서 정보화(Digitization), 디지털화(Digitalization), 디지털 전환(Digital Transformation)의 차이점에 대해 설명하였다. 정보화(Digitization)도 디지털화로 번역이 가능하나 아날로그로 존재하던 정보를 디지털 기술로 축적하여 업무개선을 이루는 것으로 볼 수 있다. 예를 들면 주문 프로세스에서 디지털 양식 사용, 디지털 설문 조사 사용 또는 내부 재무 신고를 위한 디지털 애플리케이션 사용과 관련된다.[3] 디지털화(Digitalization)는 IT 또는 디지털 기술을 사용하여 기존 비즈니스 프로세스를 변경하는 방법이다.[4] 다만 디지털화(Digitalization)는 비즈니스의 프로세스 변화를 가져와 기존 작업 방식을 디지털 기술을 활용하여 보다 효율적으로 바꾸기는 하지만, 비즈니스 모델까지 바꾸지는 않는다. 비즈니스 모델을 바꾸고 가치 창출로 연결될 때 디지털 전환(Digital Transformation)이라고 할 수 있다. 일반적으로 산업은 디지털화 및 디지털 전환 과정에서 자동화와 연계되어 진행된다. 이렇게 자동화와 디지털화는 밀접한 관계가 있기 때문에 다음 장에서는 이에 대한 내용을 살펴보고자 한다.

1 선박 자동화의 영향

　정기선 해운에서 자동화는 기술적 관점에서 주로 논의된다. 자율운항선박, 자동화 터미널과 로봇이나 3D 프린팅 기술을 활용한 공장자동화 등이 그것이다. 이러한 기술들이 해운업계의 사업모델을 어떻게 변화시킬 것인지 살펴보면 다음과 같다. 자동화는 인력이 컴퓨터나 로봇으로 대체되는 변화로 볼 수 있다. 선박운항의 자동화 관점에서 완전한 자율운항선박은 이미 기술적으로는 가능한 상황이나5) 실제 시장에 투입되어 운항이 가능할지는 가까운 장래에는 어렵다는 것이 전문가들의 의견이다. 그 이유는 다음과 같다.

　첫 번째 이유는 경제적인 측면이다. 자율운항선박은 비용절감 측면에서 두 가지 이점이 있다. 먼저 선원 인건비 절감이고, 다음으로 연료 소모, 운항일정의 신뢰성, 기관의 자연적 마모 등에서 항상 최고의 효율을 내도록 설계되었기 때문에 운항비를 절감할 수 있다는 것이다. 다만 선박건조비용은 상당히 증가될 것으로 예상된다. 완전한 자율운항선박은 수리와 유지관리를 담당할 선원이 승선하지 않는다. 기계적 문제는 소프트웨어나 로봇을 원격으로 조정해서 대처해야 한다. 그러나 가까운 장래에 원양항해 중 발생할 수 있는 다양한 기계장비의 고장에 대처하기 위한 본선 로봇이 활용되는 단계에 이르기는 어려울 것으로 전망된다. 자율운항선박과 관련한 경제성 문제는 두 가지 사항과 관련된다. 우선 선박의 신뢰성에 관한 문제다. 선주는 사용연한을 고려해서 향후 25~30년을 보고 투자를 감행한다. 따라서 기존 선박 대비 훨씬 고가의 자율운항선박이 사용연한 중 운항성과를 유지하거나, 단기간에라도 수익을 낼 것으로 확신할 수 있어야 한다. 현재 운항 중인 자율운항선박은 없고, 따라서 입증된 기록 역시 존재하지 않는다.[6] 둘째는 선주가 선박의 내구성과 경제성을 확신할지라도 기존 컨테이너선의 사용연한이 자율운항선박의 건조에 장해요인으로 작용한다. 대부분의 원양선박 가운데 비교적 최근에 건조된 초대형선은 2040년까지는 주요 항로에서 운항될 것이다. 조만간 교체가 필요한 것은 주로 소형선이다. 따라서 해운업계가 완전한 자율운항선박을 도입하더라도 소형선에 집중할 것으로 예상된다.[7]

두 번째 이유는 해운분야 법제도와 관련이 있다. 자율운항선박이 해운업계의 필수적 부분으로 자리 잡기 위해서는 해운법령 중에서도 특히 국제해상인명안전협약(SOLAS: Safety of Life at Sea)의 개정이 필요하다. 개정은 필연적이지만, 그 시기나 범위는 진행상황에 따라 다소 유동적이다. 자율주행차는 자율운항선박에 비해 훨씬 진행이 빠르다.[8] 다만 자율주행차는 개별 국가에서 필요한 법률의 제정이나 개정만으로 가능하기 때문에 상대적으로 제도 도입이 쉽다. 그러나 선박의 경우 해운법령의 개정을 위해서는 국제해사기구(IMO)를 통한 협의와 합의를 거쳐 회원국이 비준해야 된다. 이를 위해서는 먼저 시험주행 결과가 국제해사기구에 제출되어야 한다. 따라서 자율운항선박의 상용화에 적용될 법령이 가까운 시기에 개정되거나 제정되기는 어려울 것으로 보인다.

그러나 반자율운항선박의 개발은 이미 진행 중이다. 선박운항과 관련된 많은 부분이 기존 장비를 개량하거나 새로운 장비를 설치하면서 자동화되고 있다. 반자율운항선박과 관련, 비용절감은 주로 연료소모의 최적화와 장비의 사용에 따르는 마모와 손상을 최소화하는 데서 이루어진다. 선박에 설치된 감지기가 모든 기계장비의 작동에 맞춰 연료소모를 분석한다. 그 결과, 컴퓨터가 제시하는 대안 경로를 참고하여 선장이 운항효율을 개선하도록 하는데, 향후에는 컴퓨터 자체가 운항을 담당하도록 감지장치(디지털화)가 더욱 발전될 것이다. 이 기능이 최고수준으로 작동하기 위해서는 지속적으로 운항효율을 최적화하는 감지기의 설치가 결정적이다. 하지만 더 중요한 것은 감지기가 제공하는 자료를 실무에 활용하는 것이다. 이를 위해서는 중앙집중형 컴퓨터 시스템 구축, 선박과 지속적인 자료의 교신을 통해 즉시적 현상파악과 대응이 가능해야 한다. 이에 더해 광대역 이동통신 서비스의 확대도 필수적이다. 다행히 인공위성의 숫자가 유례없이 늘어나서 선박과의 데이터통신 요금이 저렴해지는 추세다. 결국 반자율운항선박의 운항을 위해 필요한 기반시설은 이미 갖춰졌다고 볼 수 있다.[9]

2 터미널 자동화의 영향

터미널 자동화 분야는 이미 가동 중인 완전자동화 터미널(fully automated container terminal)과 더불어 충분한 추진력을 얻은 상황이다. 완전자동화 터미널뿐만 아니라 반자동화 터미널(semi-automated container terminal)도 급속히 증가하고 있다. 터미널 자동화는 주로 터미널운영의 효율성 개선을 목표로 한다. 자동화 터미널은 화물처리 작업을 신속히 수행할 뿐만 아니라, 화물 처리속도와 작업 효율을 보다 안정적이고 예측 가능하게 한다. 즉, 자동화 터미널은 해상측면에서 선박과 관련한 작업(본선작업)을 신속히 수행하고, 아울러 육상측면에서 트럭과 화물열차와 관련한 작업(배후운송)도 신속하게 수행한다. 결국 이해당사자 모두가 상당한 효율성 증가 효과를 누리게 된다. 완전자동화 터미널에서는 경제적 효과뿐만 아니라 노동자의 안전과 보안문제도 크게 개선될 수 있는데 이는 노동자들이 중장비를 직접 다루지 않아도 되기 때문이다. 자동화 터미널은 기존 사업장 내에서 화물처리물량을 효율적으로 승가시킬 수 있다. 만약 터미널이 더 이상 물리적으로 확장할 공간을 확보할 수 없다면 자동화가 그 대안이 될 것이다.

완전자동화 터미널을 구축하는 것은 쉽지 않다. 따라서 기존 터미널에서

현실적으로 실현 가능한 해법은 반자동화다. 이는 i) 야적장 장비의 자율주행, ii) 터미널로 출입하는 트럭과 컨테이너를 게이트 운영작업과 공조화하기 위한 장비의 자동화, iii) 야드 크레인을 원격으로 조정할 수 있도록 하는 것 등을 포함한다. 터미널 자동화의 경우 운영상 문제가 발생했을 때 대응인력을 즉각 투입할 수 있다는 것이 선박과의 큰 차이점이다. 이에 따라 터미널의 반자동화는 이미 상당한 수준에 접근했고, 세계 주요 대형터미널들은 2020년대 중반까지 대부분 반자동화 단계에 접어들 것으로 예상된다.

하지만 터미널 자동화에도 두 가지 장해요인이 존재한다. 하나는 터미널 자동화에 막대한 투자자금이 필요한 반면, 지역에 따라서는 터미널 공급과잉 상황으로 수익성 확보에 어려움을 겪을 수 있다는 것이다. 따라서 장기적 차원에서는 자동화가 도움이 되지만 투자자금 확보에 있어서는 어려움이 따를 것으로 예상된다. 또 다른 장해요인은 자동화가 항만노동자에게 미치는 영향이다. 자동화는 필연적으로 인력의 배제를 수반한다. 수동으로 이루어졌던 일부 기능은 자동화 터미널을 작동하기 위한 직무로 대체된다. 하지만 모든 항만근로자가 새로운 직무에 적합할 수 없고, 또한 자동화의 기본적 목표가 비용절감에 있기 때문에 항만근로자의 고용은 감소할 수밖에 없다. 따라서 강성노조가 있는 지역에서는 노조의 반발이 자동화가 늦어지는 하나의 요인으로 작용할 것이다.

향후 대부분의 터미널이 완전자동화로 급속히 진행되기보다는 점진적으로 전환되리라 예상하는 이유는 금융비용과 노조의 압력 때문이다. 따라서 향후 터미널의 자동화 수준은 각기 다르겠지만 궁극적으로는 완전자동화의 길로 나아갈 것이다. 아직 자동화가 이루어지지 않은 터미널은 반자동화가 향후 자신들의 운영방식을 어떻게 개선할 것인지, 언제까지 완전자동화를 도입할 것인지, 그리고 완전자동화 목표를 달성할 계획은 무엇인지 심사숙고해야 한다. 이를 통해 완전 자동화 단계에 접어들었을 때 점진적 반자동화 과정에서 사용된 장비와 시스템의 부조화에서 생기는 문제를 최소화할 수 있다. 또한 완전 자동화를 위한 종합적 계획에 따라 인력수급의 변동과 이에 대한 대책을 노조측과 사전에 충분히 협의해야 할 것이다.

3 공장 자동화의 영향

　　해운업계에 미치는 자동화의 영향은 제품을 생산하는 공장 자동화에 의해서도 발생한다. 여기서는 해운의 수요에 영향을 미칠 것으로 예상되는 3D프린팅 기술을 중심으로 살펴본다. 로봇이나 3D 프린팅 기술의 등장으로 인건비가 저렴한 국가에 공장을 두고 제품을 생산할 이유가 없어질 것이고 그 결과 해상물동량이 심각한 수준으로 감소할 수 있다는 전망이 나온다. 하지만 반대의 시각도 존재한다. 즉, 대량생산공정이 오히려 확대될 수 있다. 로봇이나 3D 프린팅 기술을 활용한 새로운 생산공정의 장점을 누리기 위해 공장을 소규모로 분산시키는 것보다 특정장소에 집중하는 것이 오히려 합리적일 수 있다는 시각이다.

　　로봇이나 3D 프린팅 기술에 의한 대량생산공정 변화는 공장자동화를 의미한다. 예를 들면, 인건비 때문에 중국에 진출했던 전통적 제조공장이 미국으로 돌아가 로봇을 이용해 제품을 생산한다. 하지만 이런 변화가 해운수요를 사라지게 하지는 않을 것이다. 공장에서 생산된 완제품은 도소매 매장으로 옮겨지지만 자동화된 공장에서 사용될 부품은 선박을 통해 옮겨진다. 물론 부품은 완제품보다 크기가 작기 때문에 그 자체로 선복수요를 감소시키지만 그렇다고 해운수요가 완전히 사라지는 것은 아니다. 로봇이나 3D 프린팅 기술을 이용한 자동화된 생산공정의 출현이 해운업계에 두 가지 방향의 영향을 미칠 것으로 예상된다. 첫째, 전체적으로 선복수요 성장률에 다소 부정적 영향을 미칠 것이다. 둘째, 3D 프린팅의 확산으로 소수의 대규모 공장으로부터 분산된 중소형 공장으로 계속해서 생산기지가 이동하면 주요 해운기업은 이러한 분산된 생산구조에 맞추어 네트워크를 조정할 필요가 있고, 해당 지역의 피더나 근해 틈새 운송선사들은 새로운 사업 기회를 얻을 수 있을 것으로 예상된다.

section 03 해운물류와 디지털 전환

　　자동화와 관련된 가장 큰 이슈는 디지털화다. 자동화를 위해서는 정보의 확보, 전달, 가공과 관련된 업무가 요구되고, 이를 위해서는 디지털화가 필요하기 때문이다. 그동안 해운기업은 화물예약, 선적지시, 운임서류 및 청구서 발행과 관련된 업무를 디지털화하기 위해 각종 전자적인 수단을 활용해 왔다. 현재 이러한 기술은 선사별로 활용도가 상이하다.

　　해운과 관련된 정보 처리 업무는 가까운 장래에 완전한 디지털화가 될 수 있을 것으로 기대된다. 왜냐하면 이는 단순히 이해관계자간의 자료를 가공하고 분배하는 문제이기 때문이다. 빠른 시일 내에 완전 디지털화를 이룬 선사는 화주에게 더욱 매력적인 거래처가 될 것이다. 이에 따라 이들은 효율적 비용절감을 실현하고 경쟁자에 비해 경쟁우위를 갖추게 될 것이다. 디지털화와 관련된 실행방안은 몇 가지로 구분할 수 있다. 첫째, 예약 전 송하인에게 제공하는 서비스와 관련된 정보제공의 디지털화이다. 이때 서비스에 관한 정보는 서비스의 품질과 가격을 의미한다. 둘째, 송하인으로부터 확보한 정보의 디지털화이다. 이는 예약자료, 선적지시, 검증된 화물용적, 육상운송 관련 내용 등을 포함한 특정화물과 관계된 정보를 의미한다. 셋째, 예약 이후 송하인에게 정보를 제공하는 디지털화이다. 이는 예약확인, 공컨테이너의 집배와 인도를 포함하며, 관련된 운임서류의 제공에는 청구서의 발행, 수금을 포함한다. 넷째, 화물운송과정에서 발생하는 정보를 선사 내에서 디지털화하는 것이다. 이는 장비관리, 서류

그림 2-1 디지털 정보의 흐름

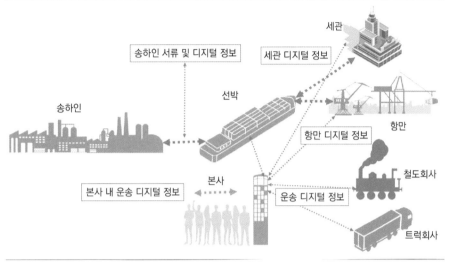

자료: 저자 작성.

작업, 선박운항, 화물적부, 컨테이너 장치장 등과의 정보교환을 포함한다. 다섯째, 외부 이해관계자와의 정보를 교환하는 디지털화이다. 여기에는 터미널, 항만당국, 세관, 트럭회사, 철도회사 등이 포함된다.

　주요 선사는 가까운 시기에 위에 언급된 다섯 가지 전부 혹은 거의 대부분을 디지털화할 것으로 예상된다. 그리고 이러한 디지털화가 해운기업의 경쟁력을 판단하는 근거가 될 것이다. 상위 주요 선사가 디지털화를 성공적으로 달성한다면 다른 선사들도 디지털화에 적극적으로 참여할 것으로 예상된다. 다만 우선적으로 디지털화를 이루는 선사는 상당한 경쟁우위를 확보할 것으로 기대된다.[10] 이하에서는 디지털 전환과 관련된 영향을 무역, 공급사슬 그리고 해운물류 측면에서 살펴보고자 한다.

1 무역과 디지털 전환

수출입 과정에는 수출업자, 수입업자, 선주, 보험사, 금융사 등 다양한 이해관계자와 중개기관들이 역할을 수행하고 있다. 무역분야에 있어서 블록체인 기술은 수출입 프로세스상의 다양한 파트너들을 연결하고, 네트워크 내부의 모든 거래 기록을 변경 불가능한 형태로 공유할 수 있게 한다. 또한 수출업자와 수입업자간의 계약서, 선하증권(B/L, Bill of Lading), 신용장(L/C, Letter of Credit) 등 다양한 문서를 작성하고, 관련 파트너들에게 정보를 전달할 수 있다. 블록체인이 도입되면, 모든 정보가 무역 주체들의 컨소시엄 내에서 공유가 가능해지고, 스마트계약이 이루어질 수 있게 되면서 디지털 무역 환경으로 변모하게 된다.11)

최근 대기업 산하 IT 서비스업체들의 물류BPO(Business Process Outsourcing) 사업경쟁이 격화되고 있다. 기존 시스템통합사업에서 쌓은 IT역량을 적극 활용해 새로운 성장동력으로 삼겠다는 목표다.

그림 2-2 블록체인 플랫폼을 사용한 디지털 무역

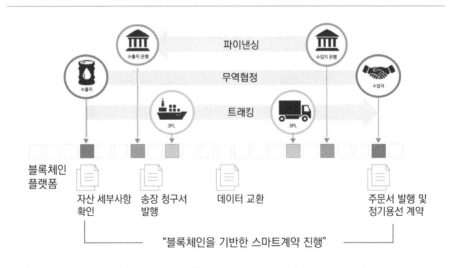

자료: 삼정KPMG 경제연구원, "블록체인과 물류/유통 혁신, 그리고 디지털 무역", 「ISSUE MONITOR」 제85호, 2018. p.7.

삼성SDS와 SK㈜ C&C는 각각 물류BPO 플랫폼인 '첼로(Cello)'와 '케롤 (KEROL)'을 각각 운영하고 있다.[12] 삼성SDS의 첼로는 통합물류서비스 플랫폼으로서 원자재 조달과 제품생산, 유통, 판매, 창고업까지 아우르는 체계를 제공한다. 최적의 시나리오를 기반으로 한 공급사슬관리를 통해 물류 예측 정확도를 높일 수 있다고 설명한다. SK㈜ C&C가 제작한 '케롤'은 글로벌 시장을 대상으로 ▲화물 입출고·재고·배송 ▲수출입 제품 운송·통관 ▲항공사, 해운사, 창고 사업자, 내륙 운송 연계 등 물류 서비스 전반을 관리한다. 최근에는 아마존 웹서비스와 연계해 클라우드 컨테이너 서비스로 구축 전환을 완료했다.

다만 운영방식에서는 차이를 보이는데 삼성SDS는 첼로의 운용과 관리, 유지보수 등 전반적인 서비스를 모두 수행한다. 즉 첼로를 활용해 삼성 관계사의 물류를 직접 맡아 사업을 진행하는 방식이다. 이럴 경우 물류BPO에 대한 이해는 물론 전문성까지 갖출 수 있기 때문에 삼성SDS의 자체 경쟁력을 제고하는 데 상당한 이점이 될 수 있다. 반면 SK㈜ C&C는 물류BPO 설계만 할 뿐 서비스의 운용은 FSK L&S가 전담한다. FSK L&S는 SK텔레콤 글로벌 물류 자회사로서 반도체 제품·정밀 장비, 배터리·화학 설비·제품, 식료품, 해외 직구·역직구 등 물류 BPO 사업과 국제 물류 포워딩 사업을 수행하고 있다. 즉 SK㈜ C&C는 물류BPO 플랫폼 제작에 집중하고 그 외 요소는 FSK L&S가 맡아 사업을 진행하는 것이다.[13]

한편 영국 은행 바클레이즈는 2016년 블록체인을 통해 무역 금융거래를 성공시켰다. 이스라엘 스타트업인 웨이브와 협력하여 무역금융거래에 필수인 신용장을 블록체인 내에 기록해 관리하는 서비스를 만들었다. 그 결과 글로벌 낙농기업인 오르누아가 10만 달러 상당의 치즈와 버터를 세이셸 무역회사에 수출하는 과정에서 블록체인에 신용장을 기록하는 방법으로 거래를 보장하는 역할을 성공적으로 수행했다.[14]

머스크와 IBM은 2018년 블록체인 기술을 활용, 국제 무역의 효율성과 안전성을 강화할 합작법인회사를 설립하고, 블록체인 기반 해운공급망 플랫폼인

표 2-1 무역 분야 블록체인 플랫폼 활용 사례

구분	주요 내용
삼성SDS	• 해운물류와 무역 고도화를 위하여 자체적으로 블록체인 솔루션 NexLedger 개발 • 2017년 NexLedger를 활용하여 '민관 합동 해운물류 블록체인 컨소시엄'의 시범 사업을 시행
SK C&C	• 2017년부터 블록체인 물류 시범사업 진행 • SK텔레콤의 사물인터넷 전용망을 활용해 컨테이너 화물위치 추적과 관리 시스템을 개발
바클레이	• 2016년 9월부터 신용장을 블록체인 내에 기록해 관리하는 서비스 제공 • Wave의 블록체인 플랫폼을 통해 스마트 계약으로 업무 절차 간소화
머스크	• 2018년 1월 IBM과 합작법인 회사 설립 • 하이퍼레저(Hyperledger)에 기반한 블록체인 기술을 이용해 매년 수천만 대의 컨테이너 선박을 관리하고 추적

자료: 삼정KPMG 경제연구원, "블록체인과 물류/유통 혁신, 그리고 디지털 무역", 「ISSUE MONITOR」 제85호, 2018. p.6.

트레이드렌즈(TradeLens)를 출시한 바 있다. 이 플랫폼은 해상운송거래에서 무역 관련 거래에 이르기까지 전 과정을 디지털화한 대표적인 사례로 언급되고 있다. 세계해운협의회(World Shipping Council: WSC)에 따르면 현재 연간 해상운송 화물은 미화 4조 달러(약 5,230조 원)[15] 이상이며, 이 중 일상 소비재가 전체 화물의 80% 이상을 차지하는 등 세계무역 생태계는 비용과 규모가 증가함에 따라 그 복잡성도 점차 심화되고 있다. 특히 무역 관련 서류를 처리하는 최대비용은 실제 해상운송 비용의 5분의 1(약 8,000억 달러, 1,046조원)에 달하는 것으로 추정된다. 트레이드렌즈는 머스크와 IBM이 글로벌 기업들을 위해 공동 개발한 솔루션을 상용화하고자 하였다. 이를 위해 글로벌 공급사슬의 총체적인 전산화에 초점을 맞춰 운송정보 파이프라인[16]과 전자무역(Paperless trade) 두 부분을 중점적으로 상용화하는 데 노력하였다.[17]

트레이드렌즈는 선적관련 각종 데이터 정보를 제공하는 '운송 인사이트', 디지털화된 거래 문서 및 공급망 파트너와의 거래관계에서 나타나는 각종 업무 관련 '문서 공유', 공급망을 효과적으로 관리할 수 있는 온라인 시스템인 '선적 관리자', 중요 선적 및 문서 이벤트에 대한 알림을 위한 '알림', API를 통해 통합

표 2-2 트레이드렌즈 디지털 화물관리 수단

구분	주요 내용
운송 인사이트	업스트림 및 다운스트림의 데이터를 사용하여 플랫폼 참여자들의 업데이트를 유지하면서도 선적에 영향을 줄 수 있는 변경사항에 대해 지속적으로 알림을 받을 수 있음
문서 공유	감사 추적과 투명한 제어를 통해 디지털화된 거래 문서 및 공급망 파트너와의 연관 이벤트를 신속하게 액세스하고 공유할 수 있음
선적 관리자	적은 비용으로 공급망을 효과적으로 관리할 수 있도록 온라인으로 트레이드렌즈 에코시스템 데이터에 손쉽고 안전하게 액세스할 수 있음
알림	사용자가 사내 시스템이나 모바일 디바이스에서 즉시 중요 선적 및 문서 이벤트에 대한 알림을 받을 수 있도록 하고, 해당 이벤트에 대한 알림을 설정할 수 있음
API 통합	트레이드렌즈는 셋업이 간편하고 비독점적이며 공용으로 사용 가능한 API를 통해 통합되므로, 사용자간에 신속하게 데이터를 공유하고 거래를 빠르게 처리할 수 있음
트레이드렌즈 eB/L	선사, 화주 및 화물 운송업체에게 선하증권의 발행, 전달 및 취소를 위한 효율적이고 안전한 프로세스를 제공하는 표준화된 디지털 전자 선하증권 솔루션을 제공함

자료: https://www.ibm.com/kr-ko/blockchain/solutions/container-logistics(2023.06.26. 검색)

서비스로 운용되는 'API(Application Programmable Interface) 통합',[18] 디지털 전자 선하증권 솔루션을 제공하는 'TradeLens eB/L' 등으로 구분된다.

그러나 야심차게 추진했던 트레이드렌즈 프로젝트는 2022년 중단결정을 내렸으며, 2023년 3월 서비스가 종료되었다. 머스크는 트레이드 렌즈의 실패가 "실행 가능한 플랫폼을 성공적으로 개발했지만, 코로나19 팬데믹 등 내외적 요인으로 완전한 글로벌 산업협력이 이뤄지지 못했다"고 설명했다. 그럼에도 불구하고 성과가 전혀 없었던 것은 아니다. IBM은 트레이드렌즈 활용으로 해상운송 시 문서화 비용을 20% 절감하고 운송기간을 최대 40%가량 단축시키는 등 나름의 성과는 있었다고 설명했다. 그러나 이러한 효과에도 불구하고 높은 거래 비용, 개인 및 거래정보 보호와 확장성 한계, 그리고 연관 업계의 협력 부족 탓에 세계 최대의 블록체인 물류플랫폼은 좌초하고 말았다.

이와 관련 블록체인 전문매체 코인텔레그래프는 트레이드렌즈 같은 블록체인 프로젝트가 일반적으로 90%가 넘는 실패율을 보인다고 지적했다. 그리고 실패의 주된 원인으로 혁신의 주관성, 복잡성, 리스크 회피성을 들었다.[19]

혁신의 주관성은 블록체인기반 공급망 관리 시스템이란 혁신적인 성과에도 불구하고 그 혜택이 각 기업과 주체마다 다른 수준으로 다가온다는 것이다. 즉 똑같은 혁신이라 하더라도 주체와 대상에 따라 서로 다른 혜택과 위험을 짊어 질 수밖에 없다는 의미이다. 또한 블록체인이 본질적으로 파괴적인 혁신기술이 라는 점도 각 기업에는 부담으로 작용하였다. 즉 안정된 기존 시스템을 파괴하고 위험부담이 큰 새로운 시스템을 굳이 도입할 필요가 있는가라는 근본적인 의문에 명쾌한 해답을 제시하지 못한 것이 트레이드렌즈 실패 원인 중 하나로 지적된다.

복잡성도 실패의 원인이다. 블록체인기반 기술뿐만 아니라 응용 앱, 내부 의 사결정 절차, 내외부 규제 등 수많은 변경사항을 인지하고 학습한 후 반복적인 훈련과 관리를 유지하는 것이 결코 쉬운 일은 아니다. '복잡하다'는 것은 결국 '비용이 많이 든다'는 것을 의미하기 때문이다. 글로벌 해운운송망을 하나로 통합 해 블록체인이라는 생소한 신기술로 통제한다는 것이 결코 쉬운 일은 아니라는 것이다.

필연적으로 감당해야 하는 리스크에 대한 부담도 트레이드렌즈 실패의 한 원인으로 지적된다. 프로젝트가 실패했을 때, 혹은 제대로 기능하지 않았을 때 발생하는 리스크를 어느 기업도 고스란히 부담하기 꺼렸다는 말이다.

2 공급사슬과 디지털 전환

디지털 전환은 거래비용 감소와 생산공정 혁신을 포함한 몇 가지 중요한 방 식으로 전통적인 공급사슬에 영향을 미쳐왔다.[20] 컨설팅업체인 딜로이트는 디지 털 전환이 공급사슬에 미친 영향으로 첫째, 거래비용 절감, 둘째, 생산혁신, 셋째, 선형적 공급사슬에서 동적 공급사슬로의 전환 등을 지적했다.

첫째, 디지털 기술발전과 그에 따른 효율성 증가는 내부 및 외부적 사업 운영에서 거래비용을 크게 줄였다. 디지털 전환으로 인해 기업이 조직운영의 세부 단계에 대한 통찰을 얻거나, 고객의 수요 패턴을 충분히 이해하는 일에 비용과 시간을 많이 소비할 필요가 없게 된다. 공급사슬상의 데이터가 실시간으로 공유되어 공급사슬을 효율적이고 예측가능한 네트워크로 변환시킨다. 거래비용이 감소하면, 더 많은 파트너들과 거래할 수 있는 기회가 증가한다. 이는 기존 공급사슬을 보다 네트워크화된 공급사슬로 전환시킬 수 있는 기회를 낳는다.

둘째, 디지털 전환에 따라 생산 프로세스가 개선되어 획기적인 생산혁신을 이룰 수 있다. 디지털 전환은 기업이 생산과정에 보다 적은 자본을 사용하는 결과로 이어질 수 있다. 이는 최소효율규모가 줄어들게 되어, 생산공장이 수요 지점에 가까이 위치할 수 있게 된다.[21] 또한 작고 민첩한 기업들의 시장진입이 더 쉬워진다. 이러한 물리적 역량의 변화는 전략 및 운영 양쪽에서 모두 가능할 수 있다.

셋째, 선형적 공급사슬에서 동적 네트워크로의 전환이 이루어진다. 동적 네트워크를 활용할 수 있는 조직은 차별화가 가능하다. 전통적인 공급사슬에서, 정보는 선형적으로 이동하고, 각 단계는 그 이전 단계에 의존한다. 이들 연속된 사건은 개발, 계획, 조달, 제조, 전달, 지원 등 매우 구조화된 방식으로 연결된다. 특정 단계의 비효율성은 후속 단계에서 유사한 비효율성이라는 결과를 낳을 수 있다. 이해관계자들은 프로세스들에 대해 가시성이 떨어지는 경우가 많고, 이는 반응하거나 행동을 교정하는 능력을 제약한다. 공급사슬 운영자는 '채찍효과'[22]로 수요예측이 더 어려워지고, 공급사슬을 따라 이러한 현상이 더욱 확대된다. 하지만 각각의 공급 교점들의 역량이 더 커지고 연결됨에 따라 공급사슬은 동적이고 통합된 공급망으로 변환된다. 디지털 공급사슬(Digital Supply Chain Network: DSN)은 정보에 기반한 더 나은 의사결정을 위해 실시간 데이터를 이용하고, 더 큰 투명성을 제공하며, 전체 공급망에 걸쳐 향상된 협업을 가능케

그림 2-3 전통적인 공급사슬과 디지털 공급사슬

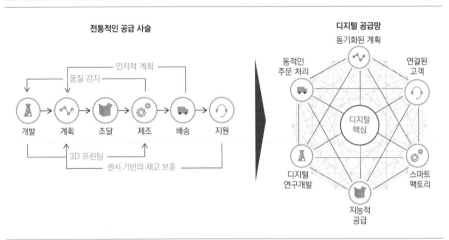

자료: 딜로이트 안진회계법인, 「디지털 공급망의 부상」: 인더스트리 4.0이 공급사슬의 디지털 변환을 가능케 한다, 2016. p.6.

함으로써 선형적 공급사슬의 지연된 작용-반작용 프로세스를 극복할 수 있다. 〈그림 2-3〉은 전통적인 공급사슬에서 단일 디지털 공급사슬로의 전환을 보여준다. 하지만, 조직은 하나 이상의 디지털 공급사슬들을 보유하게 될 가능성이 크다는 점에 주목할 필요가 있다.

디지털 공급사슬을 전통적인 선형 공급사슬과 차별화하는 요인은 디지털 공급사슬이 자동화를 촉진하고, 부가가치를 창출하며, 업무흐름과 분석기술[23]을 개선하고, 통찰력을 창출하는 지속적인 정보흐름으로 특징지어지는 동적이고 통합된 네트워크라는 사실이다. 실시간으로 정보 확인이 가능하여 선형 공급사슬에 내재된 지연으로 인한 많은 애로사항을 회피할 수 있다. 이러한 디지털 공급사슬로의 전환은 국내물류, 국제운송 및 수입국물류 전반에 영향을 미치게 된다(그림 〈2-4〉).

디지털 공급사슬의 특징으로는 다음과 같은 점을 들 수 있다. 첫째, 디지털 공급사슬은 센서 및 위치 기반 도구들이 지속적으로 데이터를 전송해서 지연없이 네트워크의 여러 측면에 관한 통합된 시야를 제공한다는 의미이다.

그림 2-4 공급사슬상의 물류서비스 흐름도

자료: 조대성, 이준봉, "수출입물류 디지털 전환(Digital Transformation) 현황 및 시사점", 「Trade Brief」, No.6. 한국무역협회, 2021.5.17.

둘째, 연결된 공동체는 여러 이해관계자들(공급자, 협력사, 고객, 제품, 자산)이 중간매개자를 통하기보다 직접 데이터와 정보를 공유하고 소통하도록 해준다는 의미이다.

셋째, 지능적인 최적화는 기계와 인간의 협업을 위한 능력을 설명하는데,

그림 2-5 디지털 공급사슬의 특징

민첩성	연결된 공동체	지능적인 최적화	종단간 투명성	총괄적인 의사결정
디지털 공급사슬은 전통적인 데이터 집합을 다음과 같은 새로운 데이터 집합과 결합한다. 예를 들어: • 센서 기반 • 위치 기반 • '알맞은 시점' vs '실시간'	다음과 함께하는 가치 네트워크 전반에 걸친 실시간의, 끊김없는, 복합적인 의사소통과 협업: • 공급자 • 협력사 • 고객	다음을 결합해 창조한 학습의 닫힌 고리: • 인력 • 기계 • 데이터가 주도하는 애널리틱스 • 예측적인 인사이트 • 사전 행동	센서와 위치 기반 서비스의 이용이 다음을 제공: • 자재 흐름 추적 • 일정 동기화 • 수요와 공급의 균형 • 재무적 혜택	맥락에 맞는 정보에 기반해, 다음과 같은 평행한 투명성을 제공: • 성과 최적화 • 재무적 목표 • 상충 관계
결과: 변화하는 네트워크 상황과 예측하지 못한 상황에 대한 신속하고 지연 없는 반응	결과: 중앙집중화, 표준화, 동기화된 데이터로부터 얻는 네트워크 전반의 인사이트	결과: 즉성 해결책을 위해 최적화된 인간·기계 의사결정	결과: 공급망의 중요 측면에 대한 개선된 가시성	결과: 네트워크 전체에 대한 더 나은 의사결정

시사점
• 기업이 새로운 수준의 실적을 달성하고, 운영 효율성과 효과성을 개선하며, 새로운 수익 기회를 창출
• 기업이 전체 공급망을 활용함에 따라 시간 및 공간의 전통적인 장벽 축소

자료: 딜로이트 안진회계법인, 「디지털 공급망의 부상」: 인더스트리 4.0이 공급사슬의 디지털 변환을 가능케 한다, 2016. p.7.

의사결정의 최적화를 위해서 분석이 가능한 데이터를 공유한다는 의미이다.

넷째, 종단간 투명성은 공급사슬의 여러 측면에 걸친 즉각적인 가시성을 동시에 제공할 수 있어, 중요 영역에 대한 통찰력을 제공한다는 의미이다.

다섯째, 총괄적인 의사결정은 공급망의 모든 영역에 걸친 정보 투명성으로 인해 보다 나은 의사결정뿐만 아니라 수요와 공급의 균형을 가능케 한다는 의미이다.

③ 해운물류와 디지털 전환

1) 해운물류 디지털 전환의 경로

다른 산업에 비해 해운산업은 디지털 전환 속도가 느린 편이다. 그러나 최근 들어 해운부문에서도 디지털 전환을 통해 투자의 효율성과 생산성 개선을 위한 새로운 기술을 활용하는 방법을 모색하고 있다. 바르질라 마린 비즈니스 (Wärtsilä Marine Business)가 실시한 설문 조사에 따르면, 해운기업의 2/3가 디지털 여정을 막 시작했으며, 그 중 69%가 디지털 솔루션을 탐색하고 있는 단계에 있다.

새로운 비즈니스 환경은 해운업계가 선박제공이라는 기존의 비즈니스 모델에서 고객에게 가치를 제공하는 비즈니스 모델로 전환할 것을 요구하고 있다. 제품과 서비스의 원활한 흐름을 위한 글로벌 공급망의 필요성이 증가함에 따라 디지털 비즈니스는 오늘날 해운기업의 핵심 지원 요소로 부상하고 있다. 사물인 터넷(IoT), 빅 데이터, 인공 지능(AI), API 및 센서와 같은 기술은 현재 사용 가능한 방대한 양의 데이터와 함께 선대운영을 최적화하는 데 활용되고 있다. 이들 기술은 효율성을 높이고 비용을 절감하며 선박의 가동시간을 늘린다. 이러한 혁신을 구현하려면 운영 모델, 생산된 데이터 사용, 사이버 보안 및 가치창출을

그림 2-6 스마트 해운 경로

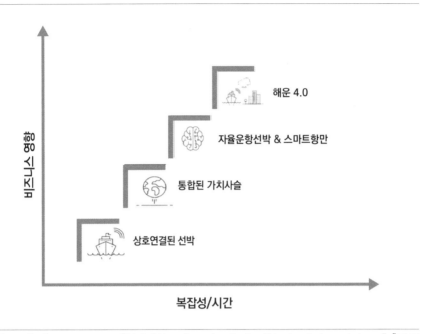

자료: Michael Papageorgiou, "Digital Transformation in the Shipping Industry is here,"「NAFS magazine」KPMG, 2021.

위한 선박의 역할에 변화가 필요하다.

　디지털 기술과 도구는 선박의 역할을 가치창출의 원동력으로 변화시킬 것이다. 디지털 기술은 선박과 관련된 더 스마트하고 중앙집중식이 아닌 분산 네트워크를 구축하고 성능 모니터링과 실시간 가시성을 높일 수 있다. 이러한 기술로 선원과 육상근무자 사이의 의사소통을 크게 개선할 수 있다. 아울러 한 선박에서 수집된 데이터를 다른 선박의 성능을 개선하는 데 활용할 수 있는 보다 표준화된 노하우의 기반을 마련할 수 있을 것이다. 인더스트리 4.0은 해운부문에 있어 해운 4.0(Maritime 4.0)이라고 할 수 있다. 선박 및 조선 분야에서 해운 4.0이 가져올 디지털 전환의 영향은 〈그림 2−6〉과 같다.

2) 해운물류분야 디지털 전환에 따른 비용절감

국제교역에 있어서 해운산업이 중추적 역할을 수행하기 위해서는 선박과 항만 인프라 및 운영에 디지털 기술을 적용하고, 통합하는 노력을 지속해야 한다. 디지털 혁신은 상당한 비용절감을 가져올 수 있다. 디지털 전환과 관련해서 해운업계의 주요 초점은 운영비용 절감과 운영 효율성에 있다. 디지털 혁신은 운영, 고객 경험 및 효율성 개선을 위해 시스템을 간소화하는 새로운 애플리케이션을 통해 해운 산업을 변화시킨다. 예를 들어 해운분야에서 디지털 플랫폼, 실시간 화물추적 데이터, 빅데이터, 사물인터넷, 블록체인 및 온라인 제3자 물류(3PL) 통합은 기존 산업을 재편하고 있다. 보스톤컨설팅그룹(BCG)은 해운기업 운영비용의 각 요소별 기여도와 디지털 전환에 따른 비용절감 효과를 발표했다.[24] 전반적으로 디지털 전환으로 인해 운영비용이 15% 이상 감소할 가능성이 있으므로 향후 5년 동안 커넥티드 선박(connected vessels)의 수가 급격히 증가할 것으로 예상된다. 커넥티드 선박은 스마트선박 기술과 디지털 기술을 결합하여

표 2-3 디지털 솔루션 도입으로 인한 비용 절감

구분	현재 운영비	예상 감소 운영비	디지털 솔루션 사례
연료 및 에너지 관리	46%	최대 15%	• 항로 계획 • 트림 최적화(Trim optimization)
항만수수료	21%	최대 20%	• 항만관련 문서관리 • 지능형 선박운항관리
보험	13%	최대 15%	• 문서 처리 • 자동 보고 • 조달 솔루션
선박수리	10%	최대 20%	• 상태 모니터링 • 기술 및 보수 관리
선원	10%	최대 10%	• 선원 관리 • 선원 훈련

자료: Michael Papageorgiou, "Digital Transformation in the Shipping Industry is here", *NAFS magazine*, KPMG, 2021. p.1.

표 2-4 커넥티드 카(connected car)와 커넥티드 선박(connected vessels)

구분	주요 내용
커넥티드 카	자율주행 자동차 시대가 도래함에 따라 커넥티드 카 기술도 큰 각광을 받고 있다. 커넥티드 카 개념은 각 차량들이 서로 소통함으로써 교통 흐름이나 날씨 정보와 같은 주행 정보를 수신하는 수준을 넘어서 자동차가 스마트폰이나 집, 사무실, 그리고 도시의 다양한 인프라 시설들과 상호 통신을 하여 사물인터넷(IoT)의 일부가 되는 것을 말한다. 커넥티드 카 개발에 가장 먼저 뛰어든 업체는 애플(Apple)사이다. 차량용 운영체제(OS) '카플레이(CarPlay)'를 개발하여 현대기아차, 볼보, 벤츠 등 자동차 업체들과 제휴를 맺었다. 커넥티드 카 기능 중에서 가장 유용하게 사용되고 있는 것은 차를 타기 전 미리 시동을 걸고 히터를 가동하여 따뜻한 상태에서 출발할 수 있도록 하는 것이다. 이 외에 인터넷에 접속하여 전자우편, 멀티미디어 스트리밍, 소셜네트워크 서비스(SNS) 등을 제공할 수 있으며 실시간으로 날씨와 뉴스 수신까지도 가능하다.
커넥티드 선박	지멘스의 경우 커넥티드 선박을 다음과 같은 기능이 있는 선박으로 특징짓는다. 1) 경로, 날씨 및 해류에 대해 선박 위치를 추적 2) 선단 벤치마킹을 통해 모든 선박에서 향상된 성능을 얻을 수 있음 3) 규제 배출 보고 및 원격 선박 진단 4) 보조 엔진 최적화, 폐열 회수 및 그을음 분사는 모두 선박 성능의 효율성을 개선하는 데 도움이 됨 이러한 선박의 장점은 다음과 같다. 1) 연료 소비와 탄소 배출량을 줄임 2) 함대 운영의 효율성을 높임 3) 자동화된 추적은 수동 감사 프로세스를 제거하는 데 도움이 됨

자료: 1) 한국교통연구원 블로그, 커넥티드 카(Connected Vehicle)기술을 아시나요? (https://blog.naver.com/koti10/222277415964)
2) https://siemens.mindsphere.io

해상운송부터 하역, 육상운송에 이르기까지 해운산업의 전체 밸류체인을 종합 관리할 수 있는 선박으로 스마트선박이 선박의 친환경성, 안전성, 운항경제성 등을 개선하는 데 주력했다면 커넥티드 선박은 선박과 항만, 육상물류 등 화물 운송상의 제반 정보까지 제공하는 것이 특징이다.

영국 로이드선급이 발표한 글로벌 해상기술 트렌드 2030(Global Marine Technology Trends 2030: GMTT 2030) 보고서[25]는 해상기술의 미래에 대한 전망을 제시한다. 기술변화는 사회적 변화, 지속 가능한 자원개발, 일자리, 부, 평화 및 전쟁과 밀접하게 얽혀 있다. 글로벌 해상기술 트렌드 2030는 세 가지 중요한 메시지를 전달하고 있다.

첫째, 기업이 과학적 기술과 혁신역량을 활용할 수 있다면 해운 외에도 해양공간 및 해군 부문에서 새로운 성장동력을 찾을 수 있다.

둘째, 해운, 해양공간 및 해군 부문은 경쟁이 심화되고 기술이 성숙함에 따라 급속한 변화를 겪을 것이다.

셋째, 안정적이고 일관된 규제 및 지원 제도는 투자 주체인 민간부문에 대한 신뢰를 높이는 데 필수적이다.

해운산업은 2050년까지 자율운항선박, 디지털 전환 및 탈탄소화에 대한 혁신을 지속해야 한다. 국제해운회의소(International Chamber of Shipping, ICS)에 따르면 향후 해운산업은 모든 이해관계자에게 계속해서 성장의 기회를 제공하는 반면, 복잡성은 더욱 증가할 것으로 보고 있다. 따라서 해운산업의 디지털 전환은 국가와 기업 경쟁력 제고의 핵심이며 비즈니스 성과를 주도하고 사람들의 삶을 풍요롭게 할 것이다.

3) 해운물류분야 디지털 전환의 범위와 구성

해운분야에 있어서 디지털 전환의 범위는 광범위하다.

첫째, 무역과 공급사슬의 전 과정에 영향을 미친다. 무역에 있어서 해상운

표 2-5 디지털 전환의 범위와 구성

구분	디지털화 범위	
무역	공급사슬 전과정	수출입 과정
		세관, 항만, 배후단지
해운	해운선사	해운선사의 디지털화 도입
	선박	자율운항선박 도입
	정보통신	e-내비게이션
항만	자동화 및 정보통신	스마트 항만
물류	자동화 및 정보통신	물류센터 및 배송 최적화
투자	선박투자	자금조달

자료: 저자작성.

송이 필수적이며, 이에 따라 디지털 전환의 과정은 무역과 공급사슬 전반에 걸쳐 영향을 미칠 수 있다. 예를 들어 수출입 과정상에서 발생하는 송하인과의 운임에 관한 자료 교환, 물품운송에 관한 계약 등이 이에 해당된다. 또한 무역운송과 관련된 주체인 세관당국과 항만 및 배후단지에 입지한 기업들과의 관계 또한 디지털화 전환으로 인해 영향을 받게 된다.

둘째, 해운기업과 관련된 디지털 전환이 있다. 앞에서도 지적한 바와 같이 선박운항 및 운영, 그리고 해운기업의 경영활동에서 나타나는 다양한 업무범위가 이에 해당된다. 특히 자율운항선박의 도입 및 e-내비게이션 운영 관련 내용이 대표적이라고 할 수 있다.

셋째, 항만의 경우 스마트 항만의 이슈가 디지털 전환에 포함될 수 있다. 항만의 하역 작업에서 나타나는 자동화뿐만 아니라 항만내 운송, 혼재작업 등 항만의 다양한 활동도 이에 포함될 수 있다.

넷째, 물류분야는 디지털 전환의 범위가 더 넓다. 대표적으로 물류센터의 운영과 배송의 최적화 문제 등이 이에 해당된다.

다섯째, 해운기업의 경영활동 외에 선박투자에 있어서도 디지털 전환의 영향이 나타난다. 대표적인 예가 선박투자를 위한 자금조달시 활용될 수 있는 토큰증권이 있다.

4) 해운물류분야 디지털 전환의 주요 영향

해운물류서비스 분야에도 정보의 축적량 및 처리량이 기하급수적으로 증가하는 등 디지털화가 진행되고 있다. 해운업계에서는 이전에도 전자데이터교환(EDI)과 화물추적시스템 등이 활용되고 있었으나 선주와 화주와의 계약은 폐쇄적으로 이뤄졌고 디지털 데이터가 표준화되거나 공유되지 않았다.[26]

디지털 기술의 도입은 해운산업에 있어 생산성 향상, 신규비즈니스 창출, 해양사고 감소 등에 기여할 수 있다. 사물인터넷(IoT), 빅데이터, 인공지능(AI), 디지털 플랫폼 등과 같은 디지털기술이 해운업계의 운영 최적화, 효율성 향상,

선박가동시간 증가 등을 위해 활용되고 있으며, 특히 코로나19 기간 축적된 자본을 바탕으로 디지털 전환이 더욱 가속화되고 있다. 스마트선박 및 무인선박 등의 보급과 함께 운영비용 효율화가 이루어져 더 낮은 운임에도 수익을 창출할 수 있는 환경이 조성될 수 있으며, 궁극적으로는 디지털 전환에 투자한 회사와 기존 시스템을 고수한 회사 간의 이익격차가 커질 것으로 예상된다.[27]

보스턴컨설팅그룹은 7가지의 디지털 기술이 컨테이너선 해운시장에 영향을 줄 것으로 예상하였다. 7가지 디지털 기술이란 E-플랫폼, 첨단분석기술, 사물인터넷, 인공지능, 선박 자동화 및 로봇공학, 블록체인, 사이버 보안을 말한다.[28] 예를 들어 보스턴컨설팅 그룹은 E-플랫폼을 통해 온라인 예약과 화물관리가 가능해져 고객맞춤형 서비스를 제공할 수 있으며, 고급분석기술을 활용하여 네트워크 최적화, 수요예측, 가격 책정, 공컨테이너 재배치가 가능하다고 지적한다. 아울러 사물인터넷을 활용하여 선박기계 모니터링과 냉동 냉장 컨테이너의 모니터링이 가능해지고, 인공지능을 이용한 E-서비스 센터 운영, 예측유지보수 등이 가능하며, 선박자동화 및 로봇공학을 통해 자율운항선박이 가능할 것으로 기대된다. 또한 블록체인 기술을 이용하여 전자선하증권 활용과 자동결제 시스템 구축은 물론, 해상보험에도 활용이 가능할 것으로 예상된다. 마지막

표 2-6 디지털 전환이 해운물류에 미치는 영향

구분	주요 내용
생산성 향상	• 스마트선박으로 비용구조 최적화와 환경부하 저감으로 환경 관련비용 감소 • 인공지능을 통한 최적항로 탐색 • 무인선박 확산 시 인건비 절감
신규비즈니스 창출	• 플랫폼을 활용하여 선주-화주간 운송프로세스 간소화 • 자산과 하드웨어 중심의 해운사업이 정보축적과 소프트웨어 중심으로 변화
해양사고 방지	• 정보통신기술을 활용하여 센서로부터 얻은 대량의 데이터를 실시간 분석함으로써 기기 오작동 사전예방 • 대체불가능토큰(NFT) 기술을 활용하여, 화물위치 실시간 파악, 오배송/상품유실 등 방지

자료: 삼일PwC경영연구원, 「신해양강국, 한국 해운업의 미래를 말하다: 해운업의 이해와 전략적 제언」, 2023. p.35.

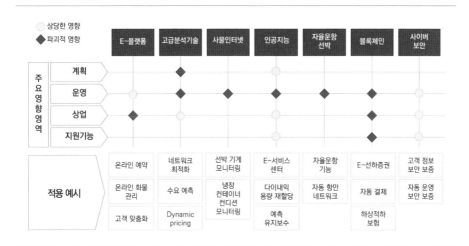

그림 2-7 디지털 기술이 컨테이너선 해운에 미치는 영향

자료: BCG, *The Digital Imperative in Container Shipping*, 2018.

으로 사이버 보안기술 관련해서 선사들은 고객 데이터의 안전한 보호와 자율운항선박의 보안에도 활용이 가능할 것으로 보인다.

빅데이터와 사물인터넷이 적용된 실시간 컨테이너 화물 추적시스템은 최근 유럽선사들을 중심으로 높은 관심을 받고 있다. 세계 수출입 화물의 80% 이상이 해상으로 이동되고 있으나 종전에는 대다수 컨테이너에 대한 추적이 쉽지 않고, 화주들은 온도 및 컨테이너 안정성에 대한 정보를 얻지 못하고 있는 실정이었다. 이에 머스크, MSC, CMA CGM 등은 선도적으로 정보통신기술이 접목된 컨테이너 화물의 실시간 모니터링과 추적기술을 도입하였으며 후발 선사들 역시 화주에 대한 서비스 강화라는 측면에서 이 같은 기술을 순차적으로 도입하였다.[29]

4차 산업혁명 시대를 맞아 재생에너지의 생산 및 이용, 고객맞춤형 생산방식, 인터넷, 인공지능, 바이오기술 등 신기술의 활용 등의 변화는 앞으로 해운산업 발전양상에 직접적인 영향을 미칠 것이다.[30] 또한 4차 산업혁명 기술은 해운업의 안전과 스마트화, 친환경 부문에 영향을 줄 뿐 아니라 해운기업의 비용절감과 경쟁력 강화에 도움이 된다.[31]

디지털 기술의 변화가 해운물류 분야에 어떠한 영향을 미칠 것인지에 대해 명확히 설명하기는 쉽지 않다. 이는 기술의 발전과 그에 따른 영향이 연속적이고 다발적으로 이루어지기 때문이다. 즉 하나의 관점에서 이루어지는 단순비교는 불가능하기 때문이다. 그럼에도 불구하고 4차 산업혁명 시대의 디지털 기술이 해운물류 분야에 상당한 영향을 미칠 것이라는 것이 전문가들의 일관된 의견이다. 예를 들어 자율운항선박의 등장과 해운거래시스템의 변화 등은 이미 시장에서 많은 진전을 보이고 있다.

디지털 전환으로 물류운송에 참여하는 각 주체들은 다양한 효과를 얻을 수 있다. 항만 및 터미널은 선적정보를 실시간으로 제공할 수 있으며, 화물의 선로 연결 등 항만 내 협업을 강화하거나 터미널 환경을 개선할 수 있다. 선박은 바다 위에서 선적정보를 전 세계 고객 및 터미널에 실시간으로 제공할 수 있다. 관세당국은 실시간 수출입 통관상태 정보를 제공할 수 있으며, 정보공유 플랫폼을 통해 위험 평가실시, 정보공유 개선 그리고 서류작성 작업의 간소화를 도모할 수 있다. 트럭 등 화물운송업자는 복합운송 관련 정보 계획 등을 공유할 수

그림 2-8 해운물류 운송 주체별 디지털화 영향

	항만 및 터미널 • 항만/터미널 내 선적 정보 실시간 제공 • 선로 연결 등 항만 내 협업 강화 및 터미널 환경 개선		**화물운송자/3PL** • 트럭운송, 복합운송 정보 계획 등 제공 • 사전 구축된 계획을 통해 막힘없는 화물 연결 및 실시간 화물 정보 제공
	화물선 • 바다 위에서의 선적 정보 실시간 제공 • 전세계 고객 및 터미널에서 실시간 화물 정보 제공		**복합운송업자** • 트럭, 철도, 바지선 등의 화물 정보 제공 • 공급체계 내에서 화물 환적의 대기시간 감소 등 개선된 화물운송 계획 제공
	관세당국 • 수출입 통관상태 정보 실시간 제공 • 정보공유 플랫폼을 통해 위험 평가 실시 및 정보공유 개선, 서류작성 작업 감소		**해운업자** • 종이 없는 무역의 소비자로 솔루션 이용 • 간소화된 공급망을 통해 다양한 우발적 상황들은 예측 가능해지며, 불필요한 재고도 줄일 수 있음

자료: 삼정KPMG 경제연구원, "블록체인과 물류/유통혁신, 그리고 디지털 무역", 「Issue Monitor」 제85호, 2018, p.10.

있으며, 사전에 구축된 계획을 통해 실시간 화물 정보 제공이 가능하게 된다. 복합운송업자는 트럭, 철도 및 바지선 등 다양한 운송수단의 화물정보를 제공받을 수 있으며, 해운기업은 간소화되고, 개선된 공급망을 통해 다양한 상황들에 대한 예측이 가능하며 불필요한 재고도 줄일 수 있게 된다.

물류산업의 디지털기술

1 빅데이터의 개념

빅데이터란 과거 아날로그 환경에서 생성되던 데이터에 비해 규모가 방대하고, 생성주기가 짧으며, 수치와 문자, 영상 등 다양한 형태를 띠고 있는 데이터를 말한다. 이러한 빅데이터의 특징으로는 대규모의 데이터라는 크기(volume), 정형·반정형 및 비정형의 다양한 데이터라는 다양성(variety), 빠르게 증가하고 수집되며 신속하게 처리되는 데이터라는 속도(velocity)의 소위 3V로 집약된다.

기업과 산업계에서 데이터에 주목하는 이유는 빅데이터를 통해 정보를 추출하고 분석해 이를 다방면에 활용할 수 있기 때문이다. 고객의 제품 선호패턴을 분석하고 예측함으로써 비즈니스의 효율성을 높일 수 있고, 비용절감과 리스크 관리는 물론, 새로운 비즈니스 모델을 만들어 낼 수도 있다. 물류업계에서도 빅데이터 분석을 통해 배송시간 단축, 물류비 절감, 수요예측 등을 수행할 수 있다.

일반적으로 기업들이 빅데이터를 경영전략의 하나로 채택할 경우 일반적으로 세 가지 차원에서 가치를 창출할 수 있다. 첫째, 운영 효율성의 개선이다. 이 경우 데이터는 자원소비를 최적화하거나 프로세스 질과 성과를 개선하는 등 보다 나은 의사결정에 활용된다. 뉴욕경찰청(NYPD)은 911 전화신고 데이터를 기반으로 범죄와 관련된 정보를 수집하고 범죄패턴을 분석하여 사전에 범죄를 예방하고 있다. 독일의 대표적인 드럭스토어인 'DM'은 개별 매장들의 과거 매출 데이터, 휴일, 일기예보 등을 고려하여 일일 매장 수익의 장기예측을 구현하였고, 이를 바탕으로 직원들의 교대신청을 승인해 줌으로써 매장 직원들의 일과 삶의 균형(워라밸)에 기여하고 있다.

둘째, 고객경험(customer experience) 강화수단으로써 고객충성도를 제고하고 정확한 고객세분화를 수행하고, 고객서비스의 최적화를 도모하는 데 데이터를 활용할 수 있다. 미국 통신회사 T-Mobile사는 이탈고객을 관리하기 위한 방안으로 기존에 수행해 왔던 고객기반의 시장조사 대신 사회적 네트워크분석(social network analysis) 방법을 활용하고 있다. 고객유지를 위해 단순히 통신서비스에 대한 개별 고객의 지출 내역뿐만 아니라 개별 고객의 사회적 네트워크를 분석하여 영향력이 큰 인플루언서를 집중적으로 관리하는 방식으로 전환하여 고객이탈비율을 현저히 감소시키는 성과를 거두었다.

셋째, 새로운 비즈니스 모델을 수립하는데 빅데이터 분석이 활용됨으로써 기존 제품의 수익원을 확대하는 한편, 신제품 도입을 통한 신규 수입원 창출이 가능하다. 스페인 최대통신회사인 텔레포니카(Telefonica)는 고객들의 이동 데이터를 분석하여 상권분석에 활용하는 상업화에 성공하였으며, 이를 확장하여 소

그림 3-1 빅데이터 활용을 통한 가치창출

운영 효율성	고객 경험	새로운 비즈니스 모델
• 투명성 수준 향상 • 자원소비 최적화 • 프로세스 품질 및 성능향상	• 고객충성도 및 유지율 제고 • 정확한 고객세분화 및 표적수행 • 고객 상호작용 및 서비스 최적화	• 기존 제품의 수익원 확대 • 신제품(데이터)으로부터 신규 수익원 창출

자료: DHL, *Big Data in Logistics*, 2013. p.7.

매분야뿐만 아니라 부동산, 레저, 미디어 영역에서 새로운 수익원을 창출하고 있다.

2 빅데이터 활용분야

1) 물류분야

오늘날 기업들은 방대한 양의 데이터를 자신들의 경쟁우위로 전환하기 위해 노력하고 있다. 정확한 시장수요 예측, 고객 맞춤형 서비스 제공, 새로운 비즈니스 모델 개발을 위해 이전에는 다루지 않았던 데이터를 적극적으로 활용할 필요성이 높아지고 있다.

물류산업에 있어서도 빅데이터의 파괴적 역할은 매우 중요하다. 물류산업에 있어서 빅데이터 분석은 다섯 가지 특성을 통해 기업 경쟁우위에 이바지한다. 먼저 핵심영역의 최적화이다. 배송시간, 자원 활용 그리고 지리적 범위와 같은 서비스 특성의 최적화는 물류산업에 있어서 고유한 도전과제이다. 대규모 물류사업은 데이터의 효율적 운영을 필요로 하는바, 정보가 정확할수록 서비스 최적화는 용이해진다. 첨단 예측기법과 실시간 데이터 처리과정은 기업의 화물처리역량 예측(capacity forecast)과 자원통제에 있어서 새로운 기회를 제공한다. 둘째, 물류산업은 글로벌 차원에서 수많은 고객과의 접점과정에서 시장정보, 제품에 대한 피드백, 인구통계와 관련된 데이터를 얻을 수 있으므로, 빅데이터 분석은 고객과 제품에 대한 다양한 통찰력을 제공할 수 있다. 셋째, 고객비즈니스와 동기화로서 현대 물류솔루션은 다양한 산업에 있어서 생산과 유통과정을 통합하고 있다. 이러한 고객과의 밀접한 통합을 통해 얻은 광범위한 데이터들을 분석함으로써 공급망 리스크를 식별하고 공급망 붕괴에 대처할 수 있는 공급망회복력을 구축할 수 있다. 넷째, 정보의 네트워크화이다. 운송과 배송 네트워크는 고급 데이터의 원천으로서 이들 네트워크 데이터는 운송 및 배송 네트워크

자체의 최적화뿐만 아니라 글로벌 상품흐름에 대한 귀중한 통찰력을 제공한다. 다섯째, 물류기업은 해외 사무소를 통한 분산운영이 필수적이다. 국경을 오가는 운송수단들은 운송루트를 따라 자동적으로 현지 정보를 수집하게 되고, 이들 데이터의 가공 및 분석을 통해 인구학적, 환경적, 통행량과 같은 유용한 통계를 제공한다.

먼저 물류분야의 운영효율성 제고 측면에서 빅데이터의 활용 사례로는 라스트마일 최적화(last-mile optimization)를 들 수 있다. 통상 배송네트워크에 있어서 운영 효율성을 달성하는 데 걸림돌은 라스트마일에서 발생한다. 따라서 빅데이터기법을 활용하여 라스트마일을 최적화하면 제품가격을 낮출 수 있다. 이러한 라스트마일 최적화 방안으로는 실시간 경로 최적화(real time route optimization)와 크라우드기반 픽업 및 배송이 있다. 실시간 경로 최적화는 현재 교통상황과 관련된 정보를 센서나 모바일기기 등을 활용하여 실시간으로 수집하고, 이를 신속히 가공하여 차량들에 최적 경로를 제공함으로써 운송거리 단축, 연료비 절감 그리고 배출가스 저감 등 배송차량의 성과를 극대화할 수 있는 방안이다. 크라우드기반 픽업 및 배송이란 지역민, 학생, 택시기사 등을 활용하여 화물을 배송함으로써 배송차량의 투입을 줄일 수 있다.

자원의 최적이용은 물류기업의 주요 경쟁우위이다. 과도한 시설은 이윤율을 저하시키는 반면, 시설부족은 서비스 질의 저하를 가져와 고객을 실망시키게 된다. 따라서 물류기업은 전략적 차원에서건 운영적 차원에서건 완벽한 자원이용계획을 수립하여 시행하여야 한다. 이러한 측면에서 빅데이터 분석을 활용한 정확한 시설 예측을 통해 창고나 물류센터 같은 장기 인프라에 대한 투자 리스크를 줄이거나(전략 측면), 일별 혹은 월별 단위로 정확한 수요를 예측함으로써 필요 차량이나 인력의 증감을 효율적으로 조정할 수 있다(운영측면).

다음으로 고객경험 측면에서 물류분야의 빅데이터 활용으로는 고객가치관리(customer value management)와 공급망 리스크관리를 들 수 있다. 먼저 고객가치관리에는 고객충성도 관리를 위해 가치고객의 식별이나 고객만족도 평가를 수행하여야 하며 이를 위해 고객접점에서 얻은 데이터, 물류운영상 발생한 데이터 혹은 외부 데이터를 결합하여 고객수요와 고객만족에 대한 통찰력을 획득하여야 한다. 또한 지속적인 서비스 개선과 제품혁신을 위해 고객들의 피드백을 수집하여 활용할 수 있어야 한다. 다음으로 공급망 리스크관리 측면에서 재해, 재난, 테러, 질병 등 예기치 못한 위기발생으로 공급망 중단위험이 발생하지 않도록 다양한 정보의 신속한 분석을 통해 사건·사고를 예측하고 대응책을 마련할 수 있다.

마지막으로 새로운 비즈니스 모델 개발 측면에서 물류분야의 빅데이터분석 활용방안으로, 글로벌 운송네트워크상 화물흐름에 대한 미시적 데이터들－BDI지수, 다우존스 운송평균지수 등－은 물류기업들에게 중요한 사업기회를 제공한다. 또한 물류기업들이 배송서비스를 통해 획득한 고객주소 데이터는 도소매업, 은행, 공공기관들에게 제공될 수 있다. 물류기업들은 배송차량에 센서를 부착하는 방법을 통해 지역 내 대기오염, 온도, 습도, 교통량, 소음, 유휴주차 공간 등에 대한 데이터를 실시간으로 수집할 수 있으므로 이들 데이터를 수집, 분석, 가공하여 부가가치 정보로 만들어 관련 당국 등에 제공할 수 있다.

한편 빅데이터분석 수행을 위한 성공요인으로는 사업부서와 IT부서 간 협업, 데이터의 투명성과 거버넌스(정보자산과 소유권의 투명성, 데이터 속성의 명확화, 데이터 질에 대한 강력한 거버넌스), 데이터 보호와 프라이버시(개인정보 유출) 문제, 데이터 과학 기술(데이터 분석 및 조작 기술), 적절한 데이터 분석기술의 사용을 꼽을 수 있다.

DHL의 경우 일별 배송정보를 이용하여 소비자의 물류서비스 이용 패턴을 분석하고, 이렇게 수집한 정보는 실시간 교통상황, 지리적·환경적 요소를 고려해 최적의 배송경로를 도출하는 데 활용된다. 이를 통해 배송실패율을 최소화하고 불필요한 연료소모도 사전에 차단하는 효과를 거두고 있다. 또한 배송과정 중에 발생할 수 있는 문제점을 빅데이터 분석으로 예측하여 예방함으로써 고객들에게 향상된 서비스를 제공한다, 예를 들면 항공기의 화물이 절반가량 비어있

그림 3-2 물류분야 빅데이터

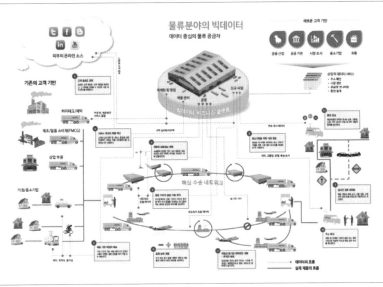

출처: DHL, *Big Data in Logistics*, 2013.17

을 경우 이를 실시간으로 확인하여 운임을 대폭 할인함으로써 화물 적재율을 최대화할 수 있도록 활용한다. 화물량이 많은 날과 적은 날을 분석하여 그것에 맞게 배송인력과 장비, 시스템을 조절할 수도 있다.

　　DHL의 'Life Track'은 빅데이터를 활용한 효과적인 콜드체인 추적관리시스템이다. DHL은 'Life Track'을 통해 다양한 데이터를 수집하고, 이를 이용해 위험요인들을 사전에 예방한다. 특히 콜드체인의 경우 작은 온도차에도 제품에 큰 손상을 일으킬 수 있기 때문에 DHL의 'Life Track'과 같은 빅데이터를 활용한 위험관리의 자동화는 물류에 있어서 매우 중요한 요소이다.

　　빅데이터와 물류기업은 상호보완적인 관계를 형성하고 있다. 물류기업은 제품의 흐름을 관리하고, 이를 통해 많은 양의 데이터를 생성하기 때문에 도착지, 화물의 크기와 무게, 내용물 등 수백만 건의 배송정보가 매일 축적된다. 이렇게 모인 빅데이터는 기업들이 신규 비즈니스모델을 개발하는 데 있어서 실마리를 제공할 수 있게 되며, 이는 물류기업이 모든 기업들의 검색엔진 역할을 수행할 수 있음을 시사한다.

2) 해운분야

빅데이터는 선박운항의 지연을 방지하고 해운업계의 전반적인 운영 효율성을 향상하기 위해 선박 센서를 관리하고 예측 분석하는 데 사용된다. 해운업계에서는 화물의 안전성과 기밀성을 보장하기 위해 적절한 화물추적이 필수적이다.

수년간의 선적화물 추적을 통해 획득한 데이터를 이용하여 해상에서의 선박 손실, 터미널이나 창고 내외에서의 화물 분실, 물품 파손 사유 등에 대한 정보를 얻을 수 있다. 이러한 빅데이터는 해운업계에서 비용이 많이 발생하는 분야를 예측하고 이를 방지하기 위한 의사결정을 내리고, 보다 안정적인 화물운송 선택권을 제공하는 데 사용될 수 있다.

또한 빅데이터는 선박설계에 중요한 역할을 할 수 있다. 이는 선박에 부착된 센서에서 얻은 데이터를 분석함으로써 가능할 수 있다. 선박의 일생 동안 수집 및 분석된 데이터는 향후 선박설계 개선에 유용하게 활용될 수 있다. 이것은 조선산업의 운영효율성을 획기적으로 개선하는 데 큰 기여를 할 것이다. 경제의 글로벌화로 인해 상품 운송과 관련된 물류에 대한 수요는 기하급수적으로 증가할 것이다. 이러한 추세는 가장 수익성이 높은 화물배송 프로세스에 대한 필요성을 증가시킬 것이다. 첨단 데이터 처리기술을 사용함으로써 상품의 배송은 더욱 효율적으로 이루어질 것이고, 개선된 운송서비스는 전반적으로 국제무역을 증가시킬 것이다.

해운산업에 있어서 빅데이터를 활용할 수 있는 분야는 다양하다. 먼저 선박운항 측면에서 선사들은 빅데이터 분석을 통해 연료 비용, 운임 및 운항스케줄 등과 같은 요소를 고려하여 연료소비에 대한 최적속도를 결정할 수 있다. 또한 선체 세척 및 프로펠러 연마를 포함한 선박 유지관리에 관한 결정은 통상 선박 성능보다는 직관 또는 정해진 일정에 따라 이루어지는 경우가 많은데 빅데이터를 활용하면 선박의 유지보수 시기에 대한 과학적 관리가 가능하다. 예를 들어 선박의 연료 소비 데이터는 선박 유지보수의 비용편익 분석에 사용할 수 있다.

터미널 운영자나 항해사는 선박의 예상도착시간(ETA)과 화물정보가 필요하다. 이메일이나 전화에 의존하는 대신 다양한 데이터를 동시에 제공하는 대시보드를 사용하여 선박과 화물을 추적하게 되면 터미널 및 선석 할당, 하역 및 화물경로 추적에 대한 보다 효과적인 의사결정을 내릴 수 있다. 빅데이터분석을 활용하여 선박이 최적 항해경로와 실제 항해경로를 실시간으로 비교함은 물론, 선박의 운항속도와 예상도착시간 등에 대한 모든 변경 사항을 실시간으로 추적 및 관리할 수 있으므로 계획적인 운항과 수익성을 확보할 수 있게 된다.

한편 선박 용선 시 용선자는 가장 경제적인 가격으로 화물에 적합한 선박을 수배하지만 선박중개인이나 선주가 제공하는 정보는 제한적인 경우가 많다. 그러나 빅데이터 분석은 용선자에게 정확한 정보를 보다 쉽게 이용할 수 있도록 하여 의사결정에 도움을 줄 수 있다. 가령 선박에 대한 자동식별시스템(AIS) 정보, 선박 위치보고서(position report), 예상도착시간(ETA), 선박 세부정보, 용선료를 포함한 시장정보 등을 포털에 통합하여 선주와 용선자에게 제공한다면 용선업무의 투명성과 경쟁력을 향상시킬 수 있을 것이다.

표 3-1 해운산업에 있어서 빅데이터 활용분야

구분	기능	활용분야
선사	선박운영	에너지 저감 운항
	선대계획	선대 배치, 운항서비스 계획
선주	신조선	선박 설계(디자인) 최적화
	기술적 관리	안전 운항, 선체 및 프로펠러 관리

출처: Marine Digital, *Big Data in Maritime: How a shipping company can effectively use data* (https://marine-digital.com/)

section 02 **자율주행차량**

① 자율주행차량의 개념

자율주행차량(Autonomous Vehicle)이란 운전자의 개입 없이 주행 환경을 인식해 위험을 판단하고 주행 경로를 계획해 스스로 운전하는 자동차를 말한다. 현재 자율주행차량 시대를 앞두고 각국의 정부나 기업마다 상용화와 표준화에서 주도권을 선점하기 위해 전략적 파트너십을 맺고 있다. 미국 도로교통안전국(NHTSA, National Highway Traffic Safety Administration)에서는 자율주행 기술단계 기준을 자동화가 되지 않은 0단계에서부터 4단계까지 다섯 단계로 구분하고 있는데, 현재는 3단계 수준에 있다. 3단계는 부분 자율주행 단계로 운전자의 조작 없이도 목적지까지 일정 부분 자율주행이 가능한 단계이다. 현재 자율주행차량 분야 선도 기업들은 크게 두 갈래로 100% 자율주행이 가능한 '무인자동차' 혹은 운전자 개입이 필요한 '부분 자율주행 자동차' 개발에 집중하고 있다.

자율주행차량의 주요 이점으로는 편의성 증대, 안전성 향상, 효율성 증대를 들 수 있다. 먼저 편의성 측면에서 자율주행차량에서는 운전자가 승객이 됨으로써 그동안 차량정체, 교통사고, 주차난 등의 스트레스에서 벗어날 수 있다. 둘째, 안정성 측면에서 통상 교통사고의 90%는 운전자의 실수와 연관되어 있는데 자율주행차량은 시시각각 변화하는 교통 및 날씨상황을 모니터링하고 적응함으로써 교통사고를 줄일 수 있다. 셋째, 효율성 측면에서 무인자동차로 운송을 하면 차량간 정보교환 및 자율주행시스템을 이용하여 혼잡한 경로를 지능적으로 피하고, 최적경로를 주행함으로써 연비 절감 효과는 물론 탄소배출도 줄일 수 있다. 게다가 화물트럭의 경우 운전자들에게 부과된 의무 휴식시간 없이 하루 24시간 운행이 가능하여 화물운송 효율을 더욱 높일 수 있다.

자율주행차량에 필요한 네 가지 기본적인 기술은 운항(navigation)기술, 상황분석(situation analysis)기술, 동작계획(motion planning)기술, 경로제어(trajectory control)기술이다. 운항기술은 경로계획(route planning)에 필수적인 요소로 글로벌 위치시스템(GPS)이나 차량간 통신기술(vehicle-to-vehicle communication)[1] 등을 이용해 초기 단계에 위험을 인식하여 사고를 회피할 수 있는 기술이다. 상황분석기술은 주행하는 차량의 주변환경을 인식하는 자율시스템으로 비디오 카메라, 레이더와 초음파 센서, 라이더(lidar)[2] 등의 장비를 활용하여 주변 차량, 보행자, 교통신호 등을 스스로 인식하는 기술이다. 동작계획기술은 자동차의 움직임과 관련된 것으로 센서 등을 이용하여 (운항기술에 따른) 차량의 이동방향과 (상황분석에 기반한) 정지 혹은 움직이는 사물이나 사람과의 충돌을 회피하는 기술을 말한다. 특히 사고예방을 위해서는 자전거나 보행자의 다음 동작을 예측하기 위한 자전거 운전자의 수신호나 보행자의 얼굴표정을 분석할 수 있는 기술 개발이 요구된다. 경로제어기술은 차량의 속도와 방향에 변화가 있을 시 주행안정성을 유지시켜 주는 기술이다.

2 자율주행차량 활용분야

1) 물류분야

물류분야는 여타 산업분야에 비해 자율주행차량에 대한 관심이 크다. 이는 코로나 19에 따른 비대면 소비 증가로 전자상거래가 확대되고, 다품종 소량화물의 취급 수요가 증가하는 한편, 인구의 고령화로 물류현장에서 인력난에 대처하기 위한 방안으로 자동화 물류장비에 대한 필요성이 높아진 데 따른 것이다.

먼저 창고작업에 있어서 자율주행기술(차량)의 적용사례를 살펴보면 아마존 물류센터에서 활용하고 있는 키바(KIVA)시스템을 들 수 있다. 물류센터 바닥의 바코드를 따라 선반전체를 이동시켜 피킹의 효율성을 도모하고 있다. 국내의 경우 쿠팡은 무인 운반 로봇, 소팅봇, 무인 지게차 등을 물류 센터에서 활용하고 있고 상품 진열부터 집품, 포장, 분류까지 인공지능을 활용한 자동화 기술을 적용하고 있다. 그 중 소팅봇은 사람이 물건을 옮기거나 들어 올리는 분류 업무를 대신 하는데 상품 포장지에 찍힌 운송장 바코드를 스캐너로 인식해 몇 초 만에 배송지별로 상품을 분류하고 옮겨준다. 과거 사람이 일일이 했던 작업이 로봇으로 대체되어 더 빠르고 정확하게 업무가 진행되면서 보다 빠른 물류 시스템을 갖추게 된 것이다. 배달 앱의 대표 격인 배달의 민족도 서빙 로봇 자회사 'B-로보틱스'를 공식 출범했다. 최근 식당에 가면 서빙 로봇을 쉽게 볼 수 있는데 이제는 식음료 매장뿐 아니라 스크린골프장, PC방, 당구장, 물류센터 등 다양한 영역에서 활용될 것이라 예상된다.

운송분야의 경우 사람과 차들이 뒤섞여 상황변수가 많은 시내도로를 이용하는 승용차분야보다는 자동차 전용 고속도로를 주로 이용하는 화물트럭분야에서 자율주행차 상용화를 향한 발걸음이 더 활발하다. 독일 물류업체인 쉥커(DB Schenker)는 지난 2018년 트럭제조회사인 만 트럭 & 버스(MAN Truck & Bus)로부터 군집주행(platooning)이 가능한 파일럿 트럭을 인도받아 테스트 운행을 시행한 바 있다. 이는 물류업계에서 실제 활용을 위해 자율주행 트럭을 배치한 최초의 사례여서 당시 큰 주목을 받았다. 또한 덴마크의 국제 해운물류회사인 DFDS는 2019년 볼보트럭(Volvo Trucks)의 커넥티드·자율주행 차량인 베라(Vera)를 이용해 항만과 내륙 구간에서 운송 테스트를 진행한 바 있다.

미국의 자율주행트럭 개발업체인 투심플(TuSimple)은 2021년 자율주행트럭으로 애리조나주의 노갈레스에서 오클라호마주 오클라호마시티까지 1,530km 구간에서 수박을 시범 운송하는 데 성공했다. 사람이 운전하면 24시간 걸리던

그림 3-3 물류분야 자율주행트럭

자료: 물류신문(http://www.klnews.co.kr); 한겨레, '휴식도 식사도 않는 장거리 자율주행트럭, 운송시간 40% 줄였다', 2021.6.4.

것을 14시간 만에 주파함으로써 운송시간을 약 40% 절감하였다.

일본 역시 최근 미쓰이물산과 프리퍼드네트웍스(PFN)의 합작회사 'T2'가 인공지능기술을 접목한 자율주행 레벨4 차량을 개발하여 도쿄와 오사카간 간선수송 서비스에 나설 계획인 것으로 알려졌다.[3]

우리나라 산업통상자원부도 2023년 자율주행트럭개발회사인 마스오토의 '유인 자율주행 트럭 기반 화물 간선운송 서비스'에 대한 규제특례(샌드박스) 신청을 함으로써 자율주행 트럭이 국내 주요 간선도로를 누빌 수 있게 되었다. 마스오토는 실증 기간 중 11.5톤 트럭 14대에 '레벨3' 수준의 자율주행 시스템을 장착해 인천과 부산 구간에 설정한 실증구역에서 유상 화물운송을 진행할 계획이다. 이 회사는 인공지능(AI)기반 트럭용 자율주행 시스템인 '마스파일럿'을 개발한 스타트업이다. 마스파일럿은 지정된 조건에서 자율주행하고, 시스템 요청시 수동운전으로 전환되는 조건부 자동화(레벨3 자율주행) 솔루션으로 7대의 카메라와 소형 컴퓨터, 액추에이터[4]로 구성돼 있다.

이처럼 물류산업에서 자율주행 트럭을 이용하면 24시간 트럭을 활용할 수 있게 되어 물류의 속도가 증가하고, 반대로 화물비용은 크게 줄일 수 있다. 또한, 장거리 트럭을 운행하는 데 드는 비용의 약 1/3을 연료가 차지하는데, 운전 습관에 따라 연비가 최대 30%까지 차이가 난다는 점을 고려하면 자율주행으로 인한 연료비 절감 효과도 매우 클 것으로 예상하고 있다.

그림 3-4 마스오토사의 자율주행트럭 시스템

자료: 산업통상자원부 홈페이지(motie.go.kr)(2023.3.16. 검색)

　　라스트마일분야에서도 자율주행차량은 광범위하게 활용될 전망이다. 미국 전자상거래업체 아마존은 2019년부터 워싱턴 지역에서 배달용 자율주행 로봇인 '아마존 스카우트(Amazon Scout)' 6대를 투입해 고객에게 택배를 배달하는 테스트에 들어갔다. 이를 통해 해당 지역의 아마존 고객들은 평상시와 같이 아마존 앱이나 사이트에서 제품을 구매하면, 협력 업체의 배달 담당자 또는 '아마존 스카우트(Amazon Scout)'를 통해 택배를 받아볼 수 있었다. "아마존 스카우트(Amazon Scout)'는 바퀴가 6개인 소형 자율주행 로봇으로, 보행자나 반려동물을 피해 주행이 가능하다. 또 택배 배송지에 도착하면 고객을 인식해 덮개가 자동으로 열리는 형태로, 테스트 기간에는 아마존 직원이 동행해 배달 과정을 모니터링한다. 페덱스(FedEx)도 2019년 자율주행 배달로봇 페덱스 세임데이 봇(FedEx SameDay Bot)을 공개했다. 이 로봇을 통해서 소매업체들은 가까운 주변에 거주하는 고객들의 주문을 받아서 집이나 직장으로 당일 배달을 할 수 있게 됐다. 페덱스 세임데이 봇은 인도나 노변으로 운행하며 작은 패키지를 고객의 집이나 사업체로 안전하게 배달해 준다. 이 로봇은 다중 카메라 등 보행자 안전을 기하는 기술에 더해 머신러닝 알고리즘을 탑재하고 있다. 이 때문에 장애물을 감지하고 피할 수 있으며, 안전한 길을 미리 알아보고 도로안전 규칙도 준수

그림 3-5 아마존과 페덱스의 배달용 자율주행로봇

자료: 물류신문, "사람 손 거치던 물류, 이제 로봇이 한다", 2020.11.6.; The Dailypost, "페덱스
도 자율주행 배송로봇 출사표", 2019.2.28.

할 수 있다. 또한 작은 보조바퀴를 통해 비포장도로나 도로 턱을 넘고 계단을
오를 수 있는 기능을 갖추고 있다.

2) 운송 분야

물류와 함께 자율주행 차량이 상용화되면 가장 큰 변화를 보일 부분이 바로
운송산업이다. 특히 버스와 택시 분야 등에서는 상당히 큰 변화가 생길 것으로
전망된다. 구글은 2000년부터 미국 내 25개 도시에서 웨이모(Waymo)라는 이름
의 무인 자율주행 택시의 시범서비스를 진행하고 있다. 구글은 조만간 미국 캘리
포니아주에서 완전자율주행차 유료서비스를 개시할 계획이다. 그간 빠른 속도로
성장한 운송 네트워크 회사인 우버(Uber) 역시 2016년 9월 미국 피츠버그에서 자
율주행 택시 시범 운행을 시작했다. 그리고 스웨덴 스톡홀름에서는 2018년부터
자율주행 버스가 일반 도로 위를 주행하고 있다. DHL은 2017년 3,400대의 전기
트럭을 구입하여 자율주행 시스템을 도입하기 위한 테스트를 진행했으며, 전기
소형 트럭에 자율주행 시스템을 적용해, 라스트마일 배송서비스를 포함한 패키
지 운송 및 배송 자율화 등을 추진하고 있다.

이처럼 과거 공상과학영화에서 보았던 것들이 점차 현실이 되어가고 있다.
자율주행차가 현실에서 상용화가 되면, 우리 사회 역시 많은 변화를 겪을 것으

로 보인다. 물류 분야에서의 자율주행 자동차 도입은 인건비 절감, 연비 개선, 사고 감소, 보험료 절감 등 다양한 효과를 가져올 것으로 기대를 모으고 있다. 그리고 이렇게 자율주행 자동차를 통해 물류 효율성이 증가하면, 탄소 절감 등 환경에도 큰 도움이 될 전망이다.

3) 군사 및 항공우주

자율주행차량은 군사용이나 인간이 접근하기 어려운 행성 탐사 등에 오래 전부터 활용되어 왔다. 자율주행기술이 가장 먼저 활용된 분야는 군사용으로 자율주행차량을 활용해 안전하게 지뢰를 탐색 및 제거하거나 전시에서의 작전도 수행할 수 있다. 록히드 마틴사는 위성항법장치(GPS)와 레이저센서를 장착한 무인 오프로드 트럭 호송대를 미군에 공급하고 있으며, 미우주항공국(NASA)에서는 자율주행 화성 탐사 로봇 큐리오시티(Mars Rover Curiosity)를 통해 자율주행기술을 활용하고 있다.

한편 독일 농기계류 제조업체인 펜트(Fendt)는 유인트랙터와 무인트랙터 두 대를 위성항법장치와 무선통신으로 연결하여 동일한 작업을 수행할 수 있는 펜트 가이드커넥트(Fendt GuideConnect)라는 시스템을 출시하였다.

그림 3-6 자율주행 화성탐사로봇과 트랙터

자료: Mars Rover Curiosity(http://mars.nasa.gov); Fendt GuideConnect(https://robohub.org/)

section 03 블록체인

1 블록체인의 개념

블록체인이란 분산식 원장 기술을 활용하여 중앙 서버없이 거래내역을 투명하게 기록하고 관리하는 시스템을 말한다. 거래정보가 암호화되어 해당 네트워크 참여자 간 공유되며 새로운 거래가 발생할 때마다 구성원들의 동의를 통해 해당 거래를 인증한다. 블록체인 기술은 별도의 중개기관을 두지 않고 참여자들이 직접 프로그래밍을 통해 규칙을 설정하고 시스템을 만든다. 따라서 블록체인 기술기반의 플랫폼에서 행해지는 거래는 높은 안전성과 투명성을 확보할 수 있다.[5]

블록체인 기술의 장점은 보안성 및 거래 속도 향상, 비용 절감, 가시성 극대화이다. 암호화된 데이터는 암호화된 키 값으로만 거래가 이뤄져 보안성이 높고 실시간으로 거래가 이루어져 거래 속도를 향상시킨다. 또한 중앙 서버와 집중화된 시스템이 필요없기 때문에 비용을 감소할 수 있으며 거래 참여자들의 실시간 모니터링이 가능해 가시성이 극대화된다.[6] 그러나 블록체인 기술은 정보공개와 확장성 문제가 있다. 블록체인에서는 기본적으로 모든 참여자들에게 데이터가 공개된다. 모든 거래 기록이 공개되어 있는데 각 주체별로 내부정보나 영업기밀 등의 숨겨야만 하는 정보가 존재할 수 있다. 또한 현재 블록체인 기술은 대량의 거래데이터를 신속하게 처리할 수 있는 능력이 부족하다.[7]

그림 3-7 블록체인 기반 거래 과정

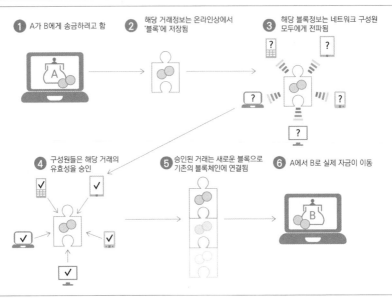

① A가 B에게 송금하려고 함
② 해당 거래정보는 온라인상에서 '블록'에 저장됨
③ 해당 블록정보는 네트워크 구성원 모두에게 전파됨
④ 구성원들은 해당 거래의 유효성을 승인
⑤ 승인된 거래는 새로운 블록으로 기존의 블록체인에 연결됨
⑥ A에서 B로 실제 자금이 이동

자료: 이제영, "블록체인 기술동향과 시사점", 「동향과 이슈」, 제34호, 2017.7.25, p.5.

표 3-2 블록체인 기술의 장점 및 단점

장점	내용
보안성	• 암호화된 데이터와 암호화된 키 값으로만 거래 가능 • 블록 안의 데이터 변조와 탈취가 불가능한 기능 보유 • 각 참여노드의 분산화로 해킹이 불가능
거래 속도 향상	• 제3자를 배제시키는 실시간 거래 가능 • 거래상의 오류와 실수를 최소화시킬 수 있어 오류수정을 위한 시간 소요 제거 가능
비용 감소	• 모든 사용자가 거래내역을 공유하는 시스템으로 중앙서버와 집중화된 시스템이 불필요 • 정보가 분산돼 있어 해킹 위험이 적기 때문에 이에 대한 IT비용 감소
가시성 확대	• 실시간으로 분산원장의 여러 노드에 모니터링 가능하여 가시성 극대화 • 거래상의 가시성은 투명성과 자기부인 방지의 기능 동반
단점	내용
정보공개	• 기본적으로 모든 데이터가 참여자 모두에게 공개되지만 각 주체별 내부정보 등 숨겨야 할 정보 존재
확장성	• 대량의 거래데이터를 신속하게 처리할 수 있는 능력 부족

자료: 한국은행 금융결제국, 「분산원장 기술의 현황 및 주요 이슈」, 2016.12, pp.12-18 재정리.

2 블록체인 활용분야

블록체인 기술은 비금융권 분야로 확대될 전망이다. 시장조사기관 마켓 앤 마켓(Markets and Markets)에 따르면 2022년 세계 블록체인 시장에서 비금융분야의 비중이 80%에 달할 것으로 전망됐다. 비금융분야로는 운송·물류, 공공분야, 의료, 소매·전자상거래, 미디어·엔터테인먼트, 부동산, 여행·숙박, ICT 등이 있으며 특히 공공분야와 물류분야의 상용화가 유력할 것으로 예측되고 있다.[8]

수출 통관 및 운송과정에는 다수의 참여자가 존재하지만 참여자 간 커뮤니케이션이 일대일 문서교환 과정에 기반을 두고 있어 효율성이 떨어진다. 블록체인 도입 시 위변조가 불가능하고 투명성이 높아 실시간 가시성 제고, 서류·행정 처리비용 감축 및 시간 단축과 새로운 비즈니스 모델 창출 효과 등을 기대할 수 있다.[9]

1) 물류분야

물류에 있어서 화물흐름뿐만 아니라 정보와 금융거래를 최적화하기 위해서는 공급사슬상 이해관계자들과의 협력이 필수적이다. 국제무역에 있어서 물류활동에는 수출업자를 비롯해 은행, 보험회사, 포워더, 운송회사, 세관, 수입업자에 이르기까지 많은 참여자들이 관여한다. 실제 미국에만도 50만 개에 달하는 트럭회사가 존재하는데, 공급망에 있어서 이 같은 수많은 이해관계자들은 낮은 투명성, 표준화되지 않은 업무프로세스, 데이터 미공유, 기술 채택의 통일성 결여 등 많은 문제점을 야기한다. 게다가 물류가치사슬의 많은 부분은 규제당국에 의해 강제화된 데이터 입력과 문서작성에 있어서 수작업 과정을 거쳐야 한다. 이 모든 것들은 공급망을 따라 이동하는 화물의 선적상태나 원산지 추적을 어렵게 하여 국제무역을 저해하는 요인이다. 블록체인 기술은 물류에 있어서 이러한 애로사항을 극복하고 물류프로세스의 효율성을 상당히 진전시키는 데 기여할 수 있다. 또한 블록체인 기술은 데이터의 투명성과 공급사슬상 이해관계자들간 접근성을 용이하게 한다. 게다가 이해관계자들 간에 요구되는 정보공유를 위한 신뢰 역시 블록체인기술의 고유한 보안메커니즘에 의해 달성된다. 여기에 블록체인 기술은 보다 단순하고 오류 없는 프로세스를 통해 비용절감을 달성할 수 있고, 물류의 가시성과 예측가능성을 추가함으로써 신속한 화물흐름을 보장할 수 있다. 화물의 원산지 추적은 책임성 있고 지속가능한 공급망을 보장하며 위조 제품을 식별하는 데도 도움이 된다.

물류분야에서 블록체인기술을 활용할 때 기대되는 효과는 다음과 같다.

첫째, 해외거래를 더욱 빠르고 간편하게 수행할 수 있다. 현재 물류시스템은 해외로 단순히 화물을 배송하는 데에도 수많은 사람들이 참여해야 하는 복잡하고 비효율적인 부분이 있다. 하지만 블록체인 기술을 활용하면 무역 서류 작성 및 해상화물 운송 관리와 관련된 시간과 비용을 최소화할 수 있다. 그리고 블록체인으로 공급망의 모든 당사자를 직접 연결하면, 중개업자 없이 당사자 간의 안전한 거래가 가능해져 배송과정을 빠르고 간편하게 만들 수 있다.

둘째, 공급망의 투명성 제고 및 제품 추적이 용이하다. 블록체인 기술을 활용하면 제품이 어디로, 어떻게 이동했는지에 대한 제품이력이 블록에 저장되고, 이들 데이터를 쉽게 공유할 수 있어 공급망의 투명성이 제고된다. 제품이력관리 또한 쉬워져 제품의 무결성 및 진위 여부를 확인할 수 있다. 이로 인해 기업과 고객간 신뢰도가 상승하게 된다.

그림 3-8 국제무역의 이해관계자와 정보흐름

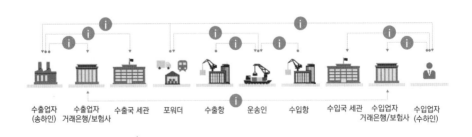

자료: DHL, *Blockchain in Logistics*, 2018. p.12.

셋째, 스마트계약(smart contract)[10]을 활용한 물류 커머셜 프로세스 자동화이다. 블록체인으로 정보를 공유하는 스마트계약은 문서 처리를 간소화하고, 오류를 줄임으로써 보안 강화는 물론, 편의성을 높일 수 있는 장점이 있다. 또한 블록체인을 이용한 스마트계약을 통해 배송 제품의 신뢰도가 상승하면, 추후 대금지급의 자동화로까지 이어질 수 있다.

2) 해운분야

블록체인과 해운산업의 결합은 블록체인이 가지고 있는 탈중심화, 위변조 방지, 장부 공유, 안전 및 훼손 방지, 스마트계약 등의 특징에 기반하고 있다. 해운기업의 거래운영 데이터를 기반으로 빅데이터를 만들고 전과정을 대상으로 자동 블록체인 시스템에 기반한 디지털 플랫폼을 구축하여 모든 단계를 연결하는 정보공유 채널을 만들 수 있다.

이러한 블록체인 기술을 활용하면 해운산업분야 역시 투명성이 확대될 것으로 예상된다. 해운기업의 경우 화주와의 협상을 통해 높은 운임을 받는 것은 단기 수익을 높이는 방법이 될 수는 있지만, 장기적으로 고객과의 관계를 탄탄하게 구축하는 데 걸림돌이 될 수 있다. 블록체인 기술을 활용하여 투명한 운임 결정시스템을 구축한다면 해운기업(선사)과 화주 간 상생관계를 보다 발전시킬 수 있을 것이다.

(1) 물류 관련 서류 디지털화 및 공유

화주, 선사, 세관, 은행 등 해상운송 관련 주체들이 선하증권(B/L)과 신용장(L/C) 등 물류 관련 서류를 블록체인 기술을 적용해 디지털화하고 저장 및 공유하여 관련 서류의 위조와 변조를 차단하고 발급 절차를 간소화할 수 있다. 보통 수출입과정에서 화물선적 한 건당 30개 기관이 결제하고 의사소통 과정만 200회 이상 필요하다. 세계선사협의회(WSC)에 따르면 무역 관련 서류 처리비용은 해상운송 비용의 5분의 1에 달한다고 한다. 블록체인 기술은 이에 대한 시간

그림 3-9 블록체인 기반 거래 정보의 디지털화 변화

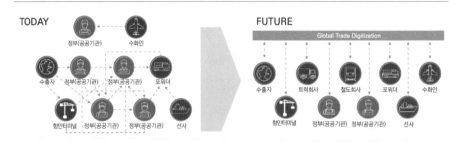

-공급망 전체에 걸쳐 일관성 없는 정보로 인한 상품의 효율적인 흐름 방해	-정보의 신속함 및 보안성 확대
-관계자간 의사소통 복잡 및 비용증가	-디지털문서의 검증가능성 및 불변성
-서류작업으로 인한 시간 소비	-주체 간 신뢰 증가
-불충분한 정보 위험 평가(통관)	-위험평가 향상 및 불필요한 요소 축소
-행정비용 발생	-행정비용 감소 및 서류 교환 비용 제거

자료: IBM 홈페이지, https://www.ibm.com/blogs/blockchain/2018/01/digitizing−global−
trade−maersk−ibm/

과 비용을 단축할 수 있다.

(2) 화물정보 및 화물관리상태 기록 및 저장

해운 선사는 사물인터넷과 연계된 블록체인 기술을 통해 컨테이너 운송 상황에 대한 실시간 모니터링이 가능하고 운송 중에도 화물의 품질관리를 용이하게 할 수 있다. 즉 화물을 추적하고 관리하는 상황을 실시간으로 점검할 수 있기 때문에 과실에 대한 실시간 파악과 대처가 가능하다. 또한 해상운송 중 화물상태 정보를 수집하여 항만 도착 시 관련 정보를 일괄 공유하는 방식을 활용하면 물류 정보를 허위로 작성할 수 없으므로 투명한 관리가 가능해지고 화물피해 발생 시 책임소재를 가리기가 수월해진다.

그림 3-10 블록체인기술기반 운송과정 예시

원예업자가 해외 배송을 준비합니다. 배송 정보가 블록체인에 추가됩니다.

컨테이너가 항만에서 수송을 기다리는 동안, 관계자가 컴퓨터로 승인 내용을 제출합니다. 블록체인이 거래를 확인하고, 스마트 계약을 작성하면, 출하가 시작됩니다.

컨테이너를 선박에 적재합니다.

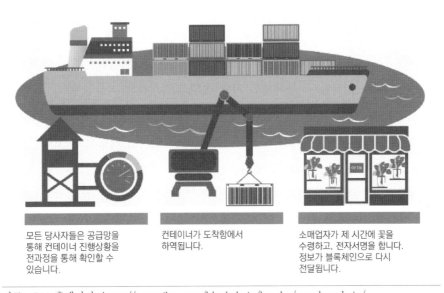

모든 당사자들은 공급망을 통해 컨테이너 진행상황을 전과정을 통해 확인할 수 있습니다.

컨테이너가 도착항에서 하역됩니다.

소매업자가 제 시간에 꽃을 수령하고, 전자서명을 합니다. 정보가 블록체인으로 다시 전달됩니다.

자료: IBM 홈페이지, https://www.ibm.com/blockchain/kr‒ko/supply‒chain/

(3) 해운금융 및 해상보험 관련 디지털 정보의 저장

블록체인을 통해 자산화된 해운 자원을 디지털 형태로 클라우드에 올리면 거래와 융자가 유연해지고 자산의 추적 관리도 편리해진다. 블록체인 기술의 영향 속에서 해운 공급사슬의 운영 모델도 변화할 수 있다. 해운 전자상거래 플랫폼이 온라인 해운거래소가 될 수도 있다. 운송주선인, 선박중개인, 해상법 변호사 등 다양한 업계의 종사자들이 앞으로는 사무소나 작은 단체에서 독립하여 업무가 더욱 집중되고, 분업이 더욱 세분되며, 서비스 품질이 훨씬 높은 프리랜서가 될 수 있다. 이들은 플랫폼상에서 항만과 해운업에 전문 서비스와 컨설팅을 제공한다. 블록체인은 스마트계약을 이용하기 때문에 해운산업의 종이를 쓰지 않는(paperless) 운영이 가능하다. 이로써 비용 절감 목표를 실현할 수 있고, 단계별 자금흐름이 더욱 안전하고 효율적이게 된다. 글로벌 공급사슬의 경우, 오프라인 운영사슬을 줄일 필요가 있다. 중간단계의 운영, 절차, 운송, 가공 등을 생략하면 업무 효율을 크게 향상할 수 있다.

블록체인과 블록체인 기반의 분산원장 기술은 세계 무역 공급망에 영향을 미칠 수 있다. 두바이 상공회의소와 같은 기관은 높은 비용과 투명성 및 보안 부족과 같은 세계 무역 문제를 해결하기 위해 블록체인 기술을 활용하기 위한 주도적 역할을 시작했다. 블록체인 기반 솔루션은 상품의 이동을 보다 효율적이고 신뢰할 수 있게 하는 것 외에도 무역금융에도 적극 활용되고 있다. 예를 들어, 블록체인은 국제무역에서 사용되는 지급 메커니즘인 신용장(L/C)을 얻는 과정을 단순화하는 데 사용되고 있다.[11] 해상보험 분야에서도 블록체인 기술을 활용하기 위한 움직임이 나타나고 있다. 회계법인 언스트앤영(EY)은 마이크로소프트, 머스크 등과 함께 해상보험 관련 블록체인 플랫폼을 출시할 계획이라고 밝혔다. 이는 운송, 리스크 및 책임에 대한 정보를 수집하는 데 이용될 것이며 회사가 보험규정을 준수하는 데 도움을 줄 수 있을 것으로 보인다. 또한 고객, 중개인, 보험사 및 제3자 간 상호 네트워크 안에서 투명성을 보장해 준다. 머스크는 이러한 기술을 활용하여 보험 관련 업무를 간소화하고 자동화하는 것이 우선 과제라고 언급했다.[12]

지금까지 블록체인 기술을 해운분야에 적용하기 위한 사례들을 살펴보았다. 국내 일각에서는 블록체인 기술이 해운분야에 언젠가는 적용될 것이라는 것에 동의하면서도 우리나라 사정상 적지 않은 문제점이 존재한다는 의견이다. 전자상거래 기본법과 전자금융거래법상 전자문서나 분산원장 등에 대한 정의가 명확하지 않으며 관련 법·제도가 갖춰지지 않았기 때문이다. 블록체인 기술이 활성화되기 위해서는 상법, 관세법, 검역·검수법 등 모든 관련 법령의 개정이 불가피하다. 또한 관세청이나 정부의 규제 관련 프로세스 자체도 변화가 필요하다. 이렇듯 단계적으로 풀어나가야 하는 현실적인 제약요건들이 많은 상황이다.13)

section 04 인공지능

1 인공지능의 개념

　　인공지능이란 컴퓨터를 통해 사고나 학습 등 인간이 가진 지적능력을 구현하는 기술이다. 시장조사기관인 가트너(Gartner)는 인공지능을 인간을 대체하여 특별한 임무를 수행하고, 인지능력이 높으며 인간과의 자연스러운 의사소통 및 복잡한 콘텐츠의 이해가 가능하고 인간의 행동을 모방하는 기술로 정의했다.14) 또한 버클리대학 존 설(John Searle) 교수는 인공지능을 인간의 일을 수행할 수 있는 정도에 따라 강한 인공지능(strong AI)과 약한(weak AI) 인공지능으로 구분했다. 전자는 자유로운 사고가 가능한 자아를 지닌 인공지능을 말하며, 후자는 구글의 알파고나 IBM의 왓슨처럼 자의식이 없는 인공지능을 의미한다.15) 4차 산업혁명에서의 인공지능이란 강한 인공지능의 의미에 가깝다.

　　한국전자통신연구원은 인공지능이 빅데이터 기반의 약한 인공지능에서 인간의 능력을 증강시키는 기술로 진화하며 스스로 사고·판단·예측하고, 스스로 학습할 수 있는 강한 인공지능으로 진화될 것으로 전망하고 있다.16)

　　인공지능 기술은 인지컴퓨팅, 기계학습, 딥러닝, 자연어처리, 이미지인식, 음성인식, 패턴인식, 컴퓨터 비전, 가상현실, 뉴럴 컴퓨팅 등 새로운 컴퓨팅 기술을 포함한 양자 컴퓨팅, 자동차 추론, 스마트로봇, 개인비서 등 13가지로 분류할 수 있다.17)

그림 3-11 인공지능 기술의 진화 방향

자료: 한국전자통신연구원, 「인공지능 분야 국가경쟁력 제고 및 사업화 혁신방안」, 국가과학기술
자문회의, 2015.12.16., p.12.

2 인공지능 활용분야

인공지능은 무역 운송 경로를 최적화하고, 항만에서 선박 및 트럭의 교통 관리, 전자상거래 검색 쿼리[18]를 통해 고객들에게 맞춤형 상품을 추천하거나, 기계학습(machine learning)을 활용하여 제품 분류, 가격, 특가 제공 등 고객의 행동 변화에 역동적으로 대응한다. 또한 인공지능은 빅데이터와 결합하여 다양한 데이터들을 수집하고 분석 및 활용하는 데 이용될 수 있다.

1) 화물 적치·출하 경로 최적화

인공지능은 축적된 데이터 분석을 통해 최적의 운영 방안을 제시하여 업무 효율성을 높일 수 있다. 그리고 물류창고 내 특정시점, 특정 구역의 혼잡도를 예측하여 작업을 할당하고, 최적 경로를 제시하여 운송시간을 절약할 수 있다. 이전에는 화물이 들어온 순서대로 배분하고 적재했으나 배송지 및 물류라인 흐름도를 실시간으로 분석하여 최적의 적재경로 제안이 가능하다.[19]

2) 항로관리체계 구축

국제해사기구(IMO)는 선박 간 충돌방지를 위해 300톤 이상 화물선에 대해 필수적으로 자동식별시스템(Automatic Identification System: AIS) 송수신기 부착을 의무화했다. 이 수신기를 부착한 선박은 2초에서 6분 사이의 간격으로 AIS 신호를 송출하며 이를 통해 AIS 수신기를 설치한 장소에서는 일정 범위 내 선박 위치 정보를 수신할 수 있다. 가령 화물이 선적항에서 환적항을 거쳐서 양하항으로 이동할 때 환적항 도착 및 양하항 도착까지 남은 거리 등의 정보를 공유할 수 있다. 이렇게 축적된 데이터들은 분석을 통해 도착예정시간 예측이 가능하다. 또한 과거 이력 정보들을 활용하여 항로 관리 체계를 구축하고 지연이 될 경우 항만이나 해당 관계자에게 미리 알릴 수 있다.[20]

3) 자율운항선박

국제해사기구에서는 자율운항선박을 MASS(Maritime Autonomous Surface Ship)라고 명명하고 있다. 인공지능은 자율운항선박의 핵심기술이라고 할 수 있다. 인공지능은 선박의 운항기록을 분석하고 알고리즘을 활용해서 최적의 운항경로와 운항방법을 제공하는 데 이용된다. 이를 통해 안전운항 확보 및 효율성 향상 등을 도모할 수 있다.

section 05 3D 프린팅

1 3D 프린팅의 개념

3D 프린팅(일명 적층제조)은 3차원 도면을 3D 프린팅 언어로 변환시킨 이후 적절한 새료를 사용하여 적층 방식으로 3차원 물체를 만들어내는 기술을 말하며 주로 제조업에서 주목받고 있는 차세대 기술이다. 이러한 3D 프린팅 기술의 장점으로는 첫째, 고도로 복잡하고 고객 맞춤화된 제품을 설계하고 시제품을 제작하여 제품 생산단계를 단축할 수 있고, 둘째, 주문형 또는 분산화된 제품생산전략을 통해 배송시간을 단축할 수 있으며, 셋째, 배송 및 보관비 절감, 수출입비용 절감 그리고 생산장비를 사용하지 않음으로써 물류비와 생산비를 절감할 수 있고, 넷째, 생산과정에서 최소한의 재료와 에너지를 사용함으로써 생산의 지속가능성과 효율성 향상을 도모할 수 있다.[21]

2 3D 프린팅 활용분야

3D 프린팅 기술은 글로벌 제조산업을 재편할 것인가? 3D 프린팅은 전통적인 제조공장들을 불필요한 존재로 만들 것인가? 그에 따라 글로벌 물동량은 큰 폭으로 감소할 것인가? 이에 대한 대답은 부정적이다. 3D 프린팅의 강점과 잠재력은 고도로 복잡하고 고객맞춤화된 제품이나 부품의 생산을 단순화하는 역량에 있다.

3D 프린팅 기술이 적용될 수 있는 물류분야로는 먼저 수요 발생 시 부품을 공급하는 방안이다. 즉 부품을 재고로 보관하지 않고 필요한 때(수요 발생 시) 필요한 장소에서 신속하게 제공할 수 있다. 메르세데스벤츠 트럭은 부품 공급지연을 해소하기 위해 30개 이상의 화물자동차 부품을 인근 3D프린팅 소재지(창고나 물류센터)에서 공급받을 수 있게 하여 배송시간 단축과 고객서비스 개선 효과를 도모하고 있다. 또한 치아나 의족용 보철처럼 고도로 개인 맞춤화된 제품의 경우 3D 프린팅 기술이 효과를 발휘할 수 있다. 아마존의 경우 배송차량에 3D프린터를 탑재하여 소비지에게 배송하러 가는 도중에 제품을 생산함으로써 배송시간 단축은 물론 불필요한 재고를 줄이는 효과를 거두고 있다.

다음으로 제품에 대한 지연전략(postponement strategy)에 3D 프린팅 기술을 활용하여 고객맞춤형 제품을 제공하는 방안이다. 지연전략이란 고객이 원하는 제품을 제공하기 위해 고객의 요구 — 디자인, 재료, 형태, 크기, 색상, 포장 등 — 가 완료되는 최종 시점까지 최종 조립(생산)을 늦추는 것으로써 최근 다양화된 소비자들의 니즈를 충족시키기 위한 물류전략 중 하나이다. 일례로 지역물류센터에 3D 프린터를 설치하여 고객에게 제품을 인도하기 전에 다양한 고객맞춤 기능을 수행할 수 있다. 휴대폰 제조사나 신발회사가 3D 프린팅 기술을 이용해 보호케이스에 고객의 이름을 새겨서 준다거나 맞춤형(made-to-measure) 신발을 제조해 주는 경우가 바로 이러한 예이다.

한편 주요 허브공항 인근에 있는 창고나 물류센터에서 통합물류서비스를 제공하는 공항물류서비스(end-of-runway service)에 3D 프린팅 기술이 활용될 수 있다. 공항물류서비스에 3D 프린팅 기술을 접목할 경우 물류기업들은 시간에 민감한 제품이나 부품의 배송이라든가 마감시간에 촉박하여 발주된 주문에 대해서도 신속하게 대응할 수 있는 장점이 있다. 이러한 서비스는 특정분야의 회수 및 수선서비스와 통합되어 제공될 수 있다. 미국 3D제조업체인 패스트 래디우스(Fast Radius)사는 국제특송업체 UPS의 허브공항 인근에 3D 프린팅 공장을 설립하여 새벽 1시까지 주문이 들어온 제품에 대해 미국 전역에 다음날 아침까지 배송하는 서비스를 제공하고 있다.

1) 제품과 부품 생산

3D 프린팅 기술은 초기에는 기업의 시제품 제작에 한해서 활용되었으나 최근에는 제품이나 부품 제작 등 다양한 분야에서 활용되고 있다.

산업 내에서 3D 프린팅 기술을 활용 사례를 보면 소비재와 전자제품 분야에서 가장 활발히 이용되고 있으며 그 외 자동차, 의료기기, 산업기계·사무기기, 항공우주 등의 분야에서 활용되고 있다. 자동차 산업의 경우 대시보드, 보디 패널 등 시제품 제작에서 3D 프린팅 기술을 사용하고 있고 의료·치과 분야에서는 인공 치아, 인공뼈, 인공 관절 등 보형물을 제작할 때 3D 프린팅 기술을 활용한다.[22] 산업연구원의 조사 결과에 따르면 국내 3D 프린팅 활용 비중 가운데 뿌리산업 비중이 6.8%로 가장 높고, 의료기기산업(5.8%), 생활용품 산업(5.6%), 전자산업(4.8%) 순으로 비중을 차지한다. 또한 향후에는 전자산업 분야에서 3D 프린팅 활용 비중이 2020년 23.5%에서 2030년 49.9%로, 의료기기산업이 18.8%에서 48.1%로 빠르게 성장할 것으로 전망하고 있다.[23]

현재 3D 프린팅 기술은 조선분야에도 활용되고 있다. 지난해 네덜란드에서는 세계 최초 3D프린터로 만든 선박용 프로펠러가 등장했고 프랑스선급협회(BV)는 테스트 단계에 참여해 엄격한 실험 후 3D 프린팅 프로펠러의 활용성을 검증했다. 적층제조(addictive manufacturing)를 이용하면 필요한 거의 대부분의 금속 부품을 프린팅할 수 있다. 스페인 역시 선박 제조 과정에서 3D 프린팅 기술을 활용하고 있다. 스페인 최대 군함제조회사 나반티아(Navantia)는 스페인 남부의 안달루시아 지역에 3D 프린팅 기술을 활용한 최신식 조선소 4.0(Shipyard 4.0)을 만들겠다고 발표했다. 이에 대해 나반티아는 "조선소 4.0은 원가를 줄이고, 공기를 단축하며, 제품의 품질과 공정 수준을 높이고, 회사경쟁력을 제고한다는 명확한 목표가 있다. 머지않은 미래에 이 기술은 우리 생산의 중요한 구성 부분이 될 것이다"고 밝혔다.[24]

조선업은 제조업의 한 분야로서 3D 프린팅 기술의 영향을 크게 받게 될 것이다. 특히 선박부품을 제조하는 조선기자재 산업에서 3D 프린팅 기술의 활용도가 높을 전망이다. 3D 프린팅 기술은 선박산업의 신제품 개발속도를 높이고, 개발비용을 낮출 수 있다. 또한 변형이 손쉽기 때문에 설계 변수와 아이디어의 검증과 개선이 쉽고, 설계 수준과 효율을 높일 수 있다.

중국 교통운수부 수운과학연구원에서는 조선업계가 3D 프린팅 기술을 활용하여 일부 주요 부품을 더욱 실효성 있고 경제적으로 생산할 수 있다는 사실을 인정했다. 운행 중 선박의 유지보수 단계에 3D 프린팅 기술을 활용하면 선박회사의 비용을 대폭 절감할 수 있고 시간 단축의 효율이 높으므로 선박 운송 서비스를 안정적으로 제공할 수 있다. 따라서 3D 프린팅 기술은 맞춤형 생산과 원격생산을 가능하게 한다.

2) 맞춤식 소량생산

3D 프린팅 기술은 생산방식과 생산지의 변화를 일으킨다. 기계설비가 필요 없는 공장과 기업이 등장하고 공정은 단순화된다. 맞춤식 소량생산으로 인해 무재고가 가능하고 단종된 부품도 생산할 수 있다. 이와 더불어 착색, 마감처리 등 후가공 또는 재가공 서비스가 새롭게 도입된다.

3D 프린팅 기술은 소비자가 인접한 지역에서 생산할 수 있기 때문에 생산체제의 변화를 일으킨다. 이러한 변화는 물류와 유통의 경로를 현재보다 단축시킬 수 있다. 3D 프린팅 기술의 발전으로 소비지나 소비지 인근에서 생산이 증가하게 되면 글로벌 무역량이 감소하고 해상물동량도 줄어들 것으로 전망된다. 특히, 여러 품목 가운데 소비재, 전자제품, 완구, 신발, 식품 등의 완제품과 자동차, 선박, 항공 등 부품, 일반기계 부품을 포함한 중간재 물동량이 감소할 것으로 보인다. 한편 3D 프린터와 3D 프린터 원재료 공급 물동량은 증가할 것으로 예상된다.[25]

section 06 사물인터넷

1 사물인터넷의 개념

사물인터넷(Internet of Thing)은 1999년 영국 케빈 애슈턴(Kevin Ashton)이 처음 사용한 용어로 말 그대로 '사물들(things)'이 '서로 연결된(internet)' 깃 혹은 '사물들로 구성된 인터넷'을 말한다. 기존에는 인터넷에 연결된 기기들이 정보를 주고 받으려면 인간의 조작이 개입되어야 했지만 사물인터넷을 적용하면 모든 분야에 인터넷이 연결되어 인간의 명령 없이도 서로 데이터를 주고 받을 수 있다. 최근 새로 지어지는 아파트들이 가전제품, 전기, 냉난방을 통신서비스와 연계해 스스로 에너지를 조절하는 시스템을 갖추고 있는데 이 역시 사물인터넷 기술이 적용된 사례이다. 스마트워치, 완전자율자동차 등도 모두 사물인터넷 기술이 적용되어 있다. DHL이 발표한 사물인터넷 보고에 따르면 인터넷에 연결되는 기기는 2015년 150억 개에서 2020년 500억 개로 급격히 증가하였고, PC, 태블릿, 스마트폰을 포함한 컴퓨터는 모든 인터넷 연결의 17%에 달하는 반면, 나머지 83%는 웨어러블 장비나 스마트홈 디바이스 등을 포함한 사물인터넷에 의해 연결될 것으로 예상되었다.[26]

사물인터넷은 물류산업에 상당한 영향을 미칠 것으로 예상된다. 사물인터넷을 이용할 경우 전체 가치사슬상에서 실시간으로 자산, 화물, 사람의 현재 상태를 모니터링할 수 있고, 이들의 수행 정도를 측정할 수 있다. 또한 인적 개입을 제거하거나 예측력을 향상시켜 비용을 줄이기 위해 비즈니스 프로세스를 자동화할 수 있으며, 사람, 자산, 시스템이 함께 작업하는 것을 최적화할 수 있다. 궁극적으로는 이러한 기술을 전체 가치사슬에 적용하여 업무개선이나 성공사례로 활용할 수 있다.

② 사물인터넷 활용분야

다른 어떤 산업보다 물류산업은 사물인터넷 기술로부터 많은 혜택을 볼 수 있는 분야다. 매일 수백만 개의 화물이 다양한 장비, 차량, 사람들에 의해 운송되고, 추적되고, 적재되고 있어 사물인터넷이야말로 물류산업에서 광범위하게 적용할 수 있는 기술이다. 물류산업에 있어서 사물인터넷은 공급망을 따라 상이한 자산들을 상호연결할 수 있으며, 이로부터 획득한 데이터를 분석하여 새로운 통찰력을 얻을 수 있다. 이를 통해 사물인터넷 기술은 물류기업들로 하여금 보다 높은 운영효율성과 자동화된 맞춤형 고객서비스를 가능하게 한다. 센서와 반도체 같은 디바이스 부품들의 지속적인 가격하락, 가속화되는 무선네트워크, 데이터 고속처리 능력의 향상으로 인해 사물인터넷은 향후 물류산업의 파괴적 동인이 될 전망이다. 사실 센서, 마이크로프로세서, 무선연결망 등 사물인터넷의 여러 기술들은 이미 오래전부터 물류산업에서 활용되어 왔다. 대표적으로 화물위치 및 수량 식별, 재고파악 등 창고 및 배송작업에서 널리 사용되고 있는 휴대용 스캐너는 사물인터넷 기술의 초기 유형이라 할 수 있다. 이러한 기술은 향후 물류산업에 있어서 사물인터넷 기술을 충분히 활용할 시 얻을 수 있는 편익에 비하면 빙산의 일각에 불과할 뿐이다.

다만 물류분야에 있어서 사물인터넷의 성공적인 활용 여부는 창고, 운송, 라스트마일 등 개별적인 이용보다는 이들을 융합하여 이용할 수 있느냐에 달려있다. 창고에서 재고관리에 사용되는 스마트 팔레트가 유통업자의 가게에서도 이용 가능할 때 제대로 된 효과를 거둘 수 있다. 다시 말해 물류산업에 있어서 사물인터넷 기술이 성공적으로 활용되기 위해서는 공급망 내 다양한 이해관계자들간 적극적인 참여와 협력이 전제되어야만 한다. 이를 위해 구체적으로 글로벌차원에서 여러 산업간 다양한 형태의 자산(차량이나 장비)에 사용되는 전자태그의 표준화, 이질적 환경하에서 센서정보의 교환을 위한 상호운영성, 사물인터넷기반의 공급망에 있어서 개인정보 보호와 데이터의 신뢰성과 소유권 문제 등이 선결되어야 할 것이다.

이하에서는 창고운영과 차량관리를 중심으로 물류분야에 있어서 사물인터넷의 활용방안을 살펴보고자 한다.

1) 창고운영

창고운영에 있어서 사물인터넷 기술은 스마트 재고관리(smart inventory management)를 가능하게 한다. 창고에 화물 입고 시 무선 리더기를 통해 팔레트에 부착된 전자태그(RFID)로부터 수량, 치수 등 물품 관련 데이터를 창고관리시스템(Warehouse Management System)으로 전송하고, 게이트에 부착된 카메라는 팔레트를 스캐닝하여 물품의 손상 여부를 체크한다. 팔레트가 정해진 위치로 옮겨지면 태그는 창고관리시스템에 재고수준을 전달함으로써 실시간 재고파악이 가능하다. 창고 내에 부착된 센서는 물품의 상태를 모니터링하고 온도나 습도 등의 변화가 있을 시 관리자에게 경고 신호를 보냄으로써 효율적인 재고관리에 기여한다.

사물인터넷은 창고의 물품관리 외에 창고 내 사용되는 기기들의 이용률을 최적화하는 데도 활용된다. 사물인터넷은 창고 내 기계나 차량을 중앙시스템과 연결함으로써 창고관리자가 실시간으로 모든 자산을 모니터링할 수 있게 한다. 이를 통해 창고관리자들은 과잉 사용되는 장비 혹은 유휴상태인 장비들을 즉각적으로 파악하여 업무배치를 재조정함으로써 창고 내 장비들의 이용률을 최적화한다.

또한 창고 내 연결된 자산들은 예측정비(predictive maintenance)[27]를 가능하게 한다. 창고 내 분류시스템에 부착된 센서는 각종 장비들의 처리량이나 온도를 측정하여 물리적 스트레스 수준을 탐지하며, 카메라는 물품들의 포장 손상을 탐지한다. 이를 통해 수집된 데이터는 예측정비분석을 통해 장비들의 유지보수 일정관리나 예상수명 등을 예측하는 데 활용된다.

한편 사물인터넷은 창고 내 인력과 장비를 상호연결함으로써 작업자의 건강 및 안전관리에도 기여할 수 있다. 창고에서 사용되는 장비인 지게차(folk lift)에 센서와 레이더 및 카메라를 장착하여 다른 장비들과 충돌을 방지하거나 교차로에서 자동으로 감속하도록 프로그램화하여 차량이나 작업자의 충동을 예방할 수 있다.

나아가 센서기술을 활용하여 스마트 창고 에너지관리를 할 수 있다. 일반적으로 창고 에너지 소비의 70%는 조명에서 발생하므로 LED조명과 센서를 연결하여 창고 내 장비나 작업자의 움직임에 따라 조명 밝기를 자동으로 조절하거나 소등함으로써 에너지효율을 높일 수 있다.

2) 화물운송

화물운송에 있어서는 이미 화물위치추적이나 화물이력추적과 관련한 기술들이 이용되어 왔다. 그러나 사물인터넷 기술을 활용하면 보다 빠르고, 정확하며, 안전하고, 예측가능한 화물의 위치 및 이력추적(track and trace)이 가능하다. 즉 사물인터넷 기술을 활용한 화물의 위치 및 상태 모니터링은 새로운 차원의 운송 가시성과 안전성을 제공할 수 있다. 트럭에 장착된 무선센서와 물품에 장착된 멀티센서 태그를 통해 화물의 위치와 상태에 관한 데이터를 전송할 수 있다.

다음으로 차량 및 장비관리에 사물인터넷을 활용할 수 있다. 트럭이나 컨테이너에 센서를 부착하여 사용 및 유휴 상태를 모니터링하고, 해당 데이터를 전송하여 차량과 장비의 최적 이용을 위한 분석 자료로 활용할 수 있다. 이를 통해 차량의 운영효율성을 높이고, 연료소비를 개선하며 공차운행을 줄이는 효과를 거둘 수 있다. 또한 창고운영에서와 마찬가지로 사물인터넷을 이용하여 차량의 예측정비 및 전생애관리(asset lifecycle management)가 가능하다.

또한 장거리 트럭 운전기사의 경우 사고위험이 높은 관계로 차량에 적외선 카메라를 설치하여 운전자의 동공 크기나 눈 깜빡임 횟수 등을 모니터링하여 운전자의 피로도를 사전에 탐지할 수 있다. 만약 트럭 운전자가 운전 중 주의력이 감퇴하는 것을 감지한다면 알람소리나 좌석 진동 등을 통해 사고를 미연에 예방할 수 있다.

최근 자연재해, 사회정치적 혼란, 경제적 불확실성 등에 의해 글로벌 공급망의 변동성과 불확실성이 그 어느 때보다 확대됨에 따라 전통적인 공급망관리 모델의 유용성이 떨어지고 있다. 이에 따라 사물인터넷 기술을 공급망 리스크관리에 활용하려는 움직임이 나타나고 있다. DHL사는 공급망 리스크관리를 위해 전체 공급망의 다층적 시각화를 제공하는 'DHL Resilience 360'라는 도구를 개발하였다. 전지구적 차원에서 항만파업이나 공항봉쇄와 같은 예기치 않은 사건 사고가 발생하면 주요 교역항로에 미칠 영향을 분석하고 적절한 대응전략을 제시하는 시스템을 개발하여 사용 중이다.

해운산업의 디지털 전환

section 01 해운 데이터와 통신

1 해운 데이터와 통신의 개념

해운 데이터와 통신의 개념은 선박교통관제와 관련이 많다. 기존 선박교통 관제 시스템은 선박자동식별장치(Automatic Identification System: AIS)를 이용하여 해사사고 예방 및 선박 안전 확보를 위해 해상 교통상황을 모니터링한다. 국제 해사기구(IMO: International Maritime Organization)는 2000년 6월 국제해상인명안 전협약(SOLAS)에 충돌예방 기능, 선박 보고 제도 기능, 해상교통관제서비스(VTS: Vessel Traffic Service) 기능 등을 수용하는 선박자동식별장치 탑재를 의무화하는 규정을 신설하였다. 우리나라는 2004년부터 항해 목적 및 선박 중량에 따라 순 차적으로 강제 탑재 기준을 마련하였고, 현재는 300톤 이상 국제선과 500톤 이 상 화물선에 장착을 의무화하고 있다. 선박자동식별장치는 고주파(VHF) 무선통 신 시스템을 통해 선박 간의 상호 통신 및 관제 시스템과의 통신을 수행하며, 장비 유형에 따라 2초에서 3분 사이의 간격으로 동적정보를 방송한다는 특징이 있다. 그러나 이러한 선박자동식별장치의 특징은 많은 부분 네트워크 통신망의 한계에서 기인한다. 기존의 해상 무선통신 기술은 육상 통신기술에 비해 현저히 낮은 성능을 제공하고 있다. 그 이유는 해상의 지형적 특성상 육상의 기지국 사 용이 불가피하고, 장거리 통신에 사용되는 낮은 주파수는 데이터 전송 용량이 적어 필수 데이터를 모두 전달할 수 없기 때문이다. 국제해사기구는 2006년 선박의 안전한 운항과 해양환경보호를 위해 e-내비게이션 도입의 필요성을 제기하였으며, 2014년부터 순차적으로 이를 해상에 적용하고 있다. 국내에서는 기존 해상 무선통신의 한계를 극복하고 한국 해양환경에 맞도록 개선된 한국형 e-내비게이션 구현을 2016~2020년까지 추진하였으며, 이 사업의 일환으로 2021년 차세대이동통신기술인 LTE 통신을 활용한 초고속 해상무선통신시스템(LTE-Maritime, LTE-M)이 구축되었다. LTE-M 네트워크는 평균 10Mbps 이상의 통신 속도로 대용량 데이터 전송이 가능하며, 이는 선박자동식별장치의 1,000배에 이르는 속도이다. 선박 라우터(router) 시스템을 기반으로 한 LTE-M 인프라의 구축으로 육상 LTE 통신 적용의 한계를 극복하고, 해상 최대 100km의 통신 거리를 지원하며 대용량의 밀도 높은 정보를 제공할 수 있게 되었다. 이에 따라 LTE-M을 활용한 e-내비게이션 서비스가 2021년 개시되었으며 이는 기존 선박자동식별장치에 비해 훨씬 높은 빈도로 선박의 위치를 모니터링 할 수 있는 기술적 기반이 되었다. 해상 교통 상황 모니터링의 주요 목적은 선박의 위치 정보 파악과 이를 통한 안전사고 예방이다. 해상 무선통신망으로 수집된 실시간 선박 항해 정보를 기준으로 선박의 다음 항적을 정확하고 신속하게 예측한다면 선박 간 충돌 사고를 예방할 수 있다. 이하에서는 선박자동식별장치와 e-내비게이션에 관해 알아본다.

2 선박자동식별장치(AIS)

1) 개념

선박자동식별장치(AIS)는 주변에 있는 다른 선박을 표시하는 자동 추적 시스템이다. 선박에 선박자동식별장치가 장착되어 있으면 근처에 있는 다른 선박의 화면에도 선박이 표시된다. 선박자동식별장치가 설치되지 않거나 활성화되지 않은 경우 선박자동식별장치를 통해 선박 정보를 교환할 수 없다. 즉 자동식별시스템은 선박의 위치를 전송하여 주변의 다른 선박이 위치를 알 수 있도록 한다. 국제해사기구는 안전상의 이유와 다른 선박과의 충돌 방지를 위해 대형 상선이 선박자동식별장치를 사용할 것을 요구한다. 선박에 장착된 선박자동식별장치(On-board AIS)는 선장이 안전이나 기타 이유로 끄지 않는 한 항상 켜져 있어야 한다. 선박자동식별장치는 선박과 항로표지(Aids to navigation)를 식별하기 위해 선박에 설치된다. 그러나 이것은 탐색 보조 장치일 뿐이며 충돌 방지를 위해 사용해서는 안 된다. 해상교통관제서비스(VTS)는 레이더, VHF, AIS 등을 이용하여 항만 또는 연안해역의 선박교통안전과 효율성을 확보하고 해양환경을 보호하기 위하여 관제구역 내 통항선박의 동정을 관찰하고 이에 필요한 정보를 제공하는 정보교환체제를 말한다. 특히 파나마 운하는 선박자동식별장치를 사용하여 강우량과 바람에 대한 정보를 제공한다.

2) AIS 유형

국제해사기구의 국제해상인명안전협약(SOLAS) 규정에서는 국제 항해에 종사하는 총톤수 300톤 이상의 모든 선박과 크기에 상관없이 모든 여객선에 선박자동식별장치의 탑재를 의무화하고 있다.

선박자동식별장치 등급은 A와 B 두 가지가 있다. 전자는 국제 항해에 종사하는 총톤수 300톤 이상의 모든 선박과 모든 여객선에 필수이다. 후자는 기능이 제한되어 있으며 SOLAS 요구 사항을 준수하지 않는 선박용으로 설계되었다.

표 4-1 AIS의 유형

클래스 A: 국제 항해에 종사하는 300톤 이상의 모든 선박 및 모든 여객선에 대해 의무화됨
클래스 B: 제한된 기능을 제공하며 non-SOLAS 선박용. 주로 유람선 등의 선박에 사용

자료: http://marine-digital.com/artile_ais

AIS는 주로 두 개의 전용 주파수 또는 VHF 채널에서 작동한다.

표 4-2 AIS의 주파수와 채널

AIS 1: 161.975MHz에서 작동 - 채널 87B(Simplex, 선박 대 선박용)
AIS 2: 162.025MHz - 채널 88B(선박에서 해안으로의 듀플렉스)

자료: http://marine-digital.com/artile_ais

3) AIS 작동 방식

AIS는 위성위치확인시스템(GPS) 또는 AIS 장치에 내장된 내부 센서를 사용하여 선박의 위치와 움직임을 파악하여 작동한다. 선박과 항해 표지판을 식별하기 위해 선박에 설치된다.

AIS 시스템은 VHF 송신기 1개, VHF TDMA[1] 수신기 2개, VHF DSC[2] 수신기 1개, 온보드 디스플레이 및 센서 시스템에 대한 표준 해상 전자 링크로 구성된다. 위치 및 시간 정보는 일반적으로 내장 또는 외부 GPS 수신기에서 가져온다. AIS가 전송하는 기타 정보는 표준 해양 데이터 연결을 통해 온보드 장비에서 전자적으로 수신된다.

AIS는 일반적으로 선박의 함교 시스템이나 다기능 디스플레이와 통합되기 때문에 설치하기도 매우 쉽지만 독립형 시스템 설치는 케이블 몇 개를 연결하고 플러그를 연결하는 것만큼 간단하다.

4) AIS 데이터

AIS 데이터는 세 가지 범주로 나뉜다. 첫째는 선박의 특성에 대한 정보로 구성된 정적 데이터(static data)이며, 두 번째는 선박의 이동으로 인해 끊임없이 변화하는 동적 데이터(dynamic data)이고 마지막은 항해와 관련된 현재 데이터(current data)이다. 정적 데이터(6분마다 및 요청 시)는 IMO 번호, 해상이동업무식별번호(MMSI),[3] 호출 부호 및 선명, 선박의 종류·길이·폭·너비, 안테나의 위치

표 4-3 AIS 정보의 종류

구분	정보	비고
정적정보	-IMO번호(MMSI번호) -호출부호 및 선명 -선박의 종류, 길이, 폭, 너비 -안테나의 위치	최초 또는 변경 사항 발생 시 수동 입력
동적정보	-선박의 위치 -UTC 시간 -대지 침로 -대지 속력 -항해 상태(항해, 정박 등) -선회율, 경사 각도	선박의 항해 상태에 따라 자동 입력
항해정보	-선박의 흘수(draft, sea gauge) -목적지 및 도착예정시간 -위험화물	주기적 수동입력

자료 : https://www.seavantage.com/blog/ship‒tracking‒ais‒data(2023.12.15. 검색)

등이다. 동적 데이터(속도 및 코스 변경에 따라 다름)는 정확도 표시가 있는 선박의 위치, 코스 오버 그라운드(COG: Course Over Ground)[4] 등이다. 항해 관련 현재 데이터(6분 간격, 자료 수정 시 또는 요청 시)는 선박의 흘수, 화물의 종류, 목적지 및 예상도착시간(ETA), 경로 계획(경유지) 등이다.

5) AIS 활용과 한계

선박자동식별장치는 두 가지 용도로 활용될 수 있다. 첫째는 감시 도구로서의 선박자동식별장치이다. 연안 해역에서 당국은 해당 지역의 선박 통행을 모니터링하기 위해 자동화된 선박자동식별장치 스테이션을 설치할 수 있다. 연안 당국은 선박자동식별장치 채널을 사용하여 해안에서 선박으로 조수(tide), 선원통지(NTM)[5] 및 날씨 정보를 전송할 수 있으며, 위험물 이동을 모니터링하고 해상에서의 상업 및 어업을 관리할 수 있다. 또한 선박자동식별장치는 수색 및 구조 작업에도 사용될 수 있으므로 수색 및 구조 당국은 선박자동식별장치 정보를 이용하여 사고 주변에 있는 다른 선박의 존재를 확인할 수 있다.

둘째는 충돌 방지를 위한 용도이다. 선박자동식별장치는 항해의 안전에 크게 기여한다. 송수신되는 모든 정보는 탐색의 효율성을 높이고 상황 인식 및 의사결정을 크게 향상시킬 수 있다. 그러나 사용자는 충돌 방지를 위해 선박자동식별장치 정보에만 의존해서는 안 된다. 선박자동식별장치는 당직 항해사를 위한 추가 정보 소스일 뿐이며 선박의 항해 과정만 지원한다. 선박자동식별장치는 항해에 있어 인간의 경험을 결코 대체하지 못한다.

한편 선박자동식별장치는 다음과 같은 한계가 있을 수 있다.

첫째, 선박자동식별장치 정보의 정확도는 전송된 정보의 정확도에 좌우된다.

둘째, 선박자동식별장치 디스플레이에 수신된 위치는 WGS 84 데이텀(WGS 84 datum)[6]을 참조하지 않아 오류를 발생시킬 수 있다.

셋째, 선박자동식별장치에 대한 지나친 의존은 당직 사관(OOW: Officer on Watch)가 자만에 빠지게 할 수 있다.

넷째, 사용자는 선박자동식별장치가 다른 선박에서 잘못된 정보를 전송할 수 있음을 알고 있어야 한다.

다섯째, 모든 선박에 선박자동식별장치가 장착되어 있는 것은 아니다.

여섯째, 당직 사관은 선박자동식별장치가 설치된 경우 특정 선박에 의해 비활성화될 수 있으므로 해당 선박에서 얻을 수 있는 모든 정보를 무효화할 수 있음을 알고 있어야 한다.

일곱째, 당직 사관 입장에서 다른 선박에서 받은 정보가 전적으로 정확하지 않을 수 있고 자신의 선박만큼 정확하지 않을 수 있다고 가정하는 것은 비합리적일 수 있다.

요약하면 선박자동식별장치는 해상교통관제서비스(VTS) 책임자 또는 기타 조직의 도움을 통해서만 탐색의 안전성을 향상시킨다고 말할 수 있다. 선박자동식별장치는 일반적으로 선박의 함교 시스템 또는 다기능 디스플레이와 통합되기 때문에 설치하기도 매우 쉽고 특히 독립형 시스템 설치는 케이블 몇 개를 연결하고 플러그를 연결하면 된다.

③ e-내비게이션

1) 개념

디지털 선박이란 선박의 디지털화와 선박 운항여건의 디지털화를 모두 포함한다고 할 수 있다. 특히 디지털화의 핵심 요소인 정보의 관점에서 보면, 디지털 선박은 데이터와 정보를 생산하고 전달하는 체계, 데이터와 정보의 수집, 축적 및 처리 과정을 통하여 디지털 서비스나 기능을 제공 또는 이용하는 체계를 포함한다. 이러한 체계는 e-내비게이션과 동일하다. 따라서 e-내비게이션은 디지털 선박의 기반, 즉 '디지털 선박이 도입되어 운영될 수 있도록 하는 정보체계 또는 디지털 인프라'라고 할 수 있다.[7]

e-내비게이션은 해상에서의 인명 안전, 해양 보안 및 해양 환경 보호를 강화하고 운송을 위한 표준을 수립하는 책임을 맡고 있는 조직인 국제해사기구가 관할한다. 국제해사기구는 e-내비게이션을 "바다에서의 안전과 보안 및 해양 환경 보호를 위해 정박 간 항법 및 관련 서비스를 향상시키기 위해 전자적 수단을 통해 선상 및 육상에서 해양 정보를 조화롭게 수집, 통합, 교환, 제시 및 분석하는 것"으로 정의한다. e-내비게이션은 해양 항법 시스템과 해안 서비스 지원의 조화를 통해 선박의 현재 및 미래 사용자 요구를 충족하기 위한 것이다. 해양 안전, 보안 및 해양 환경 보호를 위한 디지털 정보 및 인프라를 제공하여 행정 부담을 줄이고 해상 무역 및 운송의 효율성을 높일 것으로 기대된다.[8]

e-내비게이션은 국제해사기구에서 2006년 처음 논의가 시작되었으며, 2019년에 서비스에 대한 국제 표준이 채택되었다. 국제해사기구는 2006년부터 10년 간 논의된 사항을 바탕으로 e-내비게이션 서비스에 대한 국제 표준 마련을 위해

2017년 국제수로기구(IHO)와 공동으로 작업반을 설립하였다. 양 기구 회원국 대표들이 참석하는 작업반은 한국이 의장국이 되어 이끌었고, 동 작업반이 2년간에 걸쳐 마련한 국제 표준안이 국제해사기구 결의서 및 지침서의 형태로 각각 채택·승인되었다(2019.6).[9] e-내비게이션 국제 표준은 향후 보다 정교하게, 그리고 더 많은 이해당사자에게 이익을 줄 수 있는 해양 디지털 서비스가 도입되도록 지속적인 개선 및 보완이 필요할 것이다.

2) 디지털 선박의 정보 체계

디지털 선박의 정보 체계는 크게 3가지 요소로 구분된다. 육상과 선박 간의 디지털 통신망, 육상 기반의 디지털 플랫폼, 그리고 선박용 플랫폼이 그것이다. 즉 e-내비게이션에 있어 선박용 플랫폼은 선박의 센서, 경보관리 등 선박 항해 시스템을 통합하여 효과적인 운항을 하게하고, 선원들의 피로도를 경감한다. 육상 기반 디지털 플랫폼은 선박의 안전 항해와 효율성을 극대화하여 지원할 수 있도록 선박 관제 및 관련된 서비스 관리에 중점을 두고 있다. 디지털 통신망 플랫폼은 이런 해·육상 시스템이 보다 효율적으로 작동할 수 있는 기술 체계를 제공하는 역할을 하며 주요 통신망은 LTE-M을 사용한다.

e-내비게이션은 사용자 요구 사항이 진화하고 기술이 발전함에 따라 기능이 계속 업그레이드될 것이다. 국제해사기구는 e-내비게이션 전략구현계획

표 4-4 디지털 선박의 정보 체계 요소

① 육상 측과 선박이 디지털 데이터·서비스를 제공하고 이용할 수 있는 디지털 통신망
② 디지털 선박의 운항·운영 지원, 다양한 디지털 서비스 생산·제공 및 이를 다양한 이해당사자 간 연결이 가능토록 하는 육상 기반의 디지털 플랫폼
③ 육상의 플랫폼에서 디지털 통신망을 통해 디지털 선박의 정보(선박 정보 및 주변 환경 정보 등 포함)를 수집할 수 있도록 하거나, 또는 디지털 선박이 육상 디지털 플랫폼으로부터 제공되는 서비스를 이용하기 위해 필요한 선박용 플랫폼

자료: 홍순배, "e-Navigation과 디지털 선박의 현재와 미래," 「2021년 MacNet 기술정책제언집 Digitalization 4.0」, 2022, p.23.

(Strategy Implementation Plan: SIP)을 개발하여 e-내비게이션에 대한 비전을 소개하고 e-내비게이션 솔루션을 충족하는 제품 및 서비스 설계를 시작하기 위해 업계에 정보를 제공한 바 있다. e-내비게이션 전략구현계획의 주요 목표는 〈표 4-5〉에 제시된 5가지 e-내비게이션 솔루션을 구현하는 것이다.

표 4-5 e-내비게이션 솔루션

S1: 개선되고 조화되며 사용자 친화적인 선교 설계
S2: 표준화되고 자동화된 보고 수단
S3: 선교 장비 및 탐색 정보의 신뢰성, 탄력성 및 무결성 향상
S4: 통신 장비를 통해 수신된 그래픽 디스플레이에서 사용 가능한 정보 통합 및 표시
S5: VTS 서비스 포트폴리오의 향상된 통신(VTS 스테이션에 국한되지 않음)

자료: https://www.imo.org/en/OurWork/Safety/Pages/eNavigation.aspx

3) 한국형 e-내비게이션

우리나라는 국가 연구개발사업을 통해 2016년부터 e-내비게이션 개발에 착수하였고, 2021년부터 '바다 내비게이션'이라는 명칭으로 e-내비게이션 서비스를 개시하였다. 특히 국제해사기구가 채택한 e-내비게이션 국제 표준에 따라 개발하여 시행하고 있는 것은 한국이 최초이다. 우리나라 정부에 따르면, e-내비게이션은 자동차 내비게이션과 유사하게 ① 바닷길을 안내하고, ② 교통상황·기상정보 등을 제공하고, ③ 충돌·좌초 등 위험상황을 알려주는 해상 내비게이션이라고 정의하고 있다.[10]

이러한 해양 디지털 체계 및 인프라는 ① 충돌·좌초 자동예측 경보: 실시간 선박위치정보를 바탕으로 충돌·좌초 위험을 예측하여 선박에 경보, ② 선내시스템 원격모니터링(여객선): 선내 센서를 통해 화재·전복 위험성을 육상센터에서 감지하여 선박에 경보, ③ 해상 내비게이션 제공: 자동차 내비게이션처럼 목적지까지의 최적경로를 e-내비게이션 단말기에 제공, ④ 전자해도 실시간 제공: 방파제 공사, 침몰선 등 해도정보 변경 사항을 최신정보로 자동업데이트, ⑤

그림 4-1 e-내비게이션 개요

① 충돌·좌초 자동예측 경보	② 선내시스템 원격모니터링(여객선)
▶ 실시간 선박위치정보를 바탕으로 충돌·좌초 위험을 예측하여 선박에 경보	▶ 선내 센서를 통해 화재·전복 위험성을 육상 센터에서 감지하여 선박에 경보

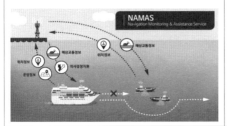

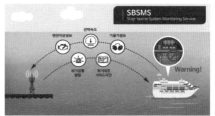

③ 해상 내비게이션 제공	④ 전자해도 실시간 제공
▶ 자동차 내비게이션처럼 목적지까지의 최적 경로를 e-Nav 단말기에 제공	▶ 방파제 공사, 침몰선 등 해도정보 변경 사항을 최신정보로 자동업데이트

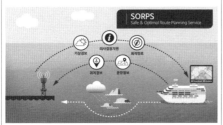

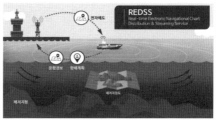

⑤ 선박 입출항 정보 제공	⑥ 해양안전·기상정보 제공
▶ 선박 입출항·작업 스케줄 제공, 부두 접안 시 위험상황을 예측하여 경보	▶ 해양기상, 조류·조석, 해상사격, 사고 정보 등 실시간 서비스

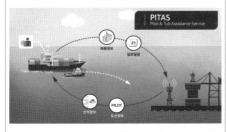

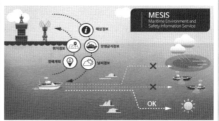

자료 : 과학기술장관회의, 「스마트 해양교통정책 추진전략(안)」, 2020.8.6

선박 입출항 정보 제공: 선박 입출항·작업 스케줄 제공, 부두 접안 시 위험상황을 예측하여 경보, ⑥ 해양안전·기상정보 제공: 해양기상, 조류·조석, 해상사격, 사고 정보 등 실시간 서비스 등으로 구분된다. 이 같은 노력으로 2016년부

그림 4-2 우리나라 해상무선통신망(LTE-M)

• LTE-M망(최대 100km 해상) e-Nav 선박단말기
• 상용통신망(최대 30 km) e-Nav 앱

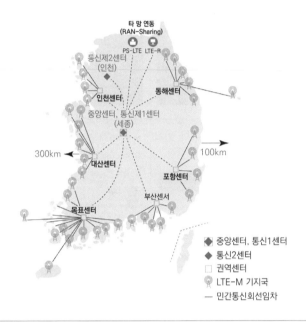

자료 : https://e-navigation.mof.go.kr/service/introduction/lte.do(2023.11.28. 검색)

터 '한국형 e-내비게이션 구축사업'을 실시하여 해상내비게이션인 e-내비게이
션을 개발하였고 국내 연안 263개소에 초고속 해상무선 통신망 기지국과 망 운
영센터와 같은 관련 기반시설을 구축하였다.

4 해운 데이터와 통신의 미래

e-내비게이션을 포함하여 앞서 설명한 해양 디지털 정보 체계 및 인프라

는 향후 국제적으로 확대 형성될 것으로 전망된다. 국제해사기구 차원의 디지털 선박 관련 법·제도 검토 및 마련을 위한 노력이 진행 중에 있기 때문이다. 특히 우리나라는 HMM, 현대중공업 등에서 선박 운항효율 관리 및 증진이 가능한 선박 정보(엔진상태 등) 모니터링 체계를 운영하고 있다. 따라서 e-내비게이션 체계와 연동하여 자율운항선박을 포함한 디지털 선박의 도입 운영을 촉진하는 경우 세계 시장에서도 경쟁력에서 앞서 나갈 수 있을 것이다. 이와 관련하여, 정부 차원에서 디지털 선박 관련 사물인터넷 확장, 빅데이터 구축, 인공지능 및 보안 기술, 디지털 트윈 구축 등을 위한 민·관 합동의 연구개발을 통하여 국내 기업 경쟁력 확보 및 해외 진출 교두보 마련을 위해 다각적인 노력을 기울이고 있다.[11]

국제적 차원에서의 해양 디지털화는 안전과 효율을 동시에 추구하고, 모든 국가의 이해 당사자에게 이익을 제공하는 한편, 지속가능한 방법으로 국제 해양 분야가 성장할 수 있는 기회를 제공하기에 국제적인 표준이 중요하다. 이러한 국제적 동향 속에서 유럽이나 일본보다 늦게 시작한 한국의 해양 디지털 개발

그림 4-3 국제 해양 디지털 클러스터 개념도

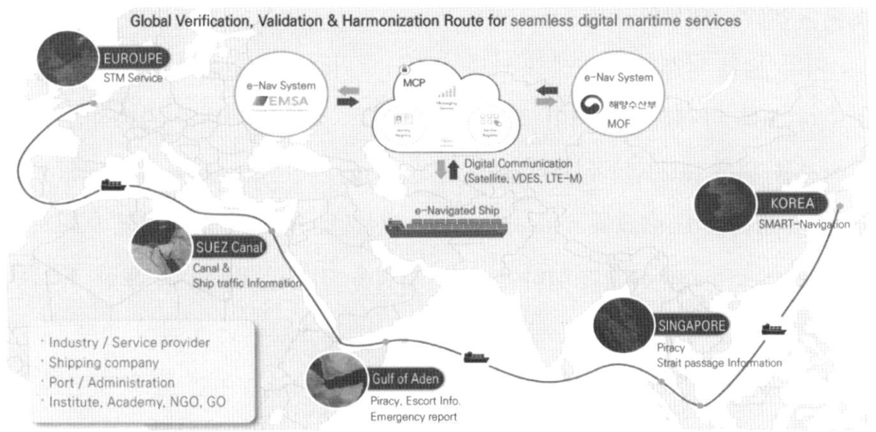

자료: 홍순배, "e-Navigation과 디지털 선박의 현재와 미래," 「2021년 MacNet 기술정책제언집 Digitalization 4.0」, 2022, p.87.

기술이 국제적으로 경쟁력과 브랜드 가치를 확보하고 해외시장에 진출하기 위해서는 해양 디지털 클러스터의 구성 및 주도적 운영이 필요하다. 이러한 기술은 특정 지역 내에서만 활용되는 기술이 아니라 국제적으로 호환되는 글로벌 기술이어야 하며, 이 기술의 실해역 성능과 효과를 입증해야 한다. 이러한 측면에서 국제해양 디지털 클러스터의 구축·운영이 필요하다.

한국은 이러한 실해역 테스트를 위해 국제해양 디지털 클러스터 개념의 도입을 추진하고 있다. 국제해양 디지털 클러스터는 한국에서 유럽 간 실제 운항되는 컨테이너 선박을 활용하여 개별 국가들이 각자 개발한 다양한 해양 디지털 기술을 출항에서 입항까지의 전체 항로상에서 실해역 검증을 하는 범지구적 규모의 글로벌 실해역 테스트베드라고 할 수 있다. 한국은 아태지역 국제해양 디지털 콘퍼런스를 통하여 지속적으로 이러한 노력을 경주하고 있다. 아태 국제해양 디지털 콘퍼런스는 2017년 우리나라가 창설해 매년 개최하고 있으며, e-내비게이션과 관련된 기술협력에서 나아가 자율운항선박 등 해양디지털 기술과 관련된 협력을 도모하는 국제적 협의체이다. 2021년 개최된 제5회 아태 콘퍼런스에서 한국은 e-내비게이션 등 해양디지털 기술을 실제로 선박 운항을 통해 검증할 수 있는 '국제 해양디지털 클러스터' 도입의 필요성을 주장하며 구체적인 조성방안을 제시했다.

이와 관련 국제적 차원에서 단계적으로 클러스터의 실질적인 운영을 시작할 수 있도록 다각적인 노력이 진행될 예정으로, 참여국 확대와 지속적인 공감대 확보를 위해 2020년 국제항로표지협회(International Association of Marine Aids to Navigation and Lighthouse Authorities: IALA) 산하의 국제 해양 디지털 이니셔티브(Digital@Sea Initiative)를 창설하여 공동 협력을 진행한 바 있다. 또한 2021년 한국과 유럽 양측이 공동으로 클러스터 구성 및 운영을 위한 타당성 조사 및 기본설계를 진행하였다. 실해역 테스트베드가 기술의 도입·이행 목표 기반의 실효성을 확보할 수 있도록 다자 간 협력 양해각서(MOU) 체결을 추진하고, 이를 위해 국제기구·단체, 참여 국가 정부, 항만 당국, 연구기관, 장비 업계 등 민관

산학이 공동으로 참여할 수 있는 체계로 설계를 진행하였다.

　국제해양 디지털 클러스터는 국제 공동의 실해역 검증체계를 통해 해양 디지털 기술을 도입하고자 하는 국제 표준에 대한 공감대를 만들고, 기술의 국제적 도입을 촉진하는 협력의 틀을 제공하게 될 것이다. 이를 통해 관련 업계는 자신들이 개발한 국제해양 디지털 기술을 국제적으로 검증하고 상용화할 수 있는 기회가 마련하게 될 것으로 기대된다.

section 02 **자율운항선박**

1 자율운항선박의 개념

　　현재까지 자율운항선박에 대한 통일된 정의는 없으나, 다양한 기관에서 공통적으로 "선박 스스로 주변 상황을 인지하고 제어하여 운항하는 기술"이라는 개념을 사용하고 있다. 단기적으로는 원격으로 사람의 감독 하에 운항되는 것을 기본으로 하나, 단계적으로 사람의 감독이 점차 감소할 것으로 보고 있다. 국제해사기구(IMO)는 2017년 제98차 해사안전위원회에서 최초로 자율운항선박 (Maritime Autonomous Surface Ship)의 용어를 사용하였다.[12] 국제해사기구는 자율운항선박에 대하여 "인간과의 상호작용 없이 다양한 자동화 단계를 가지고 독립적으로 운영될 수 있는 선박"으로 정의하였다. 이에 따라 국제해사기구는 자율화등급을 총 4단계로 구분하고 있다(〈표 4-6〉 참조). 자율화등급 1단계는 자동화된

표 4-6 국제해사기구의 자율운항선박 단계 구분

1~4단계로 기술을 구분하고 있으며, 1단계(AAB), 2단계(PUB), 3단계(PUS)까지 부분자율운항선박 기술로 정의되며, 4단계(CUS) 기술이 궁극적인 완전자율운항기술로 정의
(1단계) 선원 의사결정 지원(AAB, Autonomy Assisted Bridge)
(2단계) 선원 승선 원격제어(PUB, Periodically Unmanned Bridge)
(3단계) 선원 미승선(최소인원 승선) 원격제어와 기관 자동화(PUS, Periodically Unmanned Ship)
(4단계) 완전무인 자율운항(CUS, Continuously Unmanned Ship)

자료: 이선명·김선재, "자율운항선박", 「KISTEP 기술동향브리프」 6호, 2020, p.4.

프로세스 및 결정지원 시스템을 갖춘 선박으로써 일부 기능에 대해 자동화 운용이 가능하지만, 선원이 승선하여 운용 및 시스템과 기능을 제어한다. 자율화등급 2단계는 원격제어가 가능하며 선상에 선원이 승선하는 선박으로서 선박이 다른 장소로부터 제어 및 운영된다. 자율화등급 3단계는 원격제어가 가능하며 선상에 선원이 승선하지 않는 선박으로서 선박이 다른 장소로부터 제어 및 운영된다. 자율화등급 4단계는 완전자율운항이 가능한 선박으로서 선내 운용시스템으로 자체적 결정 및 조치가 가능한 선박으로 정의했다.

한편 현재까지 각 산업계와 관련 단체에서 사용하고 있는 자율운항선박의 개념을 살펴보면, EU는 "육상 선박운항 관리자의 관리·감독 및 지시를 받지 않고, 철저하게 독립적으로 운항하는 하이브리드형 스마트 선박"으로 정의하였고, 미국선급(American Bureau of Shipping: ABS)은 "인적 중재 없이 업무계획실행, 해양환경 감지, 환경을 위한 업무 조정 및 운항을 결정하는 논리를 가지고 센터, 자동화된 항법장치, 추진 및 보조시스템을 가지고 있는 해양선박"으로 정의했으며, 프랑스선급(Bureau Veritas: BV)은 "스마트선박과 동일한 기능을 가지며, 인적 여부와 관계없이 의사결정 및 행동을 수행할 수 있는 자율 시스템을 포함하는 선박"으로 정의하는 등 자율운항선박에 다양한 개념을 게시하였다. 이를 기반으로 국제해사기구와 각 기관·단체에서 정의한 자율운항선박의 공통적인 정의는 "인적요소와 관계없이 선박이 자율적인 결정 시스템을 가지고 운항하는 선박"을 말한다.[13]

자율운항선박에는 4차 산업혁명의 키워드인 e-내비게이션, 사물인터넷, 클라우드 컴퓨팅, 빅데이터, 모바일, 인공지능 등의 기술이 모두 접목돼 있어 해양산업의 패러다임을 바꿀 기술로 여겨지고 있다. 자율운항선박의 협의의 6대 핵심기술은 다중센서기반 장애물 탐지 및 상황인지 기술, 통합선교경보관리기술, 선박 자율제어기술, 선박 시스템 안전성 보장 기술, 선박 자동 접·이안 기술, 육상기반 항해센서기술 등으로 구분된다. 한편 광의의 자율운항선박 기술에는 원격관제기술 및 해상연결성기술이 포함된다.[14]

표 4-7 국제기구의 자율운항선박 정의

기관	정의
국제해사기구	다양한 자동화 수준으로 사람의 간섭 없이 독립적으로 운용될 수 있는 선박
유럽위원회	선박운항자의 운항 및 조타행위 없이 선박조종 제어시스템에 의존하여 운항되는 선박, 육상 선박 운항관리자의 감독 및 지시를 받지 않고, 온전히 독립적으로 운항하는 하이브리드형 스마트 선박
유럽기술플랫폼 워터본	반자율 또는 완전 자율통제하에 선박을 원격으로 제어할 수 있는 기술을 갖춘 선박이며, 최첨단 의사결정 지원 시스템이 포함되고, 궁극적으로 원격운항과 무인자동화가 혼합된 형태
미국선급	자동화된 항해 시스템과 추진 및 보조 시스템, 센서를 이용해, 사람의 개입 없이 계획에 따라 운항하고, 주변상황을 감지하고, 상황에 따라 임무수행을 조정할 수 있는 의사결정 논리를 갖춘 선박
프랑스선급	스마트 선박과 동일한 기능을 가지며, 인적요소의 개입 없이 의사결정 및 행동을 수행할 수 있는 자율시스템을 포함하는 선박
로이드 선급	시스템이 항해, 운항절차, 위험성 평가와 관련하여 전체적으로 결정하고, 사람의 개입 없이 주변 상황에 대한 분석을 기반으로 운항하는 선박

자료: 이선명·김선재, "자율운항선박", 「KISTEP 기술동향브리프」 6호, 2020, p.3.

표 4-8 자율운항선박 기술 분류 및 내용

구분		세부기술명	내용
협의	자율 운항 시스템 기술	다중센서기반 장애물 탐지 및 상황인지 기술	선박에서 Lidar 및 카메라를 이용하여 장애물을 탐지하고, 충돌 상황을 예측하고 이를 회피 방안을 제시하는 기술
		통합선교경보 관리기술	선박의 다양한 위험 상황을 종합적으로 관리하고, 선박의 위험도에 따라 최적의 대응 방안을 제시하는 기술
		선박 자율제어기술	선박의 운항상황 및 장비와 시스템의 상황에 따라 항로 재계산 및 엔진 제어 등을 포함하여 선박의 모든 장비와 시스템들을 실시간으로 자율적으로 계산하고 효과적으로 처리하기 위한 기술
		선박 시스템 안전성 보장 기술	선박 시스템의 안전성과 신뢰성을 확보하기 위한 기술. 특히, 다양한 이종 시스템과의 통합 및 상호연결 시 발생하는 선박 소프트웨어의 기능 안전성 및 시스템 오류 및 장애와 문제 발생 시 이를 안정적으로 처리하기 위한 기술
		선박 자동 접·이안 기술	예인선이나 도선사의 도움 없이 선박을 자동으로 접·이안하기 위한 기술
		육상기반 항해센서기술	선박의 주변 운항 상황을 보다 정확히 판단하고, 선박이 취득하지 못하는 환경 정보나 보다 정확한 정보를 육상에서 확득하여 선박에 제공함으로써, 선박이 보다 정확한 판단을 내릴 수 있도록 제공하는 기술

구분		세부기술명	내용
광의	원격 관제 기술	항로교환 정보기술	선박의 원격제어 및 항로제어를 위한 정보와 관련된 기상 및 트래픽과 관련된 다양한 부가 정보를 교환하기 위한 기술
		항해안전정보 교환 기술	선박의 위험상황이나 주변 상황에 대한 안전정보를 육상에서 제공하기 위한 기술
		VTS 자동보고기술	선박이 VTS센터 및 항만과의 트래픽관리 및 항해안전과 관련된 자동화 서비스를 위한 정보교환 서비스 기술
		선박 원격 모니터링 및 제어 기술	원격에서 다양한 선박과 장비의 정보를 수집하고, 이를 기반으로 장비와 선박상태를 종합적으로 점검하고 분석하는 기술. 선박의 상태를 정확히 분석하기 위해 AR/VR 기술과 디지털 트윈 기술이 함께 사용될 것으로 예상됨
		선박 위험도 관리 기술	선박의 운항 환경과 상태 뿐 아니라 해양트래픽과 환경 정보 등을 기반으로 각 선박의 위험도를 판단하고 이를 경감하기 위한 기술
	해상 연결성 기술	VHF데이터 교환시스템 (VDES) 기술	선박의 VDES를 통해 선박의 안전 및 선박과 해양당국 및 선박과 선박과의 운항정보를 교환하기 위한 기술
		해상항법 장비기술	선박의 위치를 정확하게 측정하고, 이에 따라 안전운항을 보장하기 위한 고정밀 위성항법장비 기술
		이더넷 기반 선내통신기술	선박의 다양한 장비들과 시스템들을 모두 IoT 기반으로 통합하여 관리하기 위한 선박 네트워크 통합 관리 기술
		선박 항해시스템 및 장비의 사이버보안 기술	선박내의 이종 시스템 및 선박과 육상간 안전하고 신뢰성 있는 서비스를 제공하기 위한 기술
		5G기반 광대역 해상통신시스템	선박의 항시연결성을 제공하기 위한 위성통신과 연근해에서의 선박의 상황인지와 원격관제를 위한 대용량 통신을 지원하기 위해 서비스 요구사항에 맞게 저비용으로 안전하고 신뢰성 있는 통신을 제공하고 보장하기 위한 기술

자료: 이선명·김선재, "자율운항선박", 「KISTEP 기술동향브리프」 6호, 2020, p.5.

2 자율운항선박 기술개발 동향

1) 해외 기술개발 동향

국제해사기구는 2018~2023년 전략방향에서 '자동화 및 원격운항'을 포함하여 자율운항선박과 관련된 국제협약 전반에 대한 검토 등 자율운항선박의 안전하고 효율적인 운항을 위한 준비에 착수했다. 또한, 4차 산업혁명에 접목된 자율운항 기술을 바탕으로 해운·항만·조선분야에서도 자율운항선박과 관련된 논의가 국제적으로 급속히 증가하고 있으며, 주요 선진국 및 산업계는 미래 자율운항선박의 도입에 따른 경제적 파급효과와 자율운항 기술개발의 표준화 및 관련시장의 선점을 위해 구체적인 미래 발전방안을 논의하고 있다.

미국 국방성 산하 고등연구계획국(Defense Advanced Research Projects Agency: DARPA)에서는 2016년 무인 군함(Unmanned Surface Vessel) '씨헌터(Sea Hunter)'의 시범 운항에 성공하였으며, 미국 국방성은 2011~2036년까지 육해공 무인이동체 통합로드맵을 수립하여 연구개발을 집중적으로 진행하고 있다. 유럽연합은 MUNIN(Maritime Unmanned Navigation through Intelligence in Networks)이라는 상업적 무인선 운항을 목적으로 연구개발 프로젝트를 진행 중이며, 2035년까지 완전무인화를 목표로 하고 있다. 일본은 MOL(Mitsui O.S.K. Lines) 등 10여 개 업체가 공동으로 2025년까지 인공지능 자율운항화물선 250척을 건조하겠다는 목표로 연구개발 프로젝트를 추진 중이며, 자율운항선박 도입 시 발생할 수 있는 문제에 대한 대비책 마련, 산학연 공동의 개방형 플랫폼 구축 등을 목표로 정부 차원의 로드맵을 수립하였다. 중국은 '중국제조 2025'정책을 기반으로 우선 개발 분야에 스마트 선박을 선정하였으며, 중국선급(CCS, China Classification Society)과 하이난항공그룹을 중심으로 무인화물선 개발 얼라이언스인 무인화물선개발얼라이언스(Unmanned Cargo Ship Development Alliance: UCSDA)를 발족하고, 향후 세계 무인화물선 건조의 중심지가 되겠다는 포부를 밝힌 바 있다.[15] 노르웨이는

표 4-9 자율운항선박 해외 기술개발 동향

구분	주요 내용
유럽연합 (EU)	- (MUNIN 프로젝트) 자율운항선박 기술의 기술적, 법·제도적, 경제적 타당성을 검토하고, 자율운항선박을 둘러싼 행정적 지원, 선박의 안전성과 자동화를 위한 R&D, 미래기술 개념연구 등에 대해 연구를 수행 - (EfficienSea 프로젝트) 북극과 발틱해 해상교통 안전성 제고를 위해 다양한 이해당사자 간 효율적 정보 교류가 가능한 통신 플랫폼(Maritime Cloud) 개발을 목적으로 기업, 대학 등 32개 기관 참여
노르웨이	(AUTOSEA 프로젝트) 노르웨이 과학기술대(NTNU) 주관으로 Kongsberg(노르웨이 디지털 자동화 전문기업), DNV-GL(노르웨이·독일 선급), Maritime Robotics가 참여하여 자율운항선박의 충돌회피를 위한 알고리즘 개발과 다종센서 간 정보 융합을 목표로 함 - 주 연구분야는 센서 융합, 충돌 회피, 시스템 아키텍처, 실증 네 가지 영역으로 구분 (Milli-Ampere 프로젝트) 고정된 항로를 운항하며, 고정밀 위성항법장치(GNSS)를 탑재하고 레이더, 라이더, 카메라를 통해 충돌을 방지하는 시스템이 적용된 전기추진 소형 무인선개발 (ReVolt 프로젝트) DNV-GL, 노르웨이 과학기술대(NTTU)가 참여하여 화물의 육상 운송을 인근 해역으로 전환하기 위한 연안 운항 목적의 소형 무인 전기추진 선박 개발 (ROMAS 프로젝트) 노르웨이 연구위원회(NFR)의 지원으로 '17~'19년 동안 12.5억원을 투자하여, 선상 엔진조종실의 역할을 육상 원격제어센터로 전환하는 기술개발을 수행. 시스템 검증, 효율성 및 안전성에 중점을 둠 * ROMAS: Remote Operation of Machinery & Automation System
핀란드	(AAWA 프로젝트) '15년도 핀란드 기술혁신 펀딩 기관인 Tekes의 660만 유로 출자로 시작되어 Rolls-Royce의 주도하에 20년까지 내항·연안선박의 원격 조종, 25년 근해선, 30년 원양선의 무인화를 목표로 기술개발과 더불어 법, 제도, 안전, 서비스 측면까지 총괄적 연구 수행 * AAWA: Advanced Autonomous Waterborne Application (ONE SEA 프로젝트) '20년까지 상업용 원격조정 선박을 중간목표로 설정하여 '18년부터 핀란드 연안에서 실증 중이며, '25년까지 상업용 자율운항선박 개발과 윤리적 이슈, 보안, 교육, 규제 등을 포함한 연구를 통해 발트해 부근 자율운항 생태계축을 목표로 함
중국	(Green-Dolphin 프로젝트) 정부 지원으로 국영 조선그룹인 중국선박공업집단(CSSC: China State Shipbuilding Corp)을 중심으로 해운, 조선 기업 클러스터로 진행된 프로젝트로 에너지 절감과 환경 규제 충족에 초점을 맞춘 자율운항 화물전용선 개발 (테스트베드 구축) 광동성 주하이에 위치한 아시아 최초, 세계 최대 면적의 자율운항선박 테스트베드를 조성 중이며, 장애물 회피, 지정경로 운항, 선박-육상 간 통신 중 발생 변수 등을 중심으로 테스트 할 것으로 예상

구분	주요 내용
일본	(MMS 프로젝트) 방해, 충격, 선박 운용시스템의 오류로 자율 운항이 불가능한 상황에 대한 제어 방안이 연구의 주 목적이며, 단계적으로 무선조종운항 모드로 변환하고 이 마저도 불가능할 경우 자체적인 대비책으로 운항할 수 있는 기술 개발 * MMS: Mitsui Ship Maneuver Control System (SSAP 프로젝트) 일본 내 조선사, 해운사, 선급, 기자재 기업, 대학 및 연구기관이 참여하여 스마트 선박 데이터 처리의 일원화, 표준화 가능한 개방형 플랫폼 구축을 목표로 개발 * SSAP: Smart Ship Application Platform

자료: 이선명·김선재, "자율운항선박", 「KISTEP 기술동향브리프」 6호, 2020, 토대로 재작성.

인공지능, 빅데이터, 선박 설계 등에 투자하여 여객과 연안화물 운송 등 다양한 목적의 자율운항선박 기술개발을 통해 선도적 기술 노하우를 축적 중이다. 대표적인 것이 야라 버클랜드(Yara Birkeland) 자율운항선박의 개발이다. 이 선박은 노르웨이의 비료회사인 야라 인터내셔널(Yara International)이 콩스베르그(Kongsberg)와 손잡고 개발한 무인 전기선으로 탄소 배출량 제로를 목표로 한다. 2017년 건조에 들어가 2020년 진수했으며, 2021년 첫 시범 항해를 시작하였다.[16] 이 선박은 120개 컨테이너를 적재할 수 있으며, 개발 비용은 2,500만 달러로 동급 재래식 컨테이너선보다 건조 비용이 3배 높다. 그러나 연료와 인건비를 감안하면, 연간 90% 비용 절감 효과를 거둘 수 있다고 회사 측은 설명했다. 야라 인터내셔널은 물류 솔루션 공급업체 칼마르와도 협력하여 노르웨이 포르스구룬 부두에 디지털 기반의 자동화된 수송체계를 구축한다. 이것은 선적과 하역, 출항 등 물류 업무를 완벽하게 무인화 하는 것이 목표이다. 또한 2018년 핀란드 국영 해운사 핀페리는 영국 롤스로이스와 함께 세계 최초 완전자율운항 여객선 '팔코(Falco)호'에 80여 명의 승객을 태우고 시범 운항에 성공했다.

2) 국내 기술개발 동향

우리나라는 선박해양플랜트연구소에서 8개 민간기업 등과 함께 2011년부터 2018년까지 270억원의 연구비를 투입하여 장애물을 자율적으로 인식하고 회피할 수 있는 해양감시 및 조사용 무인선(아라곤 II) 개발을 추진하였고, 2017년 11월 거제 장목해역에서 시험운항을 시연하였다. 현재 산업통상자원부와 해양수산부는 범부처 연구개발 사업으로 '스마트 자율운항선박 및 해운항만운용서

표 4-10 자율운항선박 국내 기술개발 동향

구분	주체	주요 내용
원격 관제 기술	한국해양대 -한국전자통신 연구원	항로교환을 통한 자율운항 선박 원격관제 시스템 개발
	한국해양대 -LG CNS	MASS 운항정보시스템의 설계 및 구현, NDDS(Navigation Data Distribution System) 개발 및 데이터 수집, 처리, 육상 연계기술 실증 완료. 향후 육상제어 운항기술의 시범운항 예정
	한국형 e-내비게이션 사업단	국제표준에 근거한 항로교환형식의 안전항로제공 서비스 개발 중이며, 덴마크 해사청(DMA), 스웨덴 해사청(SMA) 등과 함께 항해 안전정보(MSI) 데이터 모델링 표준 개발
	한국전자통신 연구원 -현대중공업	원격유지보수 서비스 기술 적용 스마트선박 개발 완료. AI 기반 자율운항 시스템 개발 및 공통해사정보모델 기반 항로 교환정보 국제표준 개발
	한국자율운항선 박포럼	선박-육상 간 정보교환, 자율운항선박 관제를 위한 국내 산업표준개발 중
해상 연결성 기술	한국형 e-내비게이션 사업단	SMART-내비게이션 프로젝트로 LTE-M(LTE-Maritime)과 결합된 해상 디지털 무선통신 시스템 체계 구축 및 국제표준 선도 기술 개발 중
	한국전자통신 연구원	ITU-R 세부 기준을 충족하는 해상 디지털 무선 통신기술 개발, 통신 데이터 급증에 대비하여 차세대 해상디지털 통신기술 ASM 2.0 시스템 개발 및 시연. 또한 국제표준 원천기술 기반 선박 원격유지보수 시스템 제품 개발 및 보안 게이트웨이 개발
	기타	이 외에도 한국선박전자산업진흥협회, 선박해양플랜트연구소 등에서 차세대 통신 기술의 성능 분석, 시험인증 기준, 표준개발 등 기술개발 진행

자료: 이선명·김선재, "자율운항선박", 「KISTEP 기술동향브리프」, 6호, 2020, 토대로 재작성.

비스 개발사업'을 2019년부터 2024년까지 6년간 총사업비 5,947억원을 투입하여 진행 중에 있다. 사업내용은 선원 4명 정도로 운영이 가능한 1,500TEU급 LNG 추진 컨테이너선박의 설계와 건조를 위한 기술과 자율운항 컨테이너선박의 항해 및 항만 적용을 위한 운용서비스 기술을 개발하는 것이다.[17]

한편 HD현대는 사내벤처인 '아비커스'가 400억 가량을 투자해 레벨2의 자율운항 시스템인 '하이나스 2.0'을 개발했다. 하이나스 2.0은 각종 항해 장비 및 센서로부터 제공된 정보를 융합해 선박이 최적 항로와 속도로 운항할 수 있도록 안내·제어하는 인공지능 기반의 시스템이다. 2022년 6월엔 세계 최초로 대형 선박의 태평양 횡단에 적용하여 성공했다. 한화오션은 자율운항선 단비(DAN-V)를 건조해 원격제어시험, 경로추종시험, 충돌회피시험 등 자율운항선 운항을 위해 필수적인 주요 기능들에 대한 검증을 성공적으로 마쳤다. 이 기술들은 레벨3에 해당한다. 한화오션은 확보된 자율운항 기술을 실선에 적용, 검증해 오는 2024년 완전자율운항 기술을 개발한다는 목표다. 삼성중공업은 15,000TEU급 대형 컨테이너선에 독자 개발한 원격자율운항 시스템(SAS)과 스마트십 시스템(SVESSEL)을 탑재해 2023년 6월 거제~제주도~대만 가오슝항을 잇는 약 1,500㎞의 항로를 운항하며 자율운항기술 실증을 완료했다.[18]

3 자율운항선박의 미래

자율운항선박 시장은 부분자율운항선박과 완전자율운항선박 시장으로 구분되며, 전체 시장규모는 2016년 약 57억 달러에서 연평균 12% 성장률을 보이고 있다. 향후 자율운항선박 시장 규모는 2025년 1,551억 달러, 2030년 약 2,541억 달러에 달할 전망이다.[19]

이러한 자율운항선박 시장 조성에 대응하여 국제해사기구는 자율운항선박 도입과 운항에 필요한 규정을 검토하고 있으며, 이후 발생 가능한 보안 이슈에

그림. 4-4 세계 자율운항선박 시장규모 전망(단위: 십억 달러)

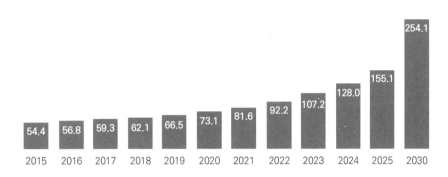

2015	2016	2017	2018	2019	2020	2021	2022	2023	2024	2025	2030
54.4	56.8	59.3	62.1	66.5	73.1	81.6	92.2	107.2	128.0	155.1	254.1

자료: 관계부처합동, 「자율운항선박 분야 선제적 규제혁신 로드맵」, 2021.10.

대한 대비책을 마련 중이다. 국제수로기구(IHO)는 자율운항을 위한 차세대 해양
공간정보표준(S-100, IHO 범용 수로정보 표준)을 개발 중이며, 국제항로표지협회
(IALA)는 자율운항선박을 위한 통신인프라 표준을 개발 중이다.

표 4-11 자율운항선박 국제기구 정책

구분		주요 내용
국제 해사 기구 (IMO)	자율운항선박 RSE(Regulary Scoping Exercise)	IMO의 제98차 해사안전위원회(MSC)는 자율운항선박의 도입·운항을 위해 필요한 규정식별 작업(RSE; Regulary Scoping Exercise)에 착수할 것을 결정하고, 99차 해사안전위원회에서 규정식별작업의 논의체제를 승인하는 한편 임시운항 가이드라인(Interim guideline)에 대한 논의에 착수 - 2028년까지 자율운항선박 관련 제도 및 규제 체계를 마련할 예정
	e-내비게이션	- e-내비게이션은 자율운항선박으로 진화하는데 필요한 기술개발 및 환경조성의 기반을 제공, 해양사고를 미연에 방지하는 것으로 선박 내외 상황모니터링 육상관제체계 구축 등 자율운항선박, 개발을 위한 기반 기술들이 포함 되어 있음 - 국제해사트래픽 사업관련, 광범위한 전자정보 교환 및 선박 간 또는 선박과 육상 간 항해안전정보를 자동화하기 위한 Automated Ship Reporting에 대한 관심이 증대되고 있음
	사이버 보안	- 해사안전위원회(MSC, The Maritime Safety Committee)는 최근 몇 년간 선상 사이버 공격 위험에 대응하기 위한 지침개발을 주요 의제 중 하나로 논의해 왔으며, 2017년 6월 제98차 회의에서 안전경영시스템의 해상 사이버 리스크 관리 분야 의제인 MSC 428(98)을

구분		주요 내용
		채택함 - 2022년 국제선급협회(IACS)가 선박의 사이버 복원력을 높이기 위한 공통규칙(UR E26, E27)을 발표하여 2024년 이후 건조 선박에 적용
국제 수로 기구 (IHO)	ECDIS	IHO의 S-100 표준은 운항 중 수집되는 주변 정보와 해도정보를 표시해주는 전자해도표시장치(ECDIS: Electronic Chart Display and Information System) 개발을 위한 제작기준으로 이해할 수 있음
국제 항로 표지 협회 (IALA)	VDES	VHF Data Exchange System(VDES) 표준개발 - 자율운항선박을 위한 VDES 표준 초안을 개발 중이며, 이를 통해 전 세계적으로 끊김 없는 통신이 가능한 통신 인프라 표준을 구성하는 것이 목표임

자료: 이선명·김선재, "자율운항선박",「KISTEP 기술동향브리프」6호, 2020, 토대로 재작성

이러한 시장 확대에 대응하기 위해 우리나라도 산업통상자원부, 과학기술정보통신부, 해양수산부 3개 부처를 중심으로 지원과 투자를 지속해오고 있으며, 각 부처는 자신들의 고유 업무에 맞춰 정책적 지원을 하고 있다. 구체적인 기술개발 역할은 해양수산부가 선박 운용, 산업통상자원부가 선박 개발, 과학기술정보통신부가 통신, 네트워크 원천기술개발을 각각 분담하고 있다.[20]

표 4-12 자율운항선박 국내 정책

구분		주요 내용
산자부	선박 시스템, 통신기술 R&D 및 인프라 구축 지원	* 2016년, ICT 조선해양 융합 Industry 4.0 사업에 착수하여 5년간 1,074억 규모의 스마트선박 활성화를 위한 육성정책 시행, 신산업 민관협의회에서 선박자율운항시스템, 원격관제시스템, 센서 등 자율운항 및 스마트 모니터링 관련 핵심기술을 개발하기 위해 2017년부터 2020년까지 50억을 지원 및 연안선박용 항법지원·운항모니터링 서비스 개발 및 해상 초고속무선 통신망의 구축 중이며 2020년까지 1,200억원 지원 * 2017년, 원격운항·유지보수 등 산업 핵심기술 개발을 시작으로 자율운항시스템 구축 등 민관 공동 중장기 전략 필요성을 제시, 스마트 선박 추진위원회가 작성한 "Smart Ship 기술 로드맵"에서는 산학연관 통합 대응 개발전략(안)을 제시 * 산업부 및 해수부 : 2025년까지 6년간 1,600억여 원을 투입, 자율운항선박 개발 * 2022년 자율운항선박 실증을 위한 성능실증센터 준공

구분		주요 내용
과기부	기초 원천기술 개발, 인력양성, 협력방안 마련	* 조선해양 ICT 융합 전문인력 800여 명을 양성할 계획이고 지능형 선박·조선소·서비스 분야의 응용기술 제품 개발에 공통으로 활용이 가능한 기술개발을 위해 135억을 지원, 조선소 생산성 향상, 선박 기술 경쟁력 강화와 신서비스 시장 진출을 위한 기술·제품 개발을 위해 585억원 지원 계획수립 * 조선해양 ICT 융합을 활성화하고 조선해양 업계와 유관기관 간 협력을 강화하기 위해 "조선 해양 ICT 융합협의회" 발족, ICT 융합을 통해 고부가가치를 창출하고 경쟁력을 높일 수 있도록 조선해양업계와 관련 부처·지자체가 소통 및 협력하는 구실점 역할 수행
해수부	해양안전, 해상물류, 국제 표준 등 영역에서 지원	* 2011년부터 "다목적 지능형 무인선 국산화 개발 사업"을 추진 * 2017년 11월에 아라곤 2호를 실해역에서 시연 완료 * IMO 차세대 해양안전 종합관리체계를 통해 e-내비게이션 기술 개발을 지원, 국제해사기구의 e-내비게이션을 바탕으로 한국형 e-내비게이션 개발을 통해 차세대 해양안전 종합관리체계 구현 * IMO 협약 대응을 위한 작업반을 구성하고, 국제해사기구의 자율운항선박에 대한 표준화 대응전략 수립 * 스마트 해상물류체계 구축전략(2019)을 통해 자율운항시스템과 스마트 항만, 해상통신 등 상호연계 방안을 포함한 전략 제시 * 해양수산과학기술 수준 향상과 산업혁신을 목표로 4대 전략("해양수산 과학기술 집중육성" 포함) 및 8개 추진과제("자율운항선박 상용화 대응 R&D 및 실증 포함") 발표 * 2021년 자율운항선박 분야 선제적 규제혁신 로드맵 마련

자료: 이선명·김선재, "자율운항선박", 「KISTEP 기술동향브리프」 6호, 2020, 토대로 재작성.

디지털 해운 플랫폼

1 디지털 해운 플랫폼의 개념

디지털 플랫폼은 공급자, 고객, 파트너들이 비즈니스 이익을 위해 디지털 프로세스와 역량을 공유하고 이를 개선 및 확장할 수 있는 프레임워크로 정의된다. 디지털 기술 기반의 디지털 플랫폼은 기업의 비즈니스 모델, 인력, 조달, 유통, IT 인프라 등을 보조한다.21) 실제 비즈니스에 있어서 디지털 플랫폼이 가지는 의미는 디지털 역량을 바탕으로 변화의 동인을 포착해 고객의 문제를 해결하는 것이다. 즉 디지털 플랫폼은 디지털 역량, 변화 동인, 고객 문제 등 3가지 영역의 교집합이다. 이때 디지털 역량이란 인공지능, 클라우드 컴퓨팅, 빅데이터, 사물인터넷 같은 새로운 디지털 기술에 대한 전문성과 해당산업의 제품 및 서비스 프로세스에 대한 전문성을 말한다. 또한 변화동인은 신기술의 등장, 규제완화, 사회적 변화 등을 말한다. 다시 말해 디지털 플랫폼은 디지털 역량과 환경변화를 바탕으로 고객의 니즈를 해결할 수 있어야 한다.22)

4차 산업혁명 시대의 도래로 디지털 플랫폼 구축은 앞으로 급속히 확산될 것으로 전망되며 해외 주요 제조업체와 물류업체들은 온라인 플랫폼 구축에 이미 상당한 투자를 진행 중이다. 플랫폼은 정보를 중앙집중화해서 시장의 효율성을 높일 수 있다.

2 디지털 해운 플랫폼의 주요 내용

해운 분야가 디지털 플랫폼을 활용할 수 있는 사례로는 온라인 예약, 온라인 화물관리, 고객 맞춤화 등이 있다. 디지털 플랫폼은 인공지능, 사물인터넷 등 주로 다른 기술과 결합되어 활용된다. 실제로 적용된 사례로는 선사와 전자상거래 업체인 알리바바의 디지털 협력을 들 수 있다. 머스크(덴마크), CMA CGM(프랑스), Zim(이스라엘) 등은 알리바바와 디지털 협력을 위한 업무 협약을 체결하고 알리바바의 원터치(One Touch) 플랫폼을 이용하는 화주들에게 선복예약 서비스를 제공하고 있다. 기존의 원터치 이용자들은 보증금 선납을 통해 선택된 항로와 항만에 한해서 고정된 이용료로 선복예약을 할 수 있다.[23]

국내에는 삼성SDS의 IT 물류 플랫폼인 '첼로 스퀘어'와 밸류링크유의 해운 물류 커머셜 플랫폼 서비스 등이 있다. 첼로 스퀘어를 통해 중소·중견 화주들

표 4-13 해운 분야 디지털 플랫폼 적용 사례

기업명	내용
머스크	알리바바와 업무 협약, 플랫폼을 통새 선복예약서비스 제공, Maersk Spot 도입 (2019.6)
MSC	Instant Quote 도입(2020.7)
CMA CGM	알리바바와 업무 협약, 플랫폼을 통해 선복예약 서비스 제공, eSolutions 도입 (2019.4)
COSCO	Syncon Hub 도입(2020)
Hapag-Lloyd	Quick Quotes 도입(2018.8)
ONE	ONE QUOTE 도입(2021.2)
Evergreen	Green X 도입(2018.8)
HMM	온라인 예약 플랫폼 '하이쿼트'(2022.6)
Zim	알리바바와 업무 협약, eZ Quote 도입(2020.6)
삼성SDS	물류 플랫폼 서비스 '첼로 스퀘어' 제공(2018)
밸류링크유	물류 플랫폼 서비스 '이지온' 제공(2021)

자료: 전서연·황진회·이호춘, 「국내 컨테이너 해운기업의 디지털 전환 활성화 방안 연구」, 한국해양수산개발원, 2022, pp.21－23.

은 해상 및 항공 운송의 운임 견적을 확인하고 예약할 수 있다. 또한 실시간 화물 운송정보를 받을 수 있으며, 운송 완료 후에는 정산 내역을 확인할 수 있다. 밸류링크유는 물류 플랫폼 서비스인 '이지온'을 통해 항공 및 해상 운송, 통관, 내륙운송 등의 운항스케줄 정보, 운임견적 비교와 예약 서비스를 제공한다.

글로벌 10대 선사들은 양밍(Yang Ming)을 제외하고 모두 디지털 플랫폼을 운영하고 있다(〈표 4-6〉 참조). 국적선사인 HMM도 2022년 6월, 자체 온라인 예약 플랫폼 '하이쿼트(Hi Quote)'을 출시했다. 이전에는 오프라인 채널을 통해 선복 구매 가능 여부와 운임을 확인하였으나 이제는 온라인으로 선박 스케줄, 출·도착지, 화물 종류 및 수량 등을 직접 입력해 견적 확인 및 선복 예약을 할 수 있게 됐다.[24]

3 디지털 해운 플랫폼의 주요 사례

1) 머스크(Maersk)

(1) 트레이드렌즈(TradeLens)

덴마크 선사 머스크(Maersk)는 2016년 IBM과 합작하여 블록체인 기반 해운물류 플랫폼인 트레이드렌즈를 해운업계 최초로 출시했다. 독일에서 2년간의 시범 운영 과정을 거쳐 2018년 유럽 7개국에서 정식 출시되었으며, 우선적으로 머스크의 사내 비즈니스에 트레이드렌즈를 도입했다. 또한, 개방성, 중립성, 보안성, 표준화 등 4가지 기준에 초점을 두고, 트레이드렌즈에 동참할 회원사를 모으는 부분에 노력하였다.[25]

머스크의 트레이드렌즈는 생태계, 플랫폼, 마켓플레이스로 구성된다. 먼저 운송사, 항만 및 세관 등 물류 관계자가 모여 생태계를 만든다. 트레이드렌즈서비스에는 선사와 물류기업을 포함한, 항만터미널 운영사 등 100개 이상의 회원사가 파트너로 참여하며, 트레이드렌즈의 생태계를 구성한다. 이들이 원하는 다양한 서비스를 개발해 제시하는 곳이 마켓플레이스다. 트레이드렌즈는 모든 참여자들이 물류정보와 관련 서류를 실시간으로 공유할 수 있도록 지원하고 있다.

트레이드렌즈를 통해 세관 및 항만당국들은 혹시라도 발생할 수 있는 위험을 정확히 파악하는 것이 가능하다. 이와 더불어 항만의 경우 선석, 야드 등 인프라 이용 효율성 강화를 통해 선박, 트럭 등 고객서비스 향상과 비용절감을 도모할 수 있다. 이외에도 플랫폼을 통해 3~5분 내에 견적 금액을 받아볼 수 있고, 머스크의 포워딩 서비스를 담당하는 부서를 통해 통관업무 대행도 가능하며, 보험을 포함한 금융서비스 부문에서는 각종 정책과 신용장에 대한 신뢰성을 기반으로 비용을 절감할 수 있다.[26]

(2) 트윌(Twill)

트윌(Twill)은 2017년 4월 출시한 머스크의 온라인 화물 예약 플랫폼으로 소위 디지털 포워더의 역할을 하는 플랫폼이라고 할 수 있다. 트윌은 담코(Damco)에서 최초 개발되었으나, 머스크 그룹의 물류사업 확장 및 그룹 재편에 따라 머스크가 서비스를 제공하고 있다.[27] 트윌은 예약 및 견적, 서류 준비 등의 전반적인 물류과정을 온라인 플랫폼으로 관리하는 것이 가능하다. 이를 통해 복잡한 국내 및 국제물류 프로세스의 효율화를 목표로 온라인 쇼핑처럼 간편한 사용방법을 적용하여 중소 화주를 주요 고객층으로 삼고 있다. 또한, 트윌은 고객서비스를 전담하는 별도의 글로벌 고객서비스팀이 있어 연중 이용이 가능하다. 미국, 유럽, 아시아 주요 국가를 비롯하여 2019년 한국에서도 서비스를 시작하였다. 트윌은 머스크로 통합된 이후 기능을 보완하여 영업전략을 소형 화주에 치중하고 있다. 아마존과 같은 전자상거래 업체들이 롱테일 법칙[28]에 따라 수익을 확보하는 것에 착안하여, 물류분야에서도 소형 화주에 대한 플랫폼이 필요하다고 판단한 것으로 풀이된다. 특히 소형 화주는 거래 방법과 절차에 대해 정확한 정보가 부족한 경우가 많으며, 해상운송서비스 외에 여러 서비스도 필요하기 때문에 머스크는 트윌을 통해 다양한 부가서비스를 제공하고 있다.[29)]

(3) 머스크 스팟(Maersk Spot)

한편 디지털 포워더와 전자상거래업체와 같은 플랫폼 기업들의 등장으로 인해 선사와 화주 그리고 고객간 대면 접촉이 점차 축소되고 있다. 이러한 상황을 개선하기 위해 비대면 채널인 플랫폼을 도입하였으며, 특히 화주의 규모와 유형을 고려하여 다양한 맞춤식 플랫폼을 구축하였다. 우선 2019년 6월 오픈한 머스크 스팟은 모든 화주들이 이용할 수 있다. 선박을 확보하기 어려운 상황에서는 머스크 스팟을 활용하는 것이 포워딩 기업을 이용하는 것보다 유리할 수 있다. 특히 선박을 보장하는 대신 예약부도(No-show)시 패널티($100/box)를 부과하여 계약의 이행성을 높였으며, 그 결과 기존 대비 초과 예약(Booking)이 약 75% 감소하였고, 롤 오버(Roll over)[30)]는 1.5% 미만으로 감소되어 선사와 화주 간의 신뢰 회복뿐만 아니라 서로 상생할 수 있는 안전장치를 마련했다는 데 의의가 있다. 코로나19 이후 화주들의 선사 플랫폼 이용이 점차 증가하고 있는 추세이다. 저널오브커머스(JOC)에 따르면, 머스크 스팟은 선적 가운데 현물 비중은 2020년 1월 기준 24%였으나 2020년 2분기에는 41%, 2020년 3분기에는 53%까지 증가하였다. 화주들의 유형을 살펴보면, 무선박운송인(NVOCC)이 약 80%, 대형화주(BCO)가 약 20% 수준이었다.[31)]

(4) 머스크 플로우(Maersk Flow)

머스크는 2021년 7월 디지털 공급망관리 플랫폼 머스크 플로우를 출시하였다. 머스크 플로우는 공급망 전반에 걸친 종단간(End-to-End) 물류[32)] 프로세스의 효율화와 투명성 제고를 위해 개발된 디지털 물류 플랫폼이다. 머스크는 플랫폼 개발 이전 100여 개 중소형 화주들이 겪고 있는 어려움을 사전에 조사하여, 유용한 플랫폼을 구축하였다. 주요 목표 고객은 중소형 화주로서, 머스크뿐만 아

니라 타 선사의 예약도 가능하며, 기존 제3자(3PL) 물류업체에서 운영하는 물류
서비스 플랫폼과 기능이 유사하다. 코로나19 이후 공급망 관리에 있어서 정시성
과 가시성이 중요해 짐에 따라 머스크 플로우에 이러한 기능을 추가했다.[33]

2) MSC의 인스턴트 쿼트(Instant Quote)

스위스 선사 MSC는 2021년 7월 온라인 운임 견적과 선박예약 플랫폼 인스
턴트 쿼트를 도입하였다. 화주들은 이 플랫폼을 통해 거의 실시간으로 운임 견
적을 받을 수 있으며, 이 견적을 근거로 바로 예약과 확약까지 가능하다. 고객
요구를 반영하여 해상운임뿐만 아니라 내륙운송 운임 견적도 가능하며, 아시아
발 북유럽향 노선에서 시험 운영 후 확대 적용하여 현재 600개 항만에 대한 운
임정보가 제공된다. 한편 부가서비스(보험, 통관, 대출 등)는 현지 파트너사와의
연계로 경쟁력 있는 문전수송서비스(door to door service)를 제공하고 있다.[34]

3) CMA CGM의 이솔루션(eSolution)

프랑스 선사 CMA CGM은 2019년 4월 디지털 서비스 플랫폼인 이솔루션을
도입하여 운임견적, 전자선하증권(e-BL), 온라인 화물추적(e-Tracking), 온라인
결제(e-Payment) 등의 서비스를 제공하고 있다. 유럽 및 미주 지역 해상 및 육
상 운임 조회 및 서비스가 가능하다.[35]

CMA CGM은 다양한 디지털 솔루션을 개발하고 출시해 왔으며, 새로운 기
능 개발을 확대할 예정이다. 우선 고객이 자신의 요율 및 현물 견적에 실시간으
로 접근할 수 있는 e-프라이싱(ePricing), 자동 예약과 예약 변경 기능의 e-부킹
(eBooking), 완전 디지털 선하증권 e-B/L(eBill of Lading), 바다 위의 고객 화물 위
치 시각화 e-트레킹(eTracking), 화물 송장 온라인 결제 e-페이먼트(ePayment),
시뮬레이션을 통한 실시간 비용 추정 e-차지(eCharges) 등이 그것이다.[36]

4) 코스코(COSCO)의 신콘 허브(Syncon Hub)

중국 국영선사 COSCO는 "지능형 해운생태계 구축(Building an Intelligent Shipping Ecosystem)"이라는 기조 아래 해운, 물류, 항만 등 서비스 분야에 IT 기술을 접목하여 블록체인, 사물인터넷, 전자상거래 핀테크(fintech) 등에 참여하고 있다. 2021년 신콘 허브(Syncon Hub) 플랫폼을 구축하여 말레이시아, 필리핀, 싱가포르, 인도네시아, 파키스탄, 인도 등 6개국에 서비스를 제공하기 시작했다. 신콘 허브는 고품질의 전자상거래 서비스를 제공하는 것은 물론, 실시간 스케줄 조회, 즉석 예약, 온라인 결제 등 편리한 원스톱 서비스를 제공하고 있다. 부가 서비스는 자회사인 코스코 로지스틱스(COSCO Logistics)를 통해 포장이사, LCL 등의 서비스도 제공하고 있다.[37]

5) 하팍로이드(Hapag-Lloyd)의 퀵 쿼트(Quick Quote)

독일 선사 하팍로이드는 2018년 8월 '퀵 커트'라는 디지털 플랫폼을 개설하여, 미주 및 유럽 지역을 대상으로 해상 및 육상 운송 운임견적, 컨테이너 종류별 유연한 서비스를 제공하고 있다. 주요 특징으로는 ① 광범위한 서비스 제공(전 세계 140개 이상의 서비스와 600개 항만), ② 다중 견적(다중 항로 기능을 사용하여 한 번에 최대 10개의 컨테이너 운임을 제공), ③ 유연한 운송(항만간, 문전수송 또는 필요한 조합 선택), ④ 조정 가능한 유효 날짜(유효 기간 옵션을 사용), ⑤ 이메일 보내기(본인, 동료 또는 고객에게 이메일 사본 송부), ⑥ 손쉬운 관리('나의 견적' 서비스를 통해 모든 견적에 접근) 등이다.[38]

6) 에버그린(Evergreen)의 그린 엑스(Green X)

대만 선사 에버그린 라인(Evergreen Line)은 고객에게 기본적인 예약 기능을 제공하고 통합 무역 서비스에 쉽게 접근할 수 있도록 설계된 새로운 디지털 플랫폼인 '그린 엑스'를 출시했다. 에버그린 라인은 대면 접촉 없이 온라인을 통해 안전하고 신속한 선박예약솔루션을 제공하는 것을 목표로 하였다. 2020년 1월 첫 출시 후 2020년 3월까지 약 2,000여 기업이 가입하였으며 이 수치는 화주들이 예약과 서비스의 디지털 전환에 높은 관심이 있음을 보여주고 있다. 또한, 그린 엑스는 고객이 운임 지불 업무 및 선하증권 제출 등을 하나의 단일 디지털 플랫폼에서 제공하고 있다. 에버그린 라인은 아시아에서 북미, 유럽, 지중해, 라틴 아메리카, 중동, 호주, 남아프리카 및 인트라 아시아에 이르는 노선에 그린 엑스 서비스를 확대할 것이라고 밝혔다.[39]

7) 짐(ZIM)의 이지 쿼트(eZ Quote)

2020년 6월 이스라엘 선사 짐(ZIM)은 머스크, 하팍로이드, CMA CGM 및 에버그린과 함께 자사 웹사이트를 통해 실시간 예약 서비스를 제공하는 플랫폼을 출시했다. '이지 쿼트'라고 명명된 새로운 디지털 솔루션을 통해 화물선적을 포함하여 즉각적인 현물운임 견적과 예약이 가능하다. 향후 전 세계를 대상으로 하는 해운 플랫폼으로 확대할 예정이다. 짐(ZIM)의 글로벌 고객 서비스 담당 부사장인 아사프 타이란(Assaf Tiran)은 "이지 쿼트는 온라인으로 항공편이나 기타 서비스를 예약하는 것처럼 운임견적 및 선박예약을 손쉽게 만드는 것을 목표로 한다. 고객은 적시 배송과 함께 우선 예약 확인, 적재 보장의 혜택을 받을 것이다"라고 언급했다.[40]

section 04 디지털 해운물류 스타트업

1 디지털 해운물류 스타트업의 개념

해운물류분야에 있어 운송 프로세스별 이용 가능한 디지털 기술을 제공하는 다양한 스타트업들이 있다. 공급사슬 및 물류분야의 스타트업들은 화물 운송에서 공급사슬 추적, 라스트 마일 배송에 이르기까지 다양한 영역에서 혁신을 일으키고 있다. 여기서는 해운물류분야에서 등장하고 있는 다양한 유형의 스타트업들을 살펴보고자 한다.41)

① 디지털 해상화물 운송(Digital Freight Shipping) 관련 스타트업이다. 이 범주의 회사는 특히 해상화물 운송 프로세스를 디지털화한다. 대표적으로 플렉스포트(Flexport) 및 아이컨테이너스(iContainers)와 같은 스타트업은 데이터 및 소프트웨어를 활용하여 고객을 위한 종단간(end-to-end) 화물 운송 프로세스를 관리함으로써 기존 포워더를 대체하는 것을 목표로 하는 디지털 포워더이다. 한편 플레이토스(Freightos)와 같은 범주의 회사는 화물 운송에 참여하는 다양한 주체들에게 온라인 화물견적 마켓플레이스(marketplace)의 역할을 한다.

② 센서 및 자산 태깅(Sensors & Asset Tagging) 관련 스타트업이다. 이 범주는 물류 회사를 위한 칩, 센서 및 전자태그(RFID) 기술을 개발하는 기업이다. 여기에는 인공지능 기반 소프트웨어 및 사물인터넷 기술을 활용하여 물류 프로세스에 있는 차량과 같은 자산을 추적하는 미국의 C3IoT(총 자본금 2억 4,300만 달

러) 스타트업이 포함된다.

③ 재고관리(Inventory Management) 관련 스타트업이다. 넥스테일 랩(Nextail Labs)과 같은 스타트업은 소프트웨어를 활용하여 패스트 패션(fast fashion) 분야의 소매업체를 위한 재고 할당을 최적화한다.

④ 블록체인(Blockchain) 관련 스타트업이다. 이 범주의 스타트업은 블록체인 분산 원장 기술을 사용하여 공급사슬에 보다 나은 가시성과 보안을 제공한다. 여기에는 더 큰 공급망 생태계를 위한 안전한 해상운송 스마트 계약을 제공하는 것을 목표로 하는 쉽체인(ShipChain)과 소매업체가 블록체인을 사용하여 상품의 이력을 추적하여 공급사슬 투명성을 높이는 데 도움이 되는 프로비넌스(Provenance)와 같은 회사가 포함된다.

⑤ 식품 공급망(Food Supply Chain) 관련 스타트업이다. 이 범주에는 글로벌 식품 공급망의 효율성을 높이기 위한 회사들이 있다. 예를 들어 2012년 빌 앤 멜린다 게이츠 재단(Bill and Melinda Gates Foundation)의 지원으로 설립된 미국의 어필 사이언스(Apeel Sciences)는 먹을 수 있는 코팅제를 야채와 과일 포장용기로 활용하여 기존보다 더 오래 신선도를 유지하도록 한다. 이러한 코팅제는 농장에서 버려지는 야채나 과일의 껍질과 씨 등에서 추출한 100% 식물성 물질을 사용하여 만들며, 무색, 무취, 무미의 특성을 가지고 있어서 소비자들이 섭취하는 데 아무런 문제가 없다. 식용 코팅제로 과일과 야채를 코팅처리함으로써 유통기한을 두 배로 늘려 음식물 쓰레기와 포장재를 최소화한다. 코스트코는 2018년 6월부터 어필 사이언스 제품으로 코팅한 아보카도를 판매하기 시작했다.

⑥ 공급망 및 물류 분석(Supply Chain & Logistics Analytics) 관련 스타트업이다. 클리어 메탈(ClearMetal)과 같은 스타트업은 물류 및 운송 프로세스에 인공지능 기반 분석을 제공한다. 클리어 메탈을 이용하면 전 세계를 이동하는 선적 화물을 추적할 수 있으므로 고객은 가장 안정적인 서비스를 제공할 운송업체를 선정하여 화물 지연 위험을 회피할 수 있다.

⑦ 트럭 운송 시장 및 차량 관리(Trucking Marketplace & Fleet Management)

관련 스타트업이다. 카고매틱(Cargomatic)사는 화주와 트럭 운송업체를 실시간 온라인으로 연결하여 트럭 운송 예약을 더 편리하게 하는 서비스를 제공한다.

⑧ 창고(Warehousing) 관련 스타트업이다. 이 범주의 여러 스타트업들은 마이크로 풀필먼트(micro-fulfillment)에 초점을 맞추고 있다. 커먼센스 로보틱스(Commonsense Robotics)는 보다 효율적인 라스트마일 배송을 위해 밀집된 도시 지역에 위치한 작은 창고인 마이크로 풀필먼트 센터에서 작동할 수 있는 로봇을 만든다.

⑨ 전사적 자원 계획(Enterprise Resource Planning) 관련 스타트업이다. 이 분야의 스타트업은 소싱, 조달, 생산 및 자원 할당에 대한 가시성을 제공한다. 인포르(Infor)와 같은 스타트업이 이 분야를 주도하고 있다.

⑩ 전자상거래 물류(E-Commerce Logistics) 관련 스타트업이다. 이 범주의 회사는 중소기업 수준의 전자상거래 비즈니스에 물류 및 배송 솔루션을 제공한다. 여기에는 쉽밥(ShipBob) 및 브링(Bringg)과 같은 신생 기업이 포함된다.

⑪ 자율주행 트럭(Autonomous Trucking) 관련 스타트업이다. 우버(Uber)가 최근 자율주행 트럭 부문을 폐쇄했지만 자율주행 트럭 스타트업이 계속해서 주목을 받고 있다. 가장 최근에는 자율주행 장거리 트럭 스타트업인 코디악 로보틱스(Kodiak Robotics)가 라이트스피드 벤처 파트너스(Lightspeed Venture Partners)를 비롯한 투자자들로부터 4천만 달러 규모의 시리즈 A 투자[42]를 유치했다.

⑫ 라스트 마일 AV 및 드론(Last-Mile AV & Drones) 관련 스타트업이다. 이 분야에는 자율주행차량 스타트업인 우델브(Udelv) 또는 드론 기술을 활용하는 집플라인(Zipline) 등이 있으며, 이들은 각각의 기술을 활용하여 라스트 마일 배송의 효율성을 높이고 있다.

⑬ 라스트 마일 배송 서비스(Last-Mile Delivery Services) 관련 스타트업이다. 이 범주에는 종종 운전사와 배송 직원을 통해 소매업체에 라스트 마일 배송 서비스를 제공하는 회사가 포함된다. 포스트메이트(Postmates)와 델리브(Deliv)와 같은 잘 알려진 스타트업이 이 범주에 속한다.

이하에서는 해운분야와 관련이 많은 디지털 화물 운송(Digital Freight Shipping) 스타트업을 중심으로 살펴보고자 한다.

그림 4-5 해운물류분야 스타트업

구분	주요 스타트업	구분	주요 스타트업
디지털 화물 운송	FLEXPORT, FREIGHT HUB, iContainers, FLEET, Shippabo, FREIGHTOS, XENETA, NYSHEX, cogoport, INTTRA, FREIGHTWAVES, CoLoadX	트럭 운송 시장 및 차량 관리	uShip, INSTAFREIGHT, RIVIGO, EVEROAD, G7, Manbang Group, BLACKBUCK, vnomics, CARGO CHIEF, cargomatic, TRANSFIX, KEEPTRUCKIN, 福佑卡车, Peloton, FleetUp, SMARTDRIVE, Decisiv, loadsmart, CONVOY, CX CARGOX
센서 및 자산 태깅	ALIEN, Omni-ID, ioTierre, SCANDIT, savi, C3 IoT	창고관리	6 RIVER SYSTEMS, CLEARPATH, fetch, LOCUS, FLEXE, GREYORANGE, anchanto, GRAB-IT, COMMONSENSE, MAGAZINO, EXOTEC, Darkstore, Takeoff, IAM ROBOTICS, SEEGRID, FLOWSPACE
재고 관리	tradegecko, ecomdash, optoro, nextail, celect, RELEX	전사적 자원 계획	rootstock, EXOSTAR, OVERA, E2OPEN, nulogy, SIGHT MACHINE, Brightpearl, infor, IQMS, elementum, arena, LLamasoft, KATERRA
블록체인	FILAMENT, 300CUBITS, ICIX, SHIPCHAIN, PROVENANCE, FoodLogiQ, modum	전자 상거래 물류	ShipBob, delivery, shippo, LOCUS, sendle, narvar, convey, FineEx发网, CAINIAO菜鸟, Ecom Express, FarEye, Happy Returns, mandaê, bringg
식품 공급망	Clear Labs, FULL HARVEST, AgShift, bluwrap, APEEL SCIENCES	자율주행 트럭	EMBARK, S, 图森 tu Simple, Kodiak, STARSKY ROBOTICS
공급망 및 물류 분석	clearmetal, Shipamax, project44, VEKIA, riskmethods, FourKites, HAVEN	라스트 마일 AV 및 드론	zipline, MATTERNET, Flirtey, boxbot, STARSHIP, marble, udelv, nuro
라스트 마일 배송 서비스	GO-JEK, POSTMATES, 云鸟, deliv, LALAMOVE, ninja, fetchr, 达达, shadowfax, Glovo, 丰巢 HIVE BOX		

자료: https://www.cbinsights.com/research/digitizing−supply−chain−logistics−market−map/

2 디지털 해운물류 스타트업 사례

1) 플렉스포트(Flexport)[43]

DHL 및 퀴네나겔(Kuehne Nagel)과 같은 거대 물류기업들은 지난 수십 년 동안 물류분야 리더로서 확고히 자리잡아 왔지만 해운산업에 신기술이 등장함에 따라 거대한 기업 규모가 오히려 장애물이 될 수 있다. 샌프란시스코에 기반을 둔 디지털 포워딩 스타트업 플렉스포트(Flexport)는 소프트웨어 기반 인프라를 경쟁우위로 사용하여 대규모 물류기업에 도전장을 던졌다. 플렉스포트는 소프트웨어와 데이터를 사용하여 제조업체, 창고업체, 운송업체 및 글로벌 무역업체와의 협력을 통해 고객들에게 국제화물운송을 용이하게 하는 서비스를 제공한다.

신규 화물운송업체로서 시장에 참여하는 것은 높은 규제 장벽, 복잡한 물류 운영, 기존 기업과의 경쟁 등으로 인해 쉬운 일이 아니다. 그러나 실시간 가시성 및 분석 도구를 갖춘 플렉스포트의 디지털 모델은 기존의 대규모 물류기업과 차별화된다. 또한 플렉스포트는 상당한 자금을 유치한 디지털 기반 물류 스타트업 중 하나이다. 최근 창고업 및 무역 금융과 같은 자본집약적 오프라인 서비스로의 이동으로 플렉스포트는 신흥 스타트업과 차별화를 도모하고 있다. 이하에서는 플렉스포트의 자금 조달 내역, 투자자, 제품 제공, 비즈니스 이니셔티브, 주요 경쟁업체에 대한 회사의 포지션 등을 살펴본다.

(1) 자금조달

플렉스포트는 높은 수준에서 전 세계 상품의 종단간(end-to-end)운송을 지원하는 소프트웨어를 사용하여 물류 공간에서 가시성과 통제력 부족을 극복하기 위한 통합플랫폼 솔루션을 제공한다. 이 기업은 소프트웨어를 사용하여 글로벌 무역 공급망을 따라 서로 다른 당사자 간의 모든 거래를 간소화하고 화주가 화물을 실시간으로 추적할 수 있도록 한다.

플렉스포트의 창립자이자 CEO인 라이언 피터슨(Ryan Petersen)은 중국에서 공급망 분야에 2년을 종사한 후 운송 및 물류에 관심을 갖게 되었다. 그곳에서 그는 국제 상품 배송 기업이 직면한 장애물을 분석하였다. 이 같은 장애물은 흔히 국제 배송 프로세스에 참여하는 여러 당사자 간의 조정 및 의사소통 부족에서 비롯된다. 이들 당사자에는 제조업체, 트럭 운전사, 창고업체, 화물 운송업체, 운송업체, 고객 중개인, 수입업체, 수출업체 및 소매업체가 포함된다.

플렉스포트는 2014년 이후 매년 지속적으로 투자금 유치 실적을 거두고 있으며, 2017년 9월 1억 1천만 달러 시리즈 C 자금조달에 이어 2022년 9억 3,500만 달러 규모의 시리즈 E 자금조달에 성공함으로써 기업가치가 80억 달러에 달하는 것으로 평가되고 있다.[44]

(2) 투자자

플렉스포트의 투자자는 소프트뱅크, 앤드리슨 호로위츠(Andreessen Horowitz),

그림 4-6 플렉스포트의 투자자

자료: https://research−assets.cbinsights.com/2018/12/07142619/Flexport−Investors−Chart−12.6.17.png(2023.07.11. 검색).

퍼스트 라운드 캐피탈(First Round Capital), 파운더스 펀드(Founders Fund)를 비롯한 저명한 벤처 캐피탈 회사, 구글 벤처(Google Ventures) 및 블룸버그 베타(Bloomberg Beta)와 같은 벤처 기업, 유명 액셀러레이터 와이 컴비네이터(Y Combinator), 팔란티어(Palantir)의 공동 설립자인 조 론스데일(Joe Lonsdale) 및 디에스티 글로벌(DST Global)의 유리 밀너(Yuri Milner)를 포함한 유명 투자자가 포함된다.

(3) 확장사업과 영향

지금까지 총 220억 달러의 자금을 유치한 플렉스포트는 약 500명의 직원을 보유한 기업으로 성장했으며 샌프란시스코 본사 외에 뉴욕, 애틀랜타, 로스앤젤레스, 암스테르담, 홍콩, 선전 등에 진출했다. 또한 캐스퍼(Casper), 더 아니스트 컴퍼니(The Honest Company), 올버드(Allbirds), 와비 파커(Warby Parker)와 같은 유명 직접판매(direct-to-consumer: D2C) 전자상거래 신생 기업과 브릿지스톤(Bridgestone)과 같은 기존 브랜드 등을 포함하여 약 1,800개의 고객을 확보했다. 플렉스포트의 매출액은 2021년 기준 330억 달러에 달한다.

플렉스포트와 같은 디지털 포워딩기업들이 계속해서 경쟁력을 얻게 되면 화물 포워딩과 직접적으로 접촉하는 국제무역 생태계의 많은 시장참여자들(예: 제조업체, 운송업체, 소매업체 및 제조업체)에 영향을 미칠 수 있다. 따라서 디지털화로 인해 국제 해운 프로세스 내에서 투명성과 커뮤니케이션이 개선되면 궁극적으로 전체 글로벌 공급망의 효율성이 향상될 수 있다.

(4) 서비스 개요

플렉스포트는 디지털 플랫폼을 사용하여 고객이 전 세계로 화물을 배송할 때 공급망을 파악하고 제어할 수 있도록 다양한 제품과 서비스를 제공한다. 플렉스포트의 주요 서비스는 다음과 같다.

첫째, 해상/항공/육상 글로벌 포워딩 서비스가 있다. 플렉스포트는 소프트웨어 플랫폼을 통해 해상, 항공 또는 육상을 통해 화물을 국제적으로 배송하려는 화주에게 글로벌 화물 포워딩 서비스를 제공한다. 화물 운송업체는 제조업체, 창고업체, 운송업체 및 기타 글로벌 무역 업체와의 협력을 통해 화물의 국제운송을 용이하게 한다. 플렉스포트의 글로벌 포워딩 플랫폼을 사용하는 고객은 다음과 같은 효과를 기대할 수 있다. 우선 각 운송 구간에 대해 여러 경쟁력 있는 가격 견적을 받아 볼 수 있다. 또한 대시보드를 통해 실시간으로 화물 운송을 추적하고 모니터링 할 수 있으며, 공급사슬에 대한 더 나은 정보를 얻기 위한 데이터 분석 및 보고서를 받아 볼 수 있다. 아울러 플랫폼을 통한 서비스 외에도 오프라인 전담 직원이 각 고객을 위한 연락 창구 역할을 하고 있다. 그리고 해상, 항공 또는 육상을 통해 보다 원활하게 미국을 오가는 화물을 운송할 수 있도록 플렉스포트는 연방해사위원회(Federal Maritime Commission), 교통 보안국(Transportation Security Administration), 미 교통부(US Department of Transportation) 및 연방 자동차 안전국(Federal Motor Safety Administration)과 같은 조직의 라이선스와 각종 승인을 획득하였다.

둘째, 통관 중개(Customs brokerage) 서비스이다. 플렉스포트는 라이선스가 부여된 미국 통관 중개의 역할도 한다. 특히 이 기업은 소프트웨어를 사용하여 사내 통관 중개 전문가와 함께 상품이 관세 목적에 따라 올바르게 분류되었는지, 국가별 정부 기관 양식이 올바르게 작성되었는지, 미국 관세 채권이 등록되어 있는지 등의 작업을 수행한다.

셋째, 공급망(Supply chain) 서비스이다. 플렉스포트는 소프트웨어와 데이터를 고객의 광범위한 공급망 운영에 통합하는 데 도움이 되는 다양한 서비스를 제공한다. 이 서비스에는 저율 적하 보험, 화물 품질 검사, 창고 서비스와의 제휴가 포함된다. 플렉스포트는 앞으로 자체 창고 시설을 운영할 계획도 가지고 있다.

(5) 경쟁 구조

플렉스포트는 화물 포워딩 및 물류시장 내에서 크고 작은 많은 시장참여자들과의 경쟁에 직면해 있다. 첫째, 거대 물류 기업과의 경쟁이다. 플렉스포트는 자기보다 훨씬 많은 자원을 보유하고 있는 화물 포워딩 분야의 대형 업체와의 경쟁에 직면해 있다. 화물 포워딩을 제공하는 국제특송업체 DHL과 같은 회사는 플렉스포트에 비해 막대한 수익을 올리고 있다. 그러나 플렉스포트의 타고난 기술적 이점은 이러한 대형 기업과 경쟁하는 데 도움이 될 수 있다. 기존 대형 물류기업은 전통적으로 고객 데이터의 대부분을 종이에 의존하지만 플렉스포트는 고객 데이터를 분석하여 운송 경로를 최적화하고 항만 및 운송업체와 같은 컨테이너 공급망을 따라 다른 시장참여자와의 관계를 간소화하도록 서비스한다. 이를 통해 플렉스포트는 특정 글로벌 노선에서 LCL 화물(컨테이너 1개를 다 채우지 못하는 소량 화물)을 운송하기 위한 이동 시간을 5일 이내로 단축할 수 있으며 이는 잠재 고객에게 매력적이다. 그러나 대규모 경쟁자들이 다양한 기술을 탐색하기 시작하고 플렉스포트의 주요 차별화 요소를 잠식함에 따라 이들과 경쟁은 피할 수 없는 상황이다.

둘째, 다른 스타트업체들과의 경쟁이다. 프레이트허브와 같은 스타트업도 화물 포워딩에 도전하고 있지만 플렉스포트는 자금 조달 수준에서 타의 추종을 불

표 4-14 플렉스포트와 주요 경쟁 스타트업

구분	FLEXPORT	FREIGHT HUB	FREIGHTOS	XENETA	HAVEN
본사	샌프란시스코 (미국)	베를린 (독일)	이스라엘	오슬로 (노르웨이)	샌프란시스코 (미국)
최초 펀딩	2014	2016	2012	2013	2014
전체 펀딩 (2017년 기준)	2억 160만 달러	335만 달러	5,270만 달러	2,047만 달러	1,380만 달러

자료: https://research-assets.cbinsights.com/2017/12/06184103/Flexport-vs-other-logistics-startups.png (2023.07.11. 검색)

허한다. 게다가 물류시장에서 다른 스타트업들은 화물 포워딩 및 국제 해운 프로세스의 특정 부분만 디지털화하고 있다. 특히 프레이토스(Freightos), 제네타(Xeneta) 및 하펜(Haven)과 같은 스타트업들은 포워더로서 역할을 하기보다는 기존 포워더들과 협력하여 서비스를 제공하는 구조이다. 프레이토스(Freightos)는 다양한 화물 포워더의 가격 견적을 보여주는 온라인 화물 마켓플레이스를 제공한다. 제네타(Xeneta)는 화물 운송업체가 가격을 더 잘 조정할 수 있도록 화물 가격 비교 플랫폼을 제공한다. 하펜(Haven)은 해운기업과 포워더를 연결하는 클라우드 기반 운송관리 시스템을 제공한다. 반면 플렉스포트는 광범위한 관련 서비스를 제공하는 풀 서비스 디지털 포워더 역할을 수행한다.

2) 포르토(Forto)

(1) 개요

포르토(Forto)의 목표는 매우 투명하고 지속가능한 디지털 공급망을 제공하는 것이다. 2016년 프레이트허브(FreightHub)로 출발한 포르토는 2020년 4월 현

그림 4-7 포르토의 네트워크

자료: https://forto.com/en/about-us/(2023.07.11. 검색)

재 이름으로 개명하였다. 그 이후로 회사는 유럽과 아시아 전역으로 입지를 확장하여 패션 및 가구에서 전자제품에 이르기까지 주요 브랜드에 글로벌 서비스를 제공하고 있다.

(2) 주요 기술과 서비스

포르토가 제공하는 주요 기술과 서비스는 다음과 같다.

첫째, 웹기반 패스트 트랙(Web−based fast track) 플랫폼 기술이다. 다양한 운송 옵션을 항목별 배송 가격과 함께 실시간으로 제공하고 클릭 몇 번으로 온라인 예약서비스를 가능케 한다. 포르토 운영팀과 대화할 수 있는 플랫폼 내 메시지뿐만 아니라 맞춤형 알림을 통해 플랫폼이나 개별 수신함에서 직접 모니터링이 가능하다. 모든 상업 문서와 송장을 연중무휴의 디지털 방식으로 관리하여 필요할 때 언제든지 사용할 수 있으며, 이를 통해 과거의 운송작업 검토와 미래 운송작업의 최적화가 가능하다. 이는 사용자의 분석 및 보고에 도움을 주어 더

그림 4-8 포르토의 웹기반 패스트 트랙 플랫폼

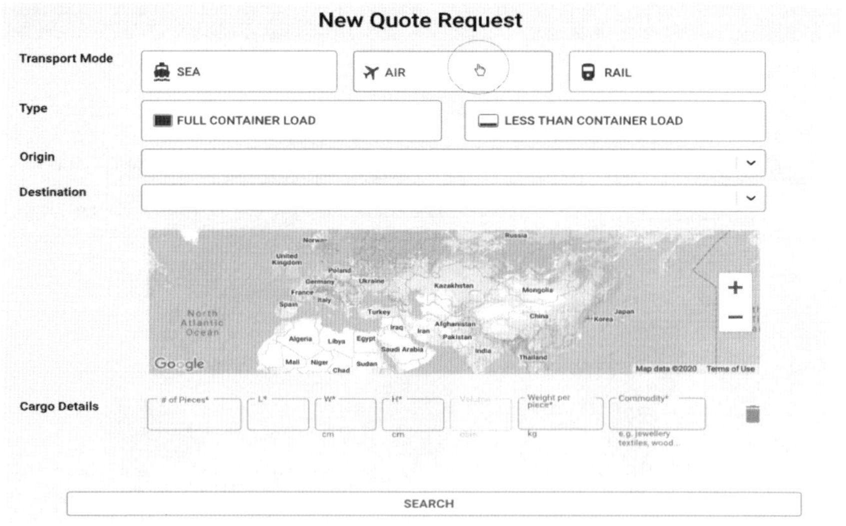

자료: https://forto.com/en/platform/(2023.07.11. 검색)

표 4-15 포르토 실시간 화물추적시스템의 솔루션

구분	주요 질의사항	솔루션
예약 시	계획된 운송을 위해 화물이 준비되었는가?	화물 준비 날짜를 마지막 순간에 변경하면 운송 문제 및 지연이 발생할 수 있다. 포르토의 알림은 공급업체의 화물 준비 변경 사항을 알려주고 필요할 때 위험을 완화하고 신속하게 재계획하는 데 도움이 된다.
운송 중	메인 선박이 정시에 출발하고 도착하는가?	메인 운송은 운송 시간과 비용에 매우 중요한 요소이다. 포르토의 스마트 알림은 잠재적 및 실제 항만 지연과 환적에 대한 완전한 가시성을 제공하므로 무슨 일이 일어나고 있고 다음에 무엇을 해야 하는지 정확히 알 수 있다.
목적지에서	컨테이너가 정시에 출발하여 항만으로 돌아오는가?	체선료(Demurrage) 및 반환지연료(detention charges)는 추가 비용이다. 컨테이너를 모니터링하고 위험을 완화하며 추가 비용을 피하는 데 도움이 되는 날짜, 선적 상태 및 요금에 대한 최신 정보를 제공한다.

자료: https://explore.forto.com/moments−of−truth#demo(2023.07.11. 검색)

나은 의사결정을 내릴 수 있는 수단으로 활용된다. 아울러 물류 운영을 위한 기술 솔루션도 개발하여, 온라인 플랫폼을 제공하는 데 그치지 않고, 고객이 선택한 시스템을 통해 새로 포르토의 기술이 접목된 기능을 활용할 수 있게 한다.

둘째, 실시간 화물추적시스템인 '포르토 진실의 순간(Forto Moments of Truth)'이란 서비스를 제공한다. 이는 고품질 데이터와 최신 데이터 처리 기술을 사용하여 배송 상태에 대한 통찰력을 제공하는 가시성 솔루션이다. 포르토는 광범위하고 사용자가 정의 가능한 알림을 통해 모든 단계에서 화물을 관리하고 글로벌 차원에서 화물 이동을 추적한다.

셋째, 시스템 연결 및 통합서비스이다. 비즈니스 모델에 맞는 시스템 통합서비스는 공용 API 또는 사용자 정의 교환을 통한 표준 통합을 제공하여 일상적인 물류 작업을 더 쉽게 만든다.

한편 포르토의 주요 서비스는 해상운송, LCL, 항공화물, 철도화물 등 모든 운송수단과 관련한 서비스를 제공하며, 통관 중개, 보험, 사전 예약 및 운송 등의 물류 서비스를 제공하고 있다. 아울러 머스크는 포르토에 투자하여, 머스크 스팟(Maersk Spot)과 통합서비스를 제공하는 등 상호 협력의 기회를 모색하고 있다.

3) 아이컨테이너스(iContainers)

아이컨테이너스는 화주가 글로벌 무역 환경에 쉽게 접근할 수 있도록 최적화된 온라인 물류 플랫폼이다. 이것은 국제 화물 운송 서비스를 디지털화하여 글로벌 물류를 간소화하고 무역을 촉진하는 것이 목표이며, 주요 서비스는 다음과 같다.

첫째, 아이컨테이너스 LTL 배송 서비스이다. LTL(Less than Truckload)라는 이름에서 알 수 있듯이 전체 트레일러를 다 채우지 못하는 소량화물의 내륙운송을 목표로 하는 화물운송 서비스이다. 따라서 전체 트레일러 공간을 다른 화주의 상품과 공유되기 때문에 화주는 자신의 화물이 차지하는 트럭 부분에 대해서만 비용을 지불한다. 이 방법은 운송비용을 줄이고 픽업과 운송을 동시에 수행한다.

둘째, 아이컨테이너스 해상운송 서비스이다. 먼저 온라인 검색, 견적 비교 및 예약이 가능하다. 몇 초 만에 25만 개 이상의 해상 화물 운송 견적을 검색하고 최종 가격에 대한 자세한 분석을 받을 수 있다. 또한 간편하게 예약 관리가 가능하다. 모든 장치에서 온라인으로 해상 화물 발송물을 처리하여 서류 작업에 필요한 시간을 줄일 수 있다. 다음으로 연중무휴 24시간 해상 화물 추적이 가능하다. 운송업체와 관계없이 모든 예약을 하나의 보기에서 추적하고 배송 상태가 변경되면 즉시 알림을 받을 수 있다. 이외에도 해외이사 서비스를 제공하고 있다.

한편 2022년 4월 어질러티(Agility)는 자사의 디지털 화물 포워딩 부문인 두바이 기반 쉬파 프레이트(Shipa Freight)가 바르셀로나 소재 온라인 화물 플랫폼인 아이컨테이너스와 합병할 것이라고 발표했다. 어질러티는 이 회사가 전 세계 온라인 화물 포워딩 플랫폼 상위 5위 중 하나가 될 것이라고 강조하고 있다.[45]

4) 프레이토스(Freightos)[46]

(1) 개요

프레이토스 그룹(Freightos Group) 사업부(Freightos.com, WebCargo 및 Freightos Data)는 획기적인 기술과 데이터를 기반으로 다수의 글로벌 물류 제공업체, 수입업체, 항공사, 원양 정기선사 및 선도적인 기술 업체를 회원으로 두고 플랫폼을 통해 서비스를 제공한다. 즉 디지털 포워더라기보다는 다수의 물류참여자들이 거래를 효율적으로 할 수 있도록 플랫폼을 운영하는 디지털 해운시장 조성자에 가깝다고 할 수 있다.

프레이토스는 2012년 1월 설립되었으며, 조달자본규모는 1억 2천만 달러 이상이다. 투자자는 알레프 벤처캐피탈(Aleph VC), 아녹스캐피탈(Annox Capital), 골드 라이온 홀딩스 리미티드(Gold Lion Holdings Limited), 머스크 토이(Master(HK) Toys), MSR 캐피탈(MSR Capital), 사다라 벤처(Sadara Ventures), 싱가포르 거래소(Singapore Exchange) 등이며, 미국, 유럽, 아시아 및 중동에 걸쳐 6개 해외 사무소를 가지고 있다. 주요 고객은 시스코 푸드(Sysco Foods), 알리바바(Alibaba)와 같은 글로벌 소매유통기업들을 비롯하여 약 12,000개 이상의 기업들에게 화물 자동화를 지원하고 있다. 가장 혁신적인 10대 기업 'Fast Company'에 선정된 바 있다.[47]

(2) 서비스의 특징[48]

프레이토스(Freightos) 서비스의 특징을 기존의 디지털 포워더인 아이컨테이너스(iContainers)와 비교하면 다음과 같다. 프레이토스는 디지털 공간에서 수출입 화주가 예약 및 운송을 관리할 수 있는 글로벌 디지털 시장(Digital marketplace)이라 할 수 있다. 즉 이 플랫폼은 화물 운송업체 요금을 디지털화하여 수입업체와 수출업체가 운송경로 및 가격 옵션의 비교를 통해 즉시 예약과 운송관리가 가능하도록 한다. 이에 반해 아이컨테이너는 해상 화물 및 LTL(Less Than Truckload)을 배송하고 국제 이동 서비스도 제공하는 디지털 화물 운송업체이다.

화주는 여러 포워더와 거래하더라도 포워더 수에 관계없이 하나의 간편한 플랫폼을 통해 결제, 배송 추적, 문서 및 통관 중개를 관리할 수 있다. 이에 따라 수입업체 및 수출업체는 시간과 비용을 절약하게 된다. 즉 프레이토스에서는 예약 시 수십 개의 포워더가 제공하는 요금 및 운송경로 옵션 중 선택이 가능하나, 아이컨테이너를 사용하면 아이컨테이너 요금과 서비스만 이용할 수 있다. 프레이토스는 포워더에 대한 직접 연결을 지원하는 한편, 보다 투명한 시장 요율, 포워더 전반의 다양한 전문 지식 정보 등을 프레이토스 내부 지원팀과 포워더간에 쉽게 이용할 수 있도록 한다.

한편 프레이토스는 코고포트(Cogoport)와도 차이가 있다. 코고포트는 주로 인도지역 기반 FCL 배송에 중점을 둔 화물 시장이다. 이 플랫폼은 운임정보를 제공하고 수입업체와 수출업체가 선적을 비교, 예약 및 관리할 수 있도록 한다.[49] 그리고 플레이토스는 콘보이(Convoy)와도 서비스의 차이가 있다. 콘보이는 미국에서 트럭 운송 서비스를 제공하는 디지털 화물 네트워크이다. 이에 따

표 4-16 아이컨테이너스와 프레이토스 비교

구분	아이컨테이너스	프레이토스
화물운송업체 여부	○	×
시장 여부	×	○
다른 공급업체의 화물 견적 비교	×	○
공급자 변경의 용이성	×	○
통관예약	○	○
운송 추적	○	○
고객지원	○	○
모든 운송 모드 사용 여부	○	○

자료: https://www.freightos.com/should−i−ship−with−freightos−or−icontainers/(2023.07. 11. 검색)

라 콘보이가 미국 내 트럭운송에 강점이 있기는 하나 국제물류 측면에서는 플레이토스에 뒤진다고 할 수 있다.[50]

5) 제네타(Xeneta)

(1) 개요

제네타의 운임 벤치마킹 및 시장 분석 플랫폼은 실시간 주문형 해상 및 항공 운임 데이터를 제공한다. 제네타는 화주로부터 얻은 데이터를 가공해 실시간으로 적정운임을 제공해 주는 플랫폼이다. 먼저 제네타 플랫폼에 등록된 화주들로부터 운송관련 정보를 실시간으로 받는다. 이 방대한 정보를 출발항과 도착항, 컨테이너의 종류, 계약기간 등으로 세분화해서 지표를 설정한다. 관련 서비스를 원하는 화주들은 필요할 때 이 지표들을 활용하여 선사와 협상할 수 있게 된다. 제네타는 해운산업의 고질적인 문제점을 해결하기 위해 디지털 플랫폼을 통해 정기선 운임의 투명성을 높여가고 있다.

제네타는 운송 및 물류 산업을 변화시키는 선도적인 해상 운임 및 시장분석 플랫폼으로 정기선 해운 이해 관계자에게 현재 및 과거 시장 행동을 이해하는 데 필요한 데이터를 제공한다. 즉, 장단기 계약에 대한 시장 평균 및 등락 움직임을 실시간으로 보고한다. 제네타의 데이터는 2억 8천만 개 이상의 계약 컨테이너 및 항공 운임으로 구성되어 있으며 16만 개 이상의 글로벌 무역로를 포함한다. 고객으로는 제너럴 밀스(General Mills), 볼보(Volvo), 존 디어(John Deere), 아메르 스포츠(Amer Sports), 로크웰 오토메이션(Rockwell Automation), CEVA 로지스틱스(CEVA Logistics), ABB, 일렉트로룩스(Electrolux), 콘티넨탈(Continental), 유니레버(Unilever), 네슬레(Nestle), 로레알(L'Oréal), 티센크루프(Thyssenkrupp) 등이 있다. 이들은 제네타에 의존하여 운임에 영향을 미치는 시장요인에 대해 더 나은 가시성을 확보하여 공급망 중단을 최소화할 수 있다. 제네타는 노르웨이 오슬로에 본사가 있고 뉴저지와 함부르크에 지역 사무소가 있는 비상장 회사이다.[51]

(2) 서비스

제네타의 서비스는 화주와 운송업체 모두에게 제공된다.

첫째, 플랫폼이다. 이는 실시간 요금 및 공급(운송서비스) 데이터로 화주를 지원한다.

둘째, 제네타 오션 애널리틱스(Xeneta Ocean Analytics)서비스이다. 화물 계약을 개선하기 위한 첫 번째 단계는 시장과 관련된 위치를 이해하는 것이다. 이를 위해 시장의 정보를 제공한다. 또한 제네타는 개별 공급업체별로 업로드된 데이터를 구성할 수 있으므로 최고 및 최저 실적 공급업체를 식별할 수 있도록 정보를 제공한다. 따라서 제네타를 사용하면 계약 기간에 따라 손익 시나리오를 탐색할 수 있다.

셋째, 제네타 오션 인텔리전스(Xeneta Ocean Intelligence) 서비스이다. 화주가 해상 화물 시장을 실시간으로 모니터링하는 능동적 방법이다. 이를 통해 다양한 서비스를 이용할 수 있다. 16만 개 이상의 항만에 대해 3억 개 이상의 해상 운임을 이용할 수 있고, 20피트 및 40피트 표준 컨테이너, 20피트 및 40피트 냉동 컨테이너 및 40피트 하이큐빅 컨테이너에 대한 운임 시장 정보, 실제 단기 및 계약 시장 요율과 운임의 전체 비교, 회사의 오프라인 비율 분석을 가능하게 하는 데이터 내보내기 기능, 혼잡, 유류 및 성수기 추가 요금에 대한 추가 요금 데이터 등을 이용할 수 있다. 제테나 오션 인텔리전스를 사용하면 규제 변경 또는 거시 경제 이벤트로 인한 단기 시장의 갑작스러운 움직임을 확인할 수 있다. 즉 새로운 장기 계약에 대한 요금이 높아지는 것과 같은 잠재적인 위험을 예측할 수 있다.

넷째, 항공 화물용 제네타 서비스이다. 항공 운임 및 동적 적재율 데이터 소스를 제공한다. 장단기 요금 선택, 계약기간, 가격, 그리고 공급 및 수요 동향 제공과 모니터링이 가능하다.

다섯째, 제네타 API 서비스이다. 전체 작업흐름을 통해 해상 및 항공 화물

시장 데이터를 통합 제공한다. 3억 개의 운임 및 기타 시장 데이터를 비즈니스 시스템에 원활하게 통합하여 필요할 때 언제 어디서든 시장 정보 추출이 가능하다. 또한 분석, 입찰, 재무, 견적 또는 가격 책정 시스템에 데이터를 제공하여 단일 플랫폼 내에서 다양한 데이터 소스와의 통합분석을 통해 보다 심층적인 시장정보를 얻을 수 있다.

3 디지털 해운물류 스타트업의 미래

디지털 해운물류분야의 스타트업은 해운 및 물류의 운송시스템과 거래시스템 등이 변화하면서 새롭게 각광받는 분야로 부상하고 있다. 그러나 이러한 변화에 영향을 미치는 외부적인 환경요인들은 다음과 같다.

첫째, 스타트업이 활성화될 수 있는 산업환경이 중요하다. 스타트업 친화적인 산업환경으로의 변화는 다양한 규제개선이 전제되어야 한다.

둘째, 스타트업은 초기 자본의 확보가 중요하다. 이는 기업의 성공요인이기도 한데, 자본시장 내에서 초기 자본의 확보가 용이하도록 하는 투자 환경이 조성되어야 한다.

셋째, 기존 산업과 차별화하려는 노력이 요구된다. 디지털 전환은 비즈니스 방식에 상당한 변화를 초래할 수 있으므로 이에 대한 산업계의 적극적인 대응과 노력이 필요하다.

스타트업의 성공요인은 빌 그로스(Bill Gross)의 TED강연에 잘 나타난다.[52] 빌 그로스는 1958년생 비즈니스맨으로 오디오 장비 제조업체인 GNP 라우드스피커(GNP Loudspeakers) 등을 비롯해 100여 개의 회사를 창업하고 경영했다. 그 과정에서 많은 실패를 경험했으며, 이러한 실패 과정에서 얻은 교훈을 바탕으로 스타트업의 성공 요인을 연구했다. 현재 아이디어랩(Idealab)의 대표 및 이사회 의장을 맡고 있는 그는 스타트업 성공의 요소로 아이디어(Idea), 팀(Team),

비즈니스 모델(Business Model), 자금조달(Funding), 타이밍(Timing) 등 5가지를 지적한다.

　　해운물류 분야에서 스타트업이 활성화되고, 비즈니스의 혁신과 가치 창출이 이루어지기 위해서는 적절한 환경조성과 기업들의 적극적인 노력이 요구된다.

section 05 디지털 해운금융

1 디지털 해운금융의 개념

디지털 해운금융은 해운기업이 자금조달시 디지털 수단을 활용하는 것을 의미한다. 최근 선박금융의 수단으로 블록체인 기술을 활용한 토큰 증권(Security Token)이 거론되고 있다.[53] 토큰 증권은 가상자산인 암호화폐를 제도권에서 규제가 가능하도록 규율하고, 투자자 보호를 강화하기 위한 것[54]으로 아직까지 일반적인 자본조달 수단이라고 할 수는 없다. 그러나 홍콩의 컨설팅회사 퀸란어소시에이츠(Quinlan & Associates)에 따르면, 향후 10년 내 자본시장에서 자금조달의 수단으로써 토큰 증권의 성장 잠재력이 매우 커 2030년에는 총 증권 발행량의 27.4%가 토큰 증권 시장으로 전환되어 4조 1천억 달러에 달할 것으로 전망된다.[55] 토큰 증권은 하루 24시간 시장 접근이 가능하고 향상된 유동성을 제공하기 때문에 2030년에는 토큰 증권의 거래량이 162조 7,000억 달러에 달할 것으로 전망되고 있다.[56]

아울러 우리나라에서는 2023년 2월 금융위원회에서「토큰 증권 발행·유통 규율체계 정비방안」이라는 가이드라인이 제시되면서 국내에서도 토큰 증권을 활용한 선박금융의 활용 가능성이 제기되고 있다.[57]

블록체인 기술과 가상통화를 기반으로 투자자금을 모집하는 활동으로는 가상화폐공개(Initial Coin Offering: ICO)가 있다.[58] 가상화폐공개의 자금모집 주체

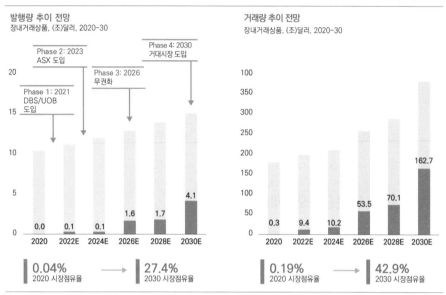

그림 4-9 토큰 증권 시장의 규모 추이와 전망(2020-2030년)

발행량 추이 전망
장내거래상품, (조)달러, 2020-30

Phase 1: 2021 DBS/UOB 도입
Phase 2: 2023 ASX 도입
Phase 3: 2026 무권화
Phase 4: 2030 거대시장 도입

2020: 0.0
2022E: 0.1
2024E: 0.1
2026E: 1.6
2028E: 1.7
2030E: 4.1

0.04% 2020 시장점유율 → 27.4% 2030 시장점유율

거래량 추이 전망
장내거래상품, (조)달러, 2020-30

2020: 0.3
2022E: 9.4
2024E: 10.2
2026E: 53.5
2028E: 70.1
2030E: 162.7

0.19% 2020 시장점유율 → 42.9% 2030 시장점유율

주: DBS, UOB는 싱가포르 은행, ASX는 호주 증권거래소
자료: Quinlan & Associates, *Cracking the Code: The evolution of digital assets to the mainstream*, 2021, p.47.

는 대부분 스타트업으로, 프로젝트 자금을 모집하는데 활용하고 있다. 가상화폐공개의 토큰 발행자는 일정기간 동안 공개적으로 자체 개발한 토큰[59]을 비트코인이나 이더리움 등의 다른 가상화폐나 법정통화 등과 임의의 비율로 교환할 수 있다.

가상화폐공개는 자금모집 주체의 입장에서 기존의 자금조달 방법들에 비해 진입장벽이 낮고 효율성이 높아 초기 창업자들이 선호한다. 중개기관 없이 회사 홈페이지 등 온라인 플랫폼을 통해 홍보와 자금 모집이 진행되기 때문에 크라우드펀딩, 벤처캐피탈, 기업공개(IPO) 등에 비해 조달비용이 적고, 진입장벽이 낮다. 그리고 규제 없이 단기간에 다수의 국내외 투자자들로부터 대규모 자금조달이 가능하다는 장점이 있다. 초기에는 규제·감독이 전혀 이루어지지 않았으나 최근에는 일부 규제가 적용되고 있다. 또한 투자자(참여자)의 입장에서는 간소화된 투자 방식, 혁신적인 활동에의 참여, 단기간 고수익 가능 등의 장점이 있다.

그러나 정보 비대칭 문제, 사기행위(스캠) 증가 등 리스크 수준이 상당히 높다는 단점도 있다. 토큰 발행 관련 규제와 감독시스템의 미비로 인해 범죄에 악용될 소지가 높으며, 관련 규제의 마련과 적용도 용이하지 않고, 토큰 증권(STO)을 제외한 대부분의 토큰 발행에 대한 규제 부재와 투자자 보호 장치도 없다는 한계가 있다.[60]

이에 따라 각국의 감독당국에서 가상화폐공개의 발행 및 투자자 보호 등과 관련하여 기존 증권 규제와 비슷한 수준의 규제강화 움직임이 보이자, 2018년 중반을 기점으로 가상화폐공개의 발행량과 발행 건수 모두 감소하였으며, 2019년 이후 가상화폐공개 방식의 자금조달 방법은 거의 사라지게 되었다.[61] 국내에서는 가상화폐공개를 앞세워 투자를 유도하는 유사수신 등 사기위험 증가, 투기수요 증가로 인한 시장과열 및 소비자 피해 확대 등 부작용이 발생할 것으로 우려하여 2017년 9월 가상통화 관계기관 합동 태스크포스(TF)를 열고 모든 형태의 가상화폐 가상화폐공개를 전면 금지하였다.[62] 가상화폐공개의 단점을 보완할 수 있는 토큰으로서 발행 토큰이 증권임을 밝히고, 규제 당국의 증권등록 절차에 따라 토큰을 발행하는 토큰 증권이 등장하고 있다.

토큰 증권은 분산원장 기술(Disributed Ledger Technology)을 활용해 자본시장법상 증권을 디지털화한 것을 의미한다. 디지털자산 측면에서는 증권이 아닌 디지털자산(소위 '가상자산')과 대비되는 "증권형 디지털자산"이고, 증권 제도 측면에서는 실물 증권과 전자 증권에 이은 증권의 새로운 발행 형태라는 점에서 "토큰 증권"으로 정의되고 있다. 자본시장법의 규율 대상은 "증권"이며, 발행 형태는 고려하지 않는다. 투자자가 얻게 되는 권리가 법률상 증권에 해당한다면, 어떤 형태를 하고 있든지 투자자 보호와 시장질서 유지를 위한 공시, 인·허가 제도, 불공정거래 금지 등 모든 증권 규제가 적용된다.

따라서 토큰 증권은 디지털자산 형태로 발행되었을 뿐 엄연한 증권이므로,

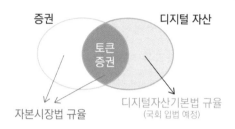

그림 4-10 토큰 증권과 디지털 자산의 규율체계

증권   디지털 자산

토큰
증권

자본시장법 규율   디지털자산기본법 규율
(국회 입법 예정)

자료: 금융위원회·금융감독원, 「토큰증권 발행·유통 규율체계 정비방안」, 2023, p.2.

당연히 자본시장법의 규율 대상이다. 반면, 증권이 아닌 디지털 자산은 자본시장법이 적용되지 않기 때문에 국회에서 입법이 추진되고 있는 디지털 자산 기본법에 따라 규율체계가 마련될 것이다. 즉 토큰 증권, STO(Security Token Offering)의 발행·유통을 허용함으로써, 최근 출현한 다양한 권리의 증권화를 지원하고 분산원장 기술을 활용하여 증권 발행과 거래를 더욱 효율적이고 편리하게 개선하려는 목적으로 제도를 정비하였다.[63]

자본조달의 수단으로서의 토큰 증권은 기존 증권이나 가상화폐공개와 비교했을 때 여러 장점을 가지고 있다.[64]

첫째, 유동성 확대 및 시장의 질적 성장을 촉진시킬 수 있다. 토큰 증권은 자금조달 채널을 확장하고 기존보다 세분화된 금융상품이 온라인상에서 거래될 수 있도록 하여 더 많은 투자자를 유치할 수 있다. 또한 토큰 증권은 연중무휴 거래를 실현할 수 있어 유동성이 제고될 것으로 기대된다.

둘째, 토큰 증권 관리비용을 축소시킬 수 있다. 토큰 증권은 실시간 분산형 결제 네트워크를 구축함으로써 빠른 결제 및 합법성 강화를 실현해 결제관련 관리 감독에서 발생되는 비용 절감이 가능하다. 기존의 관리 감독은 세분화된 플랫폼 내의 심사 비준을 개별적으로 처리해야 했지만, 토큰 증권의 관리 감독 시스템은 전체 과정을 프로그램에 자동으로 입력하여 관리 감독 비용을 대폭 절감할 수 있다. 프로그래밍이 가능하다는 점은 토큰 증권의 운영 효율성을 높

그림 4-11 토큰 증권의 개념

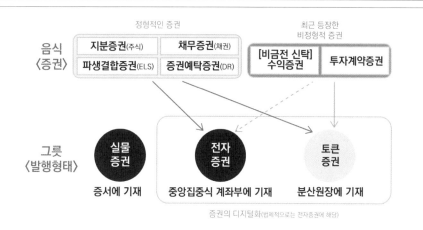

증권의 디지털화(법제적으로는 전자증권에 해당)

자료: 금융위원회·금융감독원, 「토큰증권 발행·유통 규율체계 정비방안」, 2023, p.3.

이고 합법성 확보를 가능하게 하며, 토큰 증권의 거래, 결제 과정에서 스마트 계약을 통해 거래자동화를 실현하여 자동화, 합법성, 빠른 결제를 구현한다.

셋째, 상호운용성(Interoperability) 및 가치 유동화를 용이하게 하여 금융혁신을 촉진시킬 수 있다. 상호운영성은 하나의 시스템이 동일 또는 다른 시스템과 아무런 제약이 없이 서로 호환되어 사용할 수 있는 성질이다. 토큰 증권의 상호운용성은 다양한 자산 간의 거래를 편리하게 하고 가치의 유동성에 관한 효율성을 제고하기 때문에 자산 증권화의 상위 버전이라고 할 수 있다. 토큰 증권은 자산의 증권화를 통해 유통, 교환과 같은 편리성을 대폭 향상시킬 수 있으며 디지털 자본시장의 발전을 촉진할 수 있다.

넷째, 자금조달 비용을 절감할 수 있다. 토큰 증권은 자금조달의 중간단계를 생략하여 자금조달 효율성을 제고하며, 자금조달의 시간과 비용, 정보 비대칭성 측면에서 기업상장(IPO)보다 우수하다. 토큰 증권은 중개업체 수를 줄이고 금융기관 부패 및 조작 가능성을 대폭 낮출 수 있다.

다섯째, 투자 조건의 진입장벽을 낮추고, 자금조달 채널을 확장한다. 토큰 증권은 부동산이나 예술품 등 고가 상품에 대한 일정비율 투자가 가능하여 대

표 4-17 IPO, ICO, STO 비교

유형	기업공개(IPO)	가상화폐공개(ICO)	토큰 증권발행(STO)
증권유형	증권	토큰	증권
기반자산	실물유가자산	체인상 자산	실물유가자산
기업유형	거래소 규정별상이 대부분 중대형 업체	중소형 스타트업 탈중앙화 기관	중소형 창업회사
상장비용	매우 높음	매우 낮음	보통
기업리스크	비교적 작음	매우 큼	적정 수준
자금조달 규모	큼	중소형	큼
관리감독수준	높음	낮음	보통
중앙화	중앙화	비중앙화	중앙화
운영투명성	운영투명성	낮음	높음
투자리스크	중간	높음	상대적 높음
적격투자자여부	O	X	O
투자자보호수준	높음	낮음	보통
24시간거래여부	X	O	O
지정거래소	있음	없음	장외거래중개 인가 신설 예정

자료: 한국블록체인협회, "토큰 경제 차세대 경제 주역으로 떠오른 STO(Security Token Offering): 증권형 토큰의 상대적 강점과 리스크 그리고 활용 잠재력 분석", 「이슈리포트」 4, p.6 활용하여 저자 수정.

형투자자나 기관 투자자뿐만 아니라 개인 투자자도 투자에 참여할 수 있다.

이러한 특징으로 토큰 증권을 활용한 투자는 소액의 개인 투자자들의 참여가 가능하고 거래 방식이 편리하기 때문에 민간 투자자들을 유인할 수 있는 장점이 있다. 또한 그동안 접근성이 현저히 떨어졌던 자산에 민간의 직접투자가 가능해지면서 비상장 기업에 대한 투자도 활성화될 수 있다. 토큰 증권은 분산원장을 이용한 스마트 계약으로서 자금세탁방지, 공시 등의 백오피스 작업들을 자동화할 수 있어 효율적이며, 기업상장(IPO)에 비해 저렴한 비용으로 운영할 수 있기 때문에 투자자에게 더 많은 수익을 가져다 줄 수 있다. 그러나 한국거래소의 디지털증권시장에 상장하여 거래될 경우 증권사를 통해 거래해야 하므로 중개비용이 발생할 수 있다.

표 4-18 토큰 증권의 특징 및 장점

장점	주요내용
높은 유동성	• 주식과 달리 암호화폐를 소수점 단위로 나눠서 거래할 수 있기 때문에 소유권 취득이 쉬움 • 조각투자 가능하기 때문에 유동자산이라는 범위의 한계가 없어져 다양한 투자 가능. • 부동산, 미술품, 골동품, 비행기, 원자재, 무형자산 등 그동안 접근성이 현저히 떨어졌던 자산에 직접투자 가능해지며 비상장 기업에 대한 투자도 활성화될 수 있음
낮은 거래비용	• 스마트계약을 이용해 저비용으로 다양한 권리의 토큰 발행 가능 - 통상적으로 중개비용이 매우 적은 것으로 알려져 있음
거래 편의성	• 토큰 증권이 프로그래밍이 가능하기 때문에 계약에 관련된 절차를 프로그래밍하여 블록체인 플랫폼과 토큰에 추가할 수 있음. 그렇게 되면 거래 시 자동으로 소유권 이전 가능

자료: 박혜진·임수진(2023), "STO, 뭐든 쪼개서 팝니다", 「산업분석」, 대신증권, p.6.

2 토큰 증권을 통한 선박투자 사례

1) 국내 사례

(1) 빗썸

선박금융에 처음으로 토큰증권을 적용하려는 시도를 한 기업은 빗썸으로, 2022년 5월부터 부산시, 한국해양진흥공사와 함께 토큰 증권(STO) 도입과 해당 증권 및 금융상품을 거래하기 위한 플랫폼 구축 방안에 대한 검토를 진행하였다. 선박의 잔존가치(중고선가)를 토큰화해 해운산업에 필요한 자금을 유치하는 내용이 핵심이다. 이러한 진출 배경은 디지털자산거래소를 설립하려는 부산시와 해운산업을 활성화하고자 하는 업계의 이해가 맞아 떨어진 데 따른 것이다.[65]

(2) 바이셀스탠다드

바이셀스탠다드는 2022년 9월 KDB인프라자산운용, NH투자증권, 한국해양대학교와 함께 토큰 증권을 활용한 선박금융 업무협약을 체결하였다.[66] 민간 투자가 어려운 선박금융 분야에 블록체인 기반 증권형 토큰(STO)를 활용하고 조각투자방식으로 공모 펀드를 조성하여 대중이 손쉽게 소액으로 선박에 투자할 수 있는 펀드를 만들기 위해 협력하기로 하였다. 바이셀스탠다드는 해당 컨소시엄을 총괄하며 투자자 모집 및 증권 유통을 담당하고, KDB인프라자산운용㈜은 선박에 대한 펀드를 심사 및 운영하며 증권을 발행, NH투자증권㈜은 수탁사 및 계좌관리기관으로서의 역할을 담당, 한국해양대학교 해양금융대학원은 혁신적 선박금융 구조 및 도입 전반에 대한 자문역할을 수행하기로 합의하였다.[67] 그러나 이것은 규제 샌드박스[68]를 통해서만 토큰 증권의 발행이 가능하다.

(3) 한국토지신탁

한국토지신탁은 토큰 증권 가이드라인이 제시된 이후 2023년 2월 미래에셋증권·HJ 중공업과 함께 선박금융관련 증권형 토큰 발행(STO) 등 협력을 위한 양해각서(MOU)를 체결하였다. 이들은 토큰 증권 관련 법제화가 이루어지기 전까지 블록체인 기술을 활용한 선박금융관련 토큰 증권 발행과 금융규제박스 신청 등 신규 비즈니스모델을 발굴하기 위해 협력할 예정이다. 토큰 증권 발행을 통해 선박금융 자금조달 및 자산 유동화, 조각투자 서비스 기반을 구축할 방침이다.[69]

2) 해외 사례

(1) 쉽오너닷아이오(Shipowner.io)

쉽오너닷아이오(Shipowner.io)는 세계 최초로 해운산업에 블록체인을 활용하여 자본을 조달한 회사로 해양 자산 산업에 1.5조 달러, 관련 서비스 산업에 1.1조 달러를 목표로 하고 있다. 석유화학제품운반선(Oil/Chemical Tanker), 석유제품운반선(Product Tanker), 건화물운반선(Dry bulk Carrier), 특수선(Special Vessel) 등

선박시장을 세분화하고 이를 투자 대상 포트폴리오로 구성하여, 특정 시장의 수 익성이 저조할 경우 타 시장으로 투자 대상을 바꿀 수 있도록 했다.[70)]

(2) 뉴쇼어 인베스트(Newshore invest)

함부르크에 기반을 둔 신생 기업인 뉴소어 인베스트(Newshore invest)는 기 존 독일 KG 금융 모델을 개선하기 위해 만든 새로운 디지털 선박금융 플랫폼이 다. 과거 독일의 선박금융시장을 세계 최대 규모로 발전시키는 데 기여했던 독 일 KG 펀드 시스템이 지난 10년간 붕괴되어 독일 선박량이 1/3 이상 축소되었 다. 이에 선박확보 자본의 부족문제를 해결하기 위해 구축된 플랫폼이다. 뉴소 어 인베스트(Newshore invest)의 플랫폼 원리는 과거 KG 모델과 동일하다. 주요 차이점은 모든 주식에 대해 투자자는 이더리움 블록체인에서 생성되고 투자자 의 지갑에 보관되는 토큰을 얻는다는 점이다.[71)]

(3) 그린쉽토큰(Green Ship Token)

보그만(Vogemann)은 독일의 해운선사로 1886년 요한 해인리히 보그만 (Johann Heinrich Vogemann)에 의해 가족회사로 출발하였다.[72)] 현재 보그만은 가 족회사를 포기하고 6개의 케이프 사이즈, 7개의 파나막스 사이즈, 6개의 핸디사 이즈 총 19척의 벌크선 선단을 운영하고 있다. 보그만은 친환경선박 투자를 위 해서 총 5,000만 달러 규모의 토큰을 2020년 7월 발행했으며 해당 증권은 리히 텐슈타인 금융규제기관(FMA)의 발행 승인을 받았다.[73)] 보그만은 42,000톤(dwt) 벌크선 구매자금의 일부를 조달받기 위해 '그린쉽토큰(Green Ship Token)'을 토 큰 증권으로 5,000만개 발행한다.[74)] 최대 15년 만기의 '그린쉽토큰(Green Ship Token)'은 연 8%의 이자와 투자자와 발행자 간의 50:50으로 이익을 공유할 수 있도록 구성되어 있다.

3 디지털 해운금융의 미래

1) 해운 자금조달 시장의 디지털화

금융시장의 디지털화는 지속적인 발전이 예상되며, 정부도 매우 높은 관심을 두고 있는 분야이다. 글로벌 투자은행들은 이미 2016년부터 디지털 플랫폼 회사로 변신을 선언하고 디지털 혁신에 많은 노력을 기울이고 있다. 즉 스타트업과 전략적 제휴를 강화하고, 기업공개(IPO) 자동화 솔루션, 인수·합병(M&A) 자문 플랫폼 등을 적극적으로 활용하고 있다. 골드만삭스는 상장기업 발굴, 준법감시·내부통제(compliance), 법규지원, 감사업무 등을 자동화한 솔루션을 도입했고, 모건스탠리는 기술기업의 상장을 위한 솔루션 업체(Solium Capital)를 인수했다. JP모건은 디지털 기반인 메타버스에 '디센트럴 랜드'라는 은행 라운지를 열었고, 인공지능·머신러닝 플랫폼 클리어아이(Cleareye.ai)에 전략적 투자를 단행했다. 또한 ESG 기반의 글로벌 기후변화 위기에 투자를 확대하고 있다. 이러한 상황에서도 우리나라 금융투자회사의 디지털 혁신 수준은 글로벌 투자은행에 비해 크게 뒤진다는 평가가 나오고 있다. 디지털 전략의 부재와 더불어 2019년 기준 국내 금융투자사의 IT 인력은 3~5% 수준으로 이마저도 보안, 설비를 담당하는 인력이 대부분이다. 골드만삭스는 IT 관련 인력 비중이 25%, 글로벌 투자은행은 수익의 약 15%가량을 기술관련 투자에 쓰고 있음을 감안할 때 국내 투자은행들의 기술투자 확대는 매우 절실한 상황이다.[75)]

해운물류기업들에게도 이러한 금융시장의 변화가 영향을 미칠 것으로 예상된다. 특히 선박확보를 위해 대규모 자본 조달이 요구되는 해운기업의 경우 토큰 증권은 자금조달의 방식에 영향을 줄 것으로 전망된다. 따라서 다양한 측면에서 선박금융시장에 대한 영향과 해운기업에 대한 영향을 검토할 필요가 있다.

2) 토큰 증권 도입시 고려사항

(1) 자산 처분 등 투자자 동의 문제

토큰 증권을 통해 선박에 대한 자금조달을 받고 10년 이상의 장기계약을 할 경우, 해운 호황기에 선가가 상승하면 선박을 처분할 상황이 발생할 수 있다. 이때 선박과 같은 중요자산의 처분에 대해 투자자들의 동의를 받아야 하는 문제가 발생한다. 카사(Kasa)의 사례처럼 선박자산에 대한 처분결정이 이루어질 경우 수익자 총회를 열어 매각 결정을 하고, 일정 비율 이상의 동의를 받으면 선박을 매각하는 프로세스로 진행된다. 이후 매각 대금은 투자자들에게 배당금으로 지급한다. 이와 같은 방식이 선박금융에서도 적용가능한지에 대한 검토가 필요하다.

(2) 지분 배당 문제

부동산 시장에서 토큰 증권의 수익구조는 월 임대료와 매각 처분에 따른 시세차익이며 디지털 플랫폼에 따라 3개월이나, 6개월 간격으로 수익을 배당한다. 그러나 매달 임대료가 들어오는 부동산과는 다르게 해운시장은 주기적으로 호황기와 불황기가 발생하는데, 불황기에 해상운임이 하락하게 되면 투자자들에게 수익 배당을 하기 어려운 문제가 발생할 수 있다.

(3) 토큰 증권의 후순위 참여와 그 비중

토큰 증권을 활용한 자금조달 방식은 아직 초기단계이고 위험성이 큰 만큼 거액의 자금 조달을 받기 어려울 것으로 판단된다. 부동산 토큰 증권인 비브릭(BBRIC)이 공모를 통해 가장 많이 모은 자금이 170억원 규모에 불과하다는 것은 이러한 어려움을 잘 보여준다. 따라서 토큰 증권을 통한 선박금융이 후순위 전체를 커버할 수 있는지, 혹은 일부만 가능한지에 대한 타당성 검토가 필요할 것으로 보인다. 선박금융의 구조로 볼 때 60~70%는 선순위 대출, 20~30% 후순위, 10~20% 자기부담 등으로 구성된다.

(4) 투자자의 성향 관련

일반적으로 비트코인과 관련된 시장의 경우, 투자자들의 성향은 공격적 투자형으로 예상되고 있으나 토큰 증권을 활용한 선박금융 상품이 이러한 투자자 성향에 맞는가에 대한 검토가 필요하다. 고액자산가들은 신생 상품에 투자하지 않을 가능성이 크고, 선박은 상대적으로 많은 자금이 소요되는데, 일반투자자들을 통해 거액 자금의 유치가 가능할지도 검토가 필요하다. 수익률도 음원, 미술품과 비교해 매력적인지에 대한 판단이 필요할 것이다. 즉 수요자의 관심을 끌지 못할 가능성에 대한 대응방안이 어떤 것인지에 대한 추가적인 논의가 요구된다. 토큰 증권 발행 시 장외거래소를 이용할 것인지 디지털 증권시장에 상장할 것인지도 결정해야 한다. 디지털 증권시장을 이용할 경우 상장요건이 까다롭고 중요정보에 대한 공시가 이루어지기 때문에 투자자들을 보호할 수 있는 장점이 있어 기관투자자들이 참여할 것으로 예상된다. 장외거래소를 이용할 경우, 100억 미만의 소액공모(소액공모 Tier2 도입시)는 공시부담 없이 발행할 수 있기 때문에 다소 위험성은 있으나 비용이 적게 들어 개인투자자들이 참여할 것으로 예상된다.

3) 입법 동향

2023년 2월 금융당국은 토큰증권의 발행 및 유통 규율체계 정비방안을 통해 가이드라인을 제시한 뒤 자본시장법과 전자증권법 개정을 추진 중이다. 이러한 상황에서 금융투자업계는 경쟁력을 갖추기 위해 적극적인 인프라 구축에 나서고 있다. 이것은 아직 토큰증권의 발행과 유통이 국내에서 허용되지 않은 상황에서도 선제적인 플랫폼 구축과 상품 개발에 나서야 시장선점을 할 수 있다는 판단에서다. 한편 국회에서는 토큰증권발행 관련 법률 개정안을 마련 중에 있다.

디지털 전환과 주요국 전략

1 중국

중국의 디지털 경제는 코로나 팬데믹의 영향과 5세대 이동통신(5G) 기술의
발전에 따라 빠르게 성장하고 있다. 2022년 중국 디지털 경제 규모는 50.2조 위
안으로 추산되며, 미국에 이어 세계 2위 시장으로 성장하였다.[1] 2016~2022년
중국 디지털 경제 규모는 연평균 14.2%를 기록했다. 국제경영개발원(IMD:
International Institute for Management Development)이 발표하는 디지털 경쟁력(IMD
World Digital Competitiveness) 순위에서 중국은 2017년 31위에서 2022년 17위로
상승하였다.[2] 여기서는 중국의 디지털화 전략인 '디지털 중국 건설규획(数字中国
建设整体布局规划)'에 대한 개략적인 내용과 일대일로 전략(BRI: Belt and Road
Initiative)의 일환으로 추진되고 있는 디지털 실크로드(Digital Silk Road)에 대한
내용을 알아보고, 주요 기업들이 도입하고 있는 디지털화 사례를 보고자 한다.

1) '디지털 중국 건설규획' 정책

중국은 2012년 공산당 18차 전국대표대회 이후 사이버 공간에 대한 정책을
강화해오고 있다. 2015년 「인터넷 플러스 행동계획」, 2017년 「국가정보화 전략
강요」 및 「차세대 인공지능 발전규획」 등 국가 디지털화 전략을 잇달아 발표하
였다. 아울러 중국은 2017년 「사이버 보안법」, 2021년 「데이터 보안법」, 2021

년 「개인정보 보호법」 외에도 2022년 「데이터 기본 시스템 구축 의견」 등 데이터 재산권, 유통, 거래, 보안 및 사이버 안보 관련 법규와 제도를 강화해 왔다. 이어 2021년 3월 '14차 5개년 규획'에 '디지털 발전 가속화, 디지털 중국 건설'에 대한 내용을 처음으로 포함했으며, 2022년 9월 공산당 20차 보고서에서도 디지털 중국 건설 가속화를 강조하였다.

중국이 가장 최근에 발표한 디지털화 정책은 국가 디지털 전략 마스터플랜에 해당하는 2023년 「디지털 중국 건설규획」이다. 이 규획에서는 2035년까지 중국의 디지털 강국 도약을 위한 중장기 발전방향과 △디지털 인프라 강화를 통한 데이터 순환 △디지털 전환 촉진 △핵심 기술 국산화를 위한 데이터 활용과 사이버 보안 강화 △국내외 거버넌스 기반 강화에 대한 세부 추진방향을 제시하고 있다. 중국은 디지털 중국 전략 실현과 미중 전략 경쟁에서의 우위 확보를 위해 향후 디지털 경제에 대한 투자 확대 및 반도체 제조 및 후공정 기술 국산화에 적극 나설 것으로 보이며, 국가데이터국 설립을 통해 중앙정부 차원에서 데이터 관리감독을 강화할 전망이다. 이와 관련 중국은 매년 폭증하는 데이터 수요에 대응하기 위해 강력한 연산능력을 갖춘 서버 인프라 확충이 필요하므로, 향후 '동수서산(东数西算)'프로젝트 투자에 적극 나설 전망이다.[3]

중국 국가인터넷정보판공실이 발표한 2022년 '디지털 중국 발전 보고서'에 따르면 동수서산 프로젝트를 통해 2021년 새로 착공한 데이터센터 프로젝트가 60개를 넘었으며 서부의 데이터센터 비중이 꾸준히 높아지고 있다고 평가했다.[4]

표 5-1 동수서산 프로젝트

동수서산(东数西算)은 '중국 동부지역의 데이터를 서부지역에서 처리한다'는 의미로, 동부지역은 토지와 전력상황이 여유롭지 않은 데 반해 서부지역은 재생에너지 자원이 풍부하고 기후가 서늘하여 데이터센터 설치에 유리한 조건을 가지고 있다. 데이터센터 증설에만 매년 4,000억 위안(약 74조 원) 규모의 투자가 예상되며, 그중 서부지역에만 2025년까지 누적 1조 9,200억 위안 규모의 투자가 이루어질 것으로 예상된다.

자료: 오종혁, '디지털 중국' 추진전략의 주요 내용과 평가, 「KIEP 세계경제 포커스」, Vol. 6 No. 8, 2023. p.5.

2) 중국 디지털 실크로드(Digital Silk Road) 구축 정책

(1) 경과

중국은 2013년부터 일대일로 프로젝트를 구상하기 시작하여, 2015년부터 「실크로드 경제벨트와 21세기 해상실크로드의 비전과 행동」을 발표하면서 '일대일로'를 공식화하였다. 이후 글로벌 디지털 전환이 가속화되고, 4차 산업혁명에 대한 대응이 강조되면서 중국은 2017년부터 일대일로에 디지털 요소를 공식적으로 포함시키기 시작했다. 2017년 제1차 일대일로 국제협력 정상회의에서 시진핑 주석은 5G, 인공지능, 반도체, 양자컴퓨팅 등의 디지털 분야에서 일대일로 연선국과 협력을 강화하고, 데이터, 클라우딩, 스마트시티 분야에서 21세기의 디지털 실크로드(Digital Silk Road)를 구축해야 한다고 발표하면서 디지털 실크로드 구축을 공식화하였다. 2019년에는 라오스, 사우디아라비아, 세르비아, 헝가리, 터키, 아랍에미레이트 등 16개국과 디지털 실크로드 구축에 관한 양해각서에 서명하였으며, 12개국과는 행동계획을 수립하였다. 특히 2019년 이후 세계 각국에서 5G 상용화를 가속화하기 시작했고, 신흥국 및 개발도상국이 포함되어 있는 일대일로 연선국에서도 차세대 디지털 기술에 대한 수요가 급증하였다. 이에 따라, 디지털 기술 분야에서 국제경쟁력을 확보한 중국은 디지털 기업과 함께 연선국으로의 투자를 더욱 확대해 가고 있다.[5]

표 5-2 중국정부의 디지털 관련정책 동향

시기	문건명	주요내용
2015.3.	전인대 정부공작보고	• 리커창, '인터넷+ 이니셔티브' 처음으로 소개
2015.3.	실크로드 경제벨트와 21세기 해양 실크로드 공동건설에 대한 전망과 행동	• 육상·해저 인터넷 인프라 구축 협력 • 위성 기반 정보 공유망 협력 • 기술표준화 사업
2015.5.	중국제조 2025	• ~2025년: 주요 제조국가에 진입 • ~2035년: 제조강국으로 성장

시기	문건명	주요내용
		• 2049년에는 글로벌 제조 선도강국으로 발돋움 • 차세대 정보기술·로봇·항공우주 등 스마트 산업분야를 10대 중점 사업분야에 포함
2016.10	중공중앙 국민경제와 사회발전 제13차 5개년 규획에 관한 건의	• 일대일로 연선국가와의 인터넷 통신망 공동협력 강조 - 육상·해저 케이블 인프라 건설 - 중국-중동간 인터넷 실크로드 건설 - 중국-아세안 정보망 구축
2017.7	차세대 인공지능발전계획	• 3단계 발전목표 설정 - ~2020: AI기술부문 세계 선진기술에 진입 - ~2025: AI기술과 적용, AI 기초이론의 일부문에서 선도적 수준에 진입 - ~2030: AI관련 모든 분야에서 선도적 지위 • 1+N 전략 - 1: AI관련 거대 프로젝트 수립 - N: AI관련부문과 국가 프로젝트 접목
2018.1.	'중국표준 2035' 프로젝트 출범	• 1전략, 2행동, 3프로젝트 - 1전략: 표준화 전략의 공식화와 이행 - 2행동: 표준설정과 표준화+행동 - 3프로젝트: 표준화 업그레이드, 신산업·신성장동력 표준시범사업, 국내외 표준의 상호인증
2019.4	제2차 일대일로 정상포럼	• 37개국 150명 이상의 대표단 참석 • 운명공동체론을 강조하면서 일대일로 사업이 전세계의 기회와 결실이 될 수 있음을 역설 • 제1차 일대일로 CEO 회의 개최
2023. 2	디지털 중국 건설규획	• 중국의 디지털 전략 마스터플랜 -2023년까지 디지털 강국 도약을 위한 중장기 전략

자료: 유현정, 「중국의 디지털 실크로드: 목표·전망 그리고 한국의 대응」, INSS 연구보고서, 국가안보전략연구원, 2020. pp.26-27. 업데이트

(2) 주요 목표

중국 디지털 실크로드의 정책적 목표는 경제적, 과학기술적 그리고 규범경쟁의 측면 등 세 범주로 구분할 수 있다.[6] 우선 경제적 목표는 다시 두 가지로 나눌 수 있다. 첫 번째 경제적 목표는 전자상거래를 통한 수출시장 개척과 경제 상호의존도 강화로 볼 수 있다. 2014~2015년 중국 전체 제조업 가동률은 50%

대로 낮아졌고, 이에 국무원은 국내 공급과잉 문제를 해결하기 위하여 해외시장을 적극적으로 개척하여야 한다고 제언한 바 있다. 알리바바 그룹 창업자인 마윈은 2016년 보아오 포럼에 참석하여 '전자국제무역플랫폼(eWTP: Electronic World Trade Platform)' 구축을 제안하였다. 현재 알리바바, 징둥, 바이두, 핀두오두오 등 거대 전자상거래 기업들은 결제의 안정성과 편의성을 보완하면서 글로벌 시장을 계속 확대해 나가고 있다. 이렇게 구축된 전자상거래 플랫폼을 통해 비디지털 부문(예컨대, 철강·시멘트 등)의 해외 판매가 가능해졌다. 2013~2015년 사이 200개 이상의 철강부문 전자상거래 플랫폼이 구축되었으며 이를 통해 해외 구매자들과 거래도 증가하였다. 또한 디지털 실크로드 연선국가와의 경제적 상호의존관계를 심화시킴으로써 역내 주도권 확보에 유리한 입지를 차지하게 되었다. 시진핑 주석은 2017년 제1차 일대일로 국제협력 정상회의에서 5G·인공지능·반도체·양자컴퓨팅 등 디지털 분야에서 일대일로 연선국과 협력을 강화하고, 데이터·클라우딩·스마트시티 분야에서 21세기의 디지털 실크로드를 구축할 것을 공식화하였다. 그리고 2020년 7월 중국 외교부는 중앙아시아 5개국 외교부 장관과 화상회의를 통해 디지털 실크로드 건설 의견을 공유했고, 전자상거래·스마트시티·인공지능 등의 분야에서 협력을 확대하기로 논의했다.[7] 아울러 2022년 11월 시진핑 국가주석은 인도네시아 발리에서 열린 제17차 주요 20개국(G20) 정상회의에서 글로벌 디지털 전환이 가속화되면서 디지털 경제 규모가 확대되고 세계 경제 구도에 영향을 미치는 중요한 요인이 되고 있다고 언급하고, 국가 간 협력을 강조했다.[8]

두 번째 경제적 목표는 해외직접투자(走出去 2.0) 정책을 통한 국내기업의 해외진출이다. 2000년대 초반 중국 지도부가 주도했던 해외직접투자 정책은 시진핑 지도부가 집권하면서 재편되었다. 후진타오 정부는 페트로차이나(CNPC), 시노펙(Sinopec) 등 에너지부문 국유기업의 재정지원에 집중함으로써 해외 자원 확보를 위한 해외직접투자에 집중하였던 반면, 시진핑 지도부는 경제적 타당성에 기초한 해외직접투자를 추진하였다. 중국의 해외직접투자 정책은 국내 기업

정책과도 맞물려 효과를 거두고 있다. 중국정부는 '쌍창(雙創)', 즉 대중창업(大衆創業) 및 만중창신(萬衆創新) 정책을 국가개발계획의 주요 내용으로 설정하여 중소 스타트업 기업 육성에 노력하고 있다. 알리바바, 텐센트, 바이두 등 중국 거대기업들은 해외에 진출하여 스마트시티, 빅데이터 단지를 건설하였고 이를 교두보로 삼아 중국의 스타트업 중소기업들이 해외에 진출할 수 있는 여건이 형성되었다.

둘째, 과학기술 목표는 글로벌 과학기술 강국으로서 '중국몽' 실현이다. 2016년에 발표된 「국가혁신주도형 발전전략 강요」에서는 중화민족의 위대한 부흥이라는 중국의 꿈을 실현하기 위해서는 과학기술이라는 강력한 지렛대를 제대로 활용해야 한다고 하였다.

셋째, 규범경쟁의 목표는 글로벌 사이버 질서에 대한 도전이라고 할 수 있다. 디지털과 첨단기술 분야는 아직까지 국제적으로 확립된 규범과 질서가 마련되어 있지 않은 영역이다. 중국은 인터넷 거버넌스에 있어서 '인터넷 주권'을 강조하고 있다. 중국이 주장하는 인터넷 주권이란 국가주권이 사이버 공간으로 확장된 개념으로서, 모든 국가는 주권을 기초로 하여 자국 네트워크 참여자, 네트워크에서의 행동, 네트워크 시설, 네트워크 정보 및 거버넌스에 대해 독립적인 권한을 행사할 수 있다는 것이다. 인터넷 주권에 기초한 사이버공간 운명공동체 건설노력은 단순한 구호차원에 그치지 않고 중국의 대외협력사업 과정에서 그대로 반영되고 있다. 2018년에는 모로코, 이집트, 리비아의 공무원을 대상으로 하여 인터넷과 미디어에 대한 감시·감독 시스템에 대한 교육을 실시하였는데, 이 세미나 이후 이집트는 중국의 「네트워크 안전법」과 유사한 내용의 「반사이버범죄법」을 의회에서 통과시켰다.

(3) 주요 사업

중국이 디지털 실크로드의 정책 목표를 실현하기 위하여 추진하고 있는 세부사업은 다음과 같다. 첫째, 연계성 강화와 상호의존성 강화를 위한 사업으로

① 육상 디지털 인프라 건설사업, ② 해저 디지털 인프라 구축사업, ③ 전자상거래 플랫폼 구축을 통한 해외시장 개척 등이 있다. 해저 케이블 사업과 관련해서 현재 미국이 대부분의 인터넷 및 데이터 트래픽을 처리하고 있기 때문에 화웨이 마린 네트워크(Huawei Marine Networks and Co.)는 해저 광섬유 네트워크를 구축하거나 개선하기 위해 90개 이상의 프로젝트에 참여하여 시장을 확대하고 있다.[9]

둘째, 첨단 신기술 사업부문에서는 대표적으로 5G 네트워크 사업과 인공지능 개발 사업이다. 시진핑 주석이 1차 일대일로 정상포럼에서 언급한 기술협력 분야로는 인공지능, 나노기술, 퀀텀 컴퓨팅, 빅데이터, 클라우드 컴퓨팅 등이 있다. 하지만 현재 중국 정부와 기업이 공격적으로 사업 확장을 시도하는 사업은 5G 네트워크 통신망 사업이며, 첨단기술부문 중 중국이 글로벌 선두를 노리고 있는 부분이 인공지능 개발 사업이다.[10]

셋째, 기술표준화 사업이다. 중국은 글로벌 표준 트렌드와는 다른 중국 자체의 기술표준화를 시도해 왔고 2023년 '중국표준 2035'를 확정하여 발표했다. 이는 '중국 제조 2025'에 이은 다음 단계로 2025년에서 2035년까지 10년을 선도할 기술에 초점을 맞추고 있다. 2020년 3월 발표된 '2020년 국가표준화 작업의 요점' 문건을 보면 신세대 정보기술과 생명공학 표준 시스템의 확립 필요성을 강조하고 있다. 이와 관련해서는 이른바 사물인터넷, 클라우드 컴퓨팅, 빅데이터, 5G, 인공지능에 대한 표준 개발에 중점을 두고 있다. 이것들은 모두 세계의 중요한 기반시설을 뒷받침할 수 있는 중요한 미래 기술이다.[11]

넷째, 군사, 사이버 안보 사업에서는 베이더우 위성항법 시스템과 사이버안보를 위한 법제정비 사업이다. '일대일로 행동계획'에서는 위성항법 시스템 사업을 연계성 사업으로 분류하고 있다. 중국은 유럽이 EU와 유럽 우주국에서 개발한 갈릴레오 시스템을 사용하는 것처럼 베이더우 내비게이션 시스템(BDS)을 60개 이상의 일대일로 연선국가로 확장하고자 한다. 하지만 위성항법 시스템이 군사적 목적으로 처음 등장했던 만큼 군사, 안보적 의미가 매우 크다. 중국은 일대일로 연선국가들과의 디지털 협력을 통해 사이버 주권에 기초한 '사이버공간 운명공동체' 형성을 목표로 하고 있다. 중국정부는 사이버 주권을 앞세우면서 자국 내에서 활동하는 중국기업뿐 아니라 외국 민간기업에 대해서도 주권적 영향력을 행사하고자 한다.12)

3) 중국 해운물류분야 디지털화 정책

(1) 디지털 실크로드 전략과 해상운송

중국의 해운물류 분야에 대한 디지털화 전략은 구체적으로 발표되지는 않았으나 앞서 살펴본 바와 같이 중국의 디지털 실크로드 전략하에서 이루어지고 있는 것으로 판단된다. 이러한 디지털 실크로드 전략은 현재 해상운송과 관련해서 상당한 영향을 미칠 것으로 예상된다. 예를 들어 일대일로 경로를 따라 모든 항만을 동일한 전자 통신 플랫폼 아래 글로벌 공급망에 연결하는 것이다. 여기에서 핵심 과제는 주권이나 보안 문제없이 서로 다른 운영 데이터 시스템을 연결할 수 있는 표준전자데이터 교환시스템(EDI)을 개발하는 능력에 있다. 중국 모델은 서구 표준 IT 네트워크에 대해 강력한 경쟁모델로 등장하고 있다. 이러한 문제는 해상운송의 여러 시스템에 대해 영향을 미칠 수 있는 가능성이 크다. 특히 주요 해상 경로를 포함하는 일대일로 프로젝트의 규모를 고려할 때 가까운 장래에 누가 운송 데이터 처리를 담당할 것인지에 대한 질문이 제기될 수 있다.

(2) 중국 스마트 해운정책13)

① 최상위 계획

세계 제조 허브를 자랑하는 중국은 중저가 수준의 제품이라는 평가에서 벗어나기 위해 중국을 세계 제조 및 기술 강국으로 부상하기 위한 정책을 추진하고 있다. 중국 국무원은 첨단 선박과 스마트 운송을 포함하는 두 가지 전략 계획을 발표했다. 첫 번째는 첨단선박 및 스마트 운송과 관련된 10개 산업에 대한 중국 정부의 막대한 지원을 요구하는 산업 계획이다. 그리고 두 번째는 인공지능 산업을 발전시키기 위한 인공지능 개발 계획이다. 이러한 두 가지 국가 계획을 수행하기 위해 산업정보기술부(MIIT)와 교통부(MoT)는 해운분야와 관련한 각각의 계획을 발표했다. 산업정보기술부는 2019년 자율운항선박 개발계획(Action Plan of Developing Autonomous Ships)을 발표했는데, 이는 중국의 최상위 계획이다. 이 계획에 따르면 중국은 2020년 말까지 지능형 선박개발을 위한 최상위 전략 설계를 완료하고, 2025년까지 지능형 해운의 핵심기술을 획기적으로 발전시켜 글로벌 지능형 해운개발 및 혁신센터로 거듭나는 것을 목표로 한다. 이후 2035년까지 지능형 배송 서비스, 안전, 환경 보호 수준 및 효율성을 더욱 향상시키고, 2050년까지 고품질의 지능형 배송 시스템을 구축하는 것을 목표로 하고 있다. 이 계획에는 전략설계 강화, 항만 및 해운 인프라의 정보 및 인텔리전스 향상, 지능형 선박 기술 적용 촉진, 기술 혁신 촉진, 보안 시스템 구축 가속화, 지능형 선박 설계 및 시공 능력 향상 등 몇 가지 핵심 과제가 있다.[14]

한편 중국 교통부는 스마트 해운 개발에 관한 지침(Guidance on the Development of Smart Shipping)을 발표하였다. 이 지침은 4개 단계로 나누어 중국의 스마트 해운 발전을 위한 전략적 목표를 제시하고 있다. 첫 번째 단계는 약 3년 간 중국의 스마트 해운 발전의 최상위 설계(top-level design)를 기본적으로 완성하고자 한다. 이를 통해 스마트 선박, 스마트 해운 보험, 스마트 해운 감

표 5-3 중국 스마트 해운 발전 단계 및 목표

구분	주요 내용
2023년	기본적인 스마트 해운 발전의 최상위 설계(top-level design) 완성
2025년	스마트 해운 발전을 제약하는 핵심 기술을 확보와 스마트 해운 법규의 틀과 기술 표준체계 초안 마련
2035년	스마트 해운 핵심기술을 포괄적으로 확보하고 스마트 해운 기술표준체계를 보다 완벽하게 구축
2050년	고품질의 스마트 해운 체계가 형성

자료: KMI 중국연구센터, "중국 스마트 해운의 발전 추세 및 한국에 대한 시사점," 「중국리포트」, 2019.10.16. p.5.

독 등 스마트 해운 시험구역과 시범환경 조건을 갖출 예정이다. 두 번째 단계에서는 2025년까지 스마트 해운을 제약하는 핵심 기술을 개발하고, 글로벌 스마트 해운 발전 혁신의 중심지로 부상해 국제적으로 앞선 패키지 기술 집적 능력을 갖출 예정이다. 스마트 해운 법규의 틀과 기술 표준 체계의 초안이 마련되어 스마트 해운 발전의 기반 환경이 형성될 것으로 기대한다. 아울러 고도 자동화와 부분 지능화를 통해 해운서비스, 안전, 친환경의 수준과 경제성이 현저히 개선될 예정이다. 셋 번째 단계는 2035년까지 스마트 해운 핵심기술을 포괄적으로 확보할 계획이다. 이에 따라 완벽한 스마트 해운 기술 표준체계를 갖출 것으로 기대되며, 고도의 지능화를 통해 해운서비스, 안전, 친환경 수준과 경제성의 수준이 한층 향상될 예정이다. 넷 번째 단계는 2050년까지 고품질 스마트 해운 체계를 형성하여 해상운송강국 건설에 결정적 역할을 하게 될 예정이다.[15]

② 정책지원 구조

표준화 및 규제 관리 측면에서 산업정보기술부와 교통부의 두 부처가 스마트 해운 기술에 관여하고 있다. 산업정보기술부 선박부(Ship Division)는 선박 산업 행정을 담당한다. 교통부의 지휘 아래 중국선급협회(CCS)는 선박에 대한 선급 서비스 및 법률 조사를 제공한다. 해사안전청(MSA)은 선박 안전 관리를 담당한다. 기술 혁신 및 개발 영역에서 재정부(MoF)와 과학기술부(MoST)는 재정 등 정책지원을 한다. 또한 지방 정부는 지방 기업의 과학 및 기술 혁신을 장려하는 정책을 만들 수 있다. 이러한 정부 기관의 책임 하에서 국유 기업, 민간 기업, 대학과 연구 기관은 산업 발전과 정부 행정을 지원하기 위해 협력 관계를 형성한다.

③ 행정 및 정책지원 내용

행정 및 정책 지원과 관련하여 첨단기술기업인증관리조치(Measures for the Administration of the Certification of High-tech Enterprises)는 민간 기업에 인센티

그림 5-1 중국의 스마트 선박 개발을 위한 정책지원 시스템

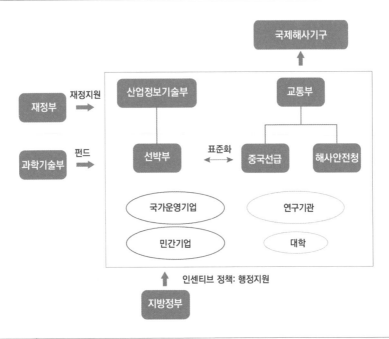

자료: Liang Jingjing, *Smart Shipping Technology and Maritime Administration: A Comparative Study of Japan and China*, Graduate School of Public Policy, University of Tokyo, June 2020, p.11.

브를 제공할 수 있는 유일한 정책이다. 국가가 지원하는 하이테크 영역에 속하는 적격 기업은 세금 우대정책을 누릴 수 있다. 2016년 이 조치에 지능형 운송 기술과 첨단 조선 기술이 지원 목록에 포함되어 그 이후로 지원이 이루어지고 있다.16) 지방 수준에서 정부는 주로 세금 우대, 임대료 수당, 사무실 및 토지 등 유사한 인센티브 조치를 공식화할 수 있다. 이러한 조치는 지역마다 다르며 모든 기술 회사에 일반적이다. 스마트 해운 기술 기업은 주하이와 칭다오와 같이 해양 경제 개발에 중점을 둔 지역에서 정부의 지원을 받을 가능성이 더 크다.

직접적인 정부 투자는 기술 프로젝트 자금 및 예산 할당을 통해 이루어진다. 스마트 해운 기술은 국가 전략에 의해 제안되기 때문에 과학기술부와 지역

과학 기술 부서는 매년 발표되는 주요 기술 프로젝트에 대한 적용 지침에 관련 프로젝트를 추가한다. 산업정보기술부는 스마트 선박 1.0 프로젝트와 같은 특별 프로젝트를 설정하기 위한 예산을 배정한다.

기업, 대학 및 연구 기관은 국가시스템을 통해 프로젝트 자금을 신청할 수 있다. 일반적으로 국가시스템은 국영 기업 및 기관 또는 지역의 주요 민간 기업에 자금을 지원한다. 그러나 민간 기업, 특히 중소기업의 경우 명확한 지침과 확실한 지원에 관한 내용을 제공하지 않고 있어서 주로 국영기업과 기관에 투자가 이루어진다고 볼 수 있다.

④ 규제 노력

자율운항선박의 표준 공식화 및 기존 법률 및 규정의 검토는 각자의 책임에 따라 산업정부기술부, 중국선급 및 해사안전청의 선박사업부에서 수행한다. 해사안전청은 국제해사기구 규정검토작업(regulatory scoping exercise: RSE)을 담당하고, 중국선급과 산업정부기술부는 각각 기술 규범과 산업 표준의 검토 및 공식화를 주도한다. 현재 중국선급은 자율 선박 조사에 대한 몇 가지 지침을 발표했다. 산업정부기술부는 업계, 대학 및 연구 기관의 이해 관계자를 구성하여 자율 선박 표준 시스템 구축 가이드(Guide to the Construction of Autonomous Ship Standard System)를 개발하고 있다. 이 세 정부 부서는 국제해사기구 업무에 참여하는 데 협력하고 있다. 교통부 측에서는 현재 대부분의 규제 작업이 국제해사기구 논의에 의해 추진되고 있으므로 국내 규제에 대한 범위 등과 관련된 논의는 본격적인 진행이 이루어지지 않았다.

⑤ 인프라 및 정보 공유

대규모 조선 및 해운 국가인 중국은 조선업, 항만 시설, 해양 관리 및 항해 지원 분야에서 어느 정도 디지털 기반을 갖추고 있다. 스마트해운은 선박, 항만, 감리, 항행지원, 해운서비스 등 해운의 모든 요소가 통합되어 디지털화되고, 스마트한 네트워크를 형성하는 것이다. 문제는 이들 영역의 개발 수준이 서로 상이하여 조정이 어렵다는 것이다. 인프라 역시 스마트 해운 개발을 지원하기에는 여전히 불충분하다고 평가된다. 중국은 표준화, 안정성 및 적용 범위에 대한 우려로 인해 모든 당사자의 정보 공유를 위한 디지털 데이터베이스 또는 개방형 플랫폼을 아직 구축하지 못했다. 중국 정부는 인프라 기반이 좋은 지역을 우선적으로 선정하여 지역 수준에서 스마트 해운을 촉진하기 위한 선도연구 방식을 채택한다.

산업 분야에서 산업정보기술부는 산학연관을 연결하여 정보 공유와 산업 협력을 추진했다. 예를 들어 중국 스마트 선박 혁신 연합(China Smart Ship Innovation Alliance), 무인 선박 산업혁신 및 개발 연합(Unmanned Ship Industry innovation and Development Alliance)과 같은 다양한 연합이 이미 설립되었다. 이러한 연합은 제휴 회원의 공동 노력으로 산업 체인을 구축하고 연구개발 비용과 위험을 줄이며 전체 산업의 혁신과 경쟁력을 향상시킬 것으로 기대된다.

2 일본

최근 몇 년간 디지털 전환이 전세계의 핵심 키워드로 부상하고 있으며 이는 일본도 예외가 아니다. 근로자들의 고령화와 코로나 19는 민간부문뿐만 아니라 공공부문에 있어서도 디지털화를 위한 노력에 박차를 가할 것을 요구하고 있다. 그러나 현재 나타나고 있는 실적들을 판단해 볼 때 일본은 여타 경쟁국가들에 비해 디지털 전환이 뒤처지고 있는 상황이다. 이에 일본정부는 2017년 스마트사회라는 사회 5.0(Society 5.0) 아젠다를 발표하여 가상공간과 현실공간을 융합한다는 목표 아래 다수의 정책들을 발표해 왔다. 특히 2021년 9월 디지털청(Digital Agency)을 신설하여 국가차원의 디지털 전환을 추진해 오고 있다. 그러나 안정지향적인 일본 기업환경(사내 기업가정신, 내수시장지향성 등), 오랫동안 대기업에 의존한 기업 혁신활동, 디지털 혁신의 주요 동인인 스타트업 생태계와 벤처캐피탈 시장의 미성숙 등으로 인해 일본의 디지털 전환은 여타 경쟁국들에 비해 뒤쳐져 있는 것이 현실이다.17) 이하에서는 일본 국토교통성이 추진하고 있는 해사산업에 있어서 디지털 전환에 대해 알아보고자 한다.

1) 해사산업의 생산성 혁신(i-Shipping과 j-Ocean)18)

2016년 6월 국토교통성 산하의 교통정책심의회 해사분과회 해사혁신부회에서 "해사산업의 생산성 혁신(i-Shipping)을 통한 조선산업의 수출 확대와 지방 생성을 위한 추진 조직"이 설립되었다.

이를 근거로 하여 국토교통성 해사국은 일반 상선분야의 선박 개발, 설계, 건조에서부터 운항에 이르는 모든 단계의 생산성 향상을 목표로 하는 'i-Shipping'과 해양개발분야에서 일본 해사산업의 적극적인 시장진출을 목표로 하는 'j-Ocean'을 양축으로 하는 "해사생산성혁신"을 추진하고 있다.

최근 해상 광대역 통신의 추진과 정보통신기술을 활용한 선박 운항지원기술의 고도화와 함께 안전하고 효율적인 운항을 가능하게 하는 자율운항선박을 도입하기 위한 움직임이 세계적으로 활발하게 진행되고 있다. 2017년 6월에는 국제해사기구에서 자율운항선박의 국제기준에 대한 검토 개시를 결정한 바 있다.

2017년 12월 국토교통성 해사분과회 해사이노베이션부회에서 2025년까지의 단기적 과제와 시책 등을 제시였으며, 2018년 6월 제7회 교통정책심의회 해사분과회 해사혁신부회를 개최하여 정책의 신속한 시행을 통한 해사생산성 혁신을 가속시키고 있다.

(1) i-Shipping

해사산업의 생산성 혁신을 의미하는 "i-Shipping"은 2025년 세계 신조선 건조량 시장점유율 30%를 목표로 선박의 개발 · 설계, 건조, 운항의 각 단계에서 생산성 향상에 기여하는 기술개발 지원 등을 추진해 오고 있다.

i-Shipping 설계와 관련하여 선박의 환경규제 강화 등에 따라 선형 개발 요구가 증대하는 가운데, 새로운 선형 개발에 필요한 수조 시험은 많은 시간을 필요로 하지만 일본에는 실험 수조의 수가 적은 관계로 이를 보완하는 정밀도와 신뢰성이 높은 시뮬레이션(CFD: Computational Fluid Dynamics) 프로그램을 구축하여, 수조 시험의 일부를 컴퓨터로 대체시키는 조사 연구를 실시해 왔다. 또한, 선박의 건조 현장에서 필요한 부재(부품과 재료)의 위치, 치수 등의 정보를 결정하는 생산설계에 관하여 설계자의 부담을 줄이고, 설계 오류의 방지를 도모하기 위해 인공지능을 활용한 생산설계의 지원 시스템을 구축하기 위한 조사를 실시하고 있다.

i-Shipping 건조와 관련해서는 인공지능, 사물인터넷 등을 활용해 선박의 건조단계에 있어서 생산성을 근본적으로 향상시키는 혁신적인 기술개발에 대한 자금지원을 실시하고 있다. 구체적으로 조선소의 부품 관리 및 조립과 관련하여, 현장 상황을 파악·분석하고, 건조 공정의 낭비를 방지하는 모니터링·플래닝 기술의 개발이나 인공지능 자동용접 로봇의 개발 사업에 대해서 지원하고 있다.

i-Shipping 운항과 관련하여 최근 해상 광대역 통신과 빅데이터를 비롯한 정보통신 기술의 급속한 발전에 따라 해사분야에서도 디지털화가 급속히 진행될 것으로 예상된다. 이러한 움직임에 신속하게 대응하는 것이 향후 일본 해사 산업의 국제경쟁력을 좌우한다고 판단하여 2016년부터 사물인터넷·빅데이터 등의 선진적인 기술을 활용한 선박·조선기자재 등의 개발을 추진하고 있다. 또한 최근 해사분야 디지털화의 핵심분야 중 하나인 자율운항선 실현을 위한 대응이 각국에서 경쟁적으로 진행되고 있는 것을 감안하여 일본 역시 2025년 자율운항선의 실용화를 목표로 노력을 가속화하고 있다.

(2) j-Ocean

중장기적으로 세계 에너지 수요는 지속적인 증가 추세를 보일 것으로 전

망되고 있어, 해상풍력발전 등 해양 재생가능 에너지 개발의 확대가 기대되고
있다.

해양개발분야에서는 가격이 높고 엔지니어링 비용의 비중이 큰 다양한 종
류의 선박이 이용되고 있기 때문에 기술력이 높은 기업에게는 상당히 매력적인
시장이다. 따라서 일본 해사산업이 한 단계 더 성장하기 위한 매우 중요한 신시
장으로 인식하고 있다. 이에 따라 국토교통성에서는 일본 해사산업의 해양개발
분야 진출을 위해 'j-Ocean'정책을 도입하여 비용절감 등 시장 요구에 대응하
기 위한 기술개발 지원, 수중드론(AUV: Autonomous Underwater Vehicle)이나 부유
식 해상풍력발전 등 일본이 가진 선진 기술의 시장화와 보급 촉진 등의 정책들
을 추진하고 있다. 구체적으로는 최근 해양개발분야의 수요자인 석유회사 및 엔
지니어링회사가 거래처를 재검토하고 비용절감을 추진하고 있는 점을 감안하
여, 일본 해사산업이 상선분야에서 축적한 기술을 활용하고, 패키지화를 통한
비용절감 등 시장 요구에 부응하는 제품을 만들어 나가는 방안에 대해 지원하
고 있다.

또한 일본은 해양자원 조사에 이용하는 수중드론(AUV)과 복수의 부유식 해
상풍력발전시설로 구성된 발전소(소위 Wind Farm) 등 세계 최고수준의 기술도
보유하고 있다. 국토교통성에서는 이러한 기술을 세계시장에 판매하기 위해 관
련 환경정비를 적극 추진하고 있다.

(3) 자율운항선박[19]

국토교통성은 해사분야의 디지털화를 가속하기 위해 2016년도부터 사물인
터넷·빅데이터 등의 정보통신기술을 활용한 선박 및 조선기자재 분야의 기술
개발을 적극 추진하고 있다.

선박용 기기 분야(조선기자재)도 디지털화가 진행되어 네트워크를 통해 보
다 통합적으로 제어·운용되는 단계에 진입하고 있다. 또, 선박용 기기로부터 얻
은 정보와 데이터를 정보처리시스템을 통해 분석하고 적극적으로 피드백함으로

써 기기의 자동제어나 선원에 대한 행동 제안과 판단 지원에 활용하는 단계 즉, 「자율운항선박」의 단계에 이르고 있으며, 이러한 자율운항선박의 실현을 위한 실증작업이 현재 각국에서 진행되고 있다.

이러한 배경 속에서 일본 교통정책심의회 해사이노베이션부회의 2018년 보고서에서는 2025년까지 자율운항선박의 실용화를 위한 로드맵과 함께 실용화에 필요한 규제나 제도, 선원에게 새롭게 요구되는 능력과 교육방법의 실시 등을 제시하고 있다. 이에 따라 국토교통성에서는 자동운항선박의 실용화에 필요한 기준 등의 환경정비를 위해 자율운항선박의 핵심이 되는 자동조정기능, 자동이착기능, 그리고 원격 조정기능 등 3가지 기능에 대해 2018년도부터 실증사업

표 5-4 자율주행차량과 자율운항선박 비교

	자율주행차량	자율운항선박
운전/운항	• 1인 운전수가 조정	• 선박 조정, 기관보수, 화물감시, 이접안 등 복수의 인력이 작업을 분담 • 선박은 승무원에 의해 운용되는 대형 시스템이며, 24시간 가동되는 플랜트 성격도 가짐
물리적 특성	• 소형으로 민첩성이 높음(급발진, 급정지, 급선회가 가능)	• 대형 선박은 수십만 톤이며, 민첩성이 낮음(급발진, 급정지, 급선회 불가능)
주행/운항환경	• 움직임은 비교적 빠르며 다른 차량과 거의 항상 근접 • 보행자, 자전거가 주변에 다수 존재 혼합교통 • 도로, 차선, 신호 등 이동 제약이 많음 • 고장 발생 시 지원을 받기 쉬움	• 움직임은 상대적으로 느리고 다른 선박과 거의 근접하지 않음 • 주위에는 선박이 주이지만, 어망이나 부유물도 존재 • 혼잡 해역 등 일부를 제외하고 이동 제약은 적음 • 장기간 해상에서 고립
개발동향	• 충돌피해감소 브레이크 등 센서기술을 활용한 운전지원기술이 실용화 • 센서 등에 의한 자차 주변 물체 인식기술과 3D 위치정보, GPS 등의 조합에 의한 고도의 자동운전기술 개발이 진행	• 항해 계획, 선박 조정, 선체 및 기기 관리, 화물관리 등의 작업 분야마다 안전성·효율성 향상에 도움이 되는 기술개발이 진행

자료: 일본 국토교통성 해사이노베이션부회, 「해사산업의 생산성 혁명의 심화를 위한 추진 과제 보고서」, 2018, p.20

그림 5-2 일본 자율운항선박의 개발 및 실용화를 위한 로드맵

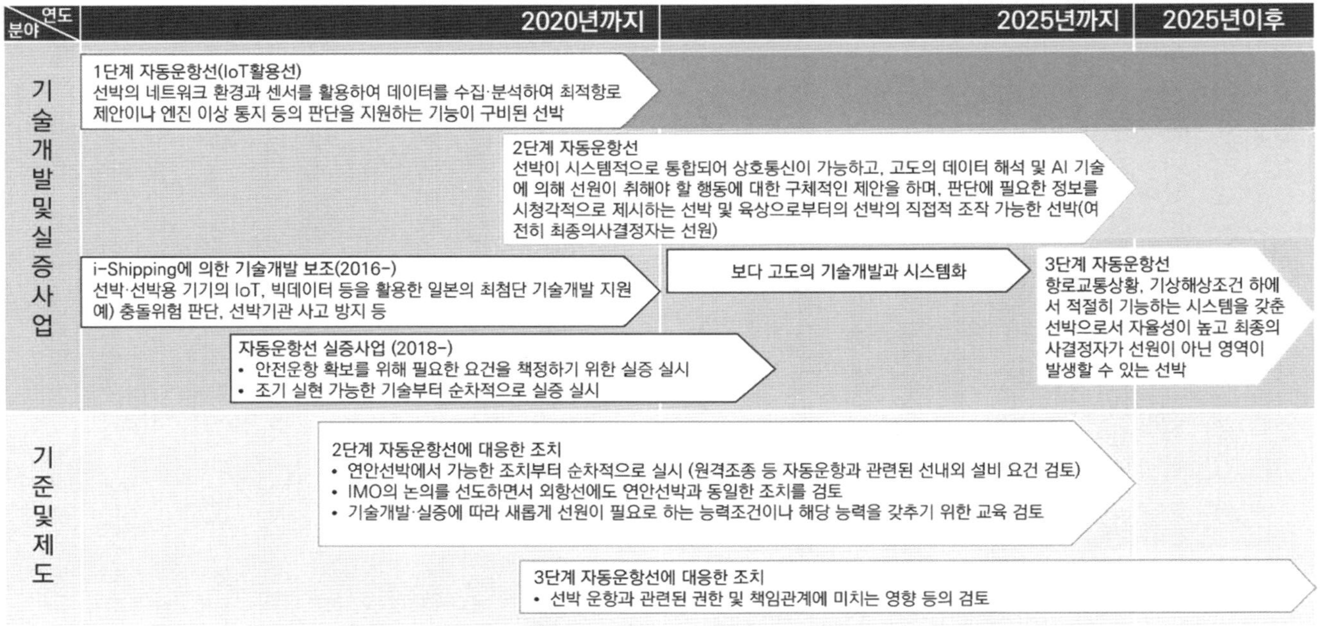

연도 / 분야	2020년까지	2025년까지	2025년이후
기술개발 및 실증사업	**1단계 자동운항선박(IoT활용선)** 선박의 네트워크 환경과 센서를 활용하여 데이터를 수집 분석하여 최적항로 제안이나 엔진 이상 통지 등의 판단을 지원하는 기능이 구비된 선박	**2단계 자동운항선박** 선박이 시스템적으로 통합되어 상호통신이 가능하고, 고도의 데이터 해석 및 AI 기술에 의해 선원이 취해야 할 행동에 대한 구체적인 제안을 하며, 편단에 필요한 정보를 시청각적으로 제시하는 선박 및 옥상으로부터의 선박의 직접적 조작 기능한 선박(여전히 최종의사결정자는 선원)	**3단계 자동운항선박** 항로교통상황, 기상해상조건 하에서 적절히 기능하는 시스템을 갖춘 선박으로서 자율성이 높고 최종의 사결정자가 선원이 아닌 영역이 발생할 수 있는 선박
	i-Shipping에 의한 기술개발 보조(2016-) 선박·선박용 기기의 IoT, 빅데이터 등을 활용한 일본이 최첨단 기술개발 지원 (예) 충돌위험 편단, 선박기관 사고 방지 등	**보다 고도의 기술개발과 시스템화**	
	자동운항선 실증사업(2018-) · 안전운항 확보를 위해 필요한 요건을 책정하기 위한 실증 실시 · 조기 실현 가능한 기술부터 순차적으로 실증 실시		
기준 및 제도	**2단계 자동운항선에 대응한 조치** · 연안선박에서 가능한 조치부터 순차적으로 실시 (원격조종 등 자동운항과 관련된 선박의 설비 요건 검토) · IMO의 논의를 선도하면서 연안선에도 연안선박과 동일한 조치를 검토 · 기술개발·실증에 따라 새롭게 선원이 필요로 하는 능력조건이나 해당 능력을 갖추기 위한 교육 검토		**3단계 자동운항선에 대응한 조치** · 선박 운항과 관련된 권한 및 책임관계에 미치는 영향 등의 검토

자료: 일본 국토교통성 해사이노베이션부처, 「해사산업의 생산성 혁명의 심화를 위한 추진과제 보고서」, 2018. p.39.

을 진행하고 있다.

자율운항선박에 관한 기술개발 동향을 바탕으로 기준이나 규제제도가 부족하지 않도록 가능한 조치를 강구해 나간다는 방침이다. 기술개발·실증을 적극 지원. 기준·제도 등에 대해서도 연안선박부터 순차적으로 가능한 조치를 실시하는 한편, 국제해사기구의 논의를 선도하면서, 외항선박에 대해서도 동일한 조치를 검토할 예정이다. 향후 3단계 자동운항선박은 선박 운항과 관련된 권한 및 책임 관계에 미치는 영향과 같은 기술적 측면 이외의 내용을 포함하여 중장기적으로 검토할 예정이다.

일본 국토교통성에서는 자율운항기술의 실증사업(선박 자동조정, 원격조정, 자동이접안 기능)을 2018년부터 단계적으로 실시해오고 있다.

일본은 당분간 다양한 수준에서 자율운항선박의 검증을 진행할 것으로 예상된다. 즉 실증사업에서 축적한 지식을 기반으로 자율운항선박의 설계, 자동조정시스템의 탑재, 자율운항선박 운항에 관한 유의사항 등을 가이드라인으로 정비해, 자율운항선박의 실용화를 향한 움직임을 가속해 나갈 것이다.

2) 국토교통성의 첨단안전 선박기술 연구개발 보조사업

일본의 국토교통성에서는 2016년을 생산성 혁신의 원년으로 규정하고 해사산업의 생산성 혁명(i-Shipping)을 통한 조선산업의 수출 확대와 지방 활성화를 추진하고 있다.

그 일환으로서 제품·서비스의 매력도 향상을 위해 노력하고 있으며, 사물인터넷을 활용한 해운 안전성 향상에 기여하는 기술 연구 개발과 관련된 7건의 첨단안전 선박기술 연구개발 보조사업을 결정했다.

첨단안전 선박기술 연구개발 보조사업은 사물인터넷을 활용하여 해운 안전을 향상시키는 기술개발을 추진하기 위하여 선박과 육지간의 통신을 활용한 선박, 선박용 기관 및 선박용 부품 등의 개발을 보조하는 사업이다.

국토교통성은 첨단안전 선박기술 연구개발 보조사업에 대해서 2016년 4월

표 5-5 국토교통성의 첨단안전 선박기술 연구개발 보조사업

분야	주요 내용
유동·조정 시뮬레이션에 의한 운항지원	선박의 충돌 위험 판단과 자율 조정
	해상기상 관측의 자동관측·자동송신 시스템
	선체특성 모델 자동보정기능에 의한 해석 정밀 고도화
	선박과 육상산의 통신을 이용한 액화천연가스(LNG) 안전운반 지원
선체 모니터링 안전설계	대형 컨테이너선의 선체구조 헬스 모니터링(Health Monitoring)
선박용 기기·시스템 예방 보전	빅데이터를 활용한 선박기관 사고예방
	화물선, 산적화물선용 갑판기기의 사물인터넷화

자료: 국토교통성, 해사이노베이션 부회, 「해사산업의 생산성 혁명의 심화: 단기적 추진 조직」, 2018. 03.

부터 5월까지 지원자 모집을 실시하였다. 해운기업과 조선소, 조선기자재 제조업체 등 폭넓은 사업자로부터 응모가 있었으며 외부 전문가로 구성된 평가 위원회에서 평가를 실시하여 7건을 첨단안전 선박기술 연구개발 보조사업으로 결정했다.

선박 유동·선박 조정 시뮬레이션에 의한 운항지원은 기상·해상의 상황·선체·선박조정과 관련하여 축적된 데이터를 실시간 데이터와 비교분석하여 항해 시에 최적의 안전한 선박조정을 지원하여 사고예방, 컨테이너 유출 방지, 충돌 등을 방지하는 사업이다.

첫 번째 안건은 선박의 충돌위험 판단과 자율 선박조정에 관한 연구가 있으며 NYK가 제안하고 ㈜MTI, ㈜일본해양과학, 국립연구개발법인 해상·항만·항공기술연구소, 해상기술안전연구소, 후루노(古野)전기주식회사, 일본무선주식회사, 동경계기주식회사가 공동으로 제안했다. 이 안건은 타선과의 충돌 위험 판단을 용이하게 하는 기능 개발, 비상시 육상으로부터의 원격 선박 조정, 선교의 전방 주시 업무를 보조하기 위한 영상과 항해 계기 정보와 관련된 장비 개발에 따른 사고감소와 선원의 부담 경감 등을 도모한다.

두 번째 안건은 해상기상관측의 자동관측 및 자동송신 시스템의 개발이다. MOL이 제안했으며 후루노전기주식회사가 공동제안했다. 현재 수동으로 행하는 해상 기상 정보의 관측과 송신을 각종 관측 기기의 개발을 통해 자동 관측하고 자동 송신을 가능하게 하는 시스템을 개발하며, 해상 기상 정보의 관측 데이터 수를 비약적으로 증가시킴으로써 해상 기상 예측의 정확성을 높이고 선박의 안전 운항에 이바지하는 시스템을 개발한다.

세 번째 안건은 선체특성 모델 자동보정기능에 의한 해석 정밀도 고도화 및 안전운항에의 대응이다. K-Line이 제안하고 카와사키(川崎)중공업주식회사, K-Line 관리주식회사가 공동제안했다. 기상, 해수상태, 선체 손상의 영향을 고려한 선체 동요 모델을 자동 보정하는 시스템을 개발하여 최적 항로 선정 시스템의 향상을 도모한다.

선체 모니터링에 의한 안전설계는 기상·해상의 상황·선체·선박조정과 관련된 정보를 수집하고 축적하여 선박의 상태를 해석하고 이를 선박의 설계에 반영하는 사업이다. 안건으로는 대형 컨테이너 선박의 선체구조 헬스 모니터링에 관한 연구개발이 있으며 NYK가 제안하고 주식회사 MTI, 재팬-유나이티드 주식회사가 공동으로 제안했다. 대형 상선의 해난 사고를 미연에 방지하기 위하여 컨테이너선의 실제 항해시에 선체에 가해지는 힘 및 항해 데이터, 기상, 해상정보 데이터 등을 계측하고 수집해 선박과 육지 간에 공유함으로써, 선체 구조 강도를 고려한 선박 조정에 대한 판단 지원이나 선박을 보다 합리적으로 설계하는 것이 가능한 시스템을 개발한다.

선박용 기기·시스템 예방 보전은 사물인터넷을 이용해 선박기기의 온도와 압력 등의 정보를 실시간으로 모니터링하여 기기 이상을 조기에 감지하고 사고 발생을 미연에 방지하는 사업이다.

첫 번째 안건은 빅데이터를 활용한 선박기관 플랜트 사고방지를 위한 안전성과 경제성 향상 기술의 개발이다. 재팬 마린 유나이티드의 주도로 NYK, MTI, 디젤 유나이티드 등이 공동으로 제안했다. 조선소, 제조업체, 선사가 일체가 되어, 빅데이터를 활용하여 기관 부문의 사고(특히, 불가동 시간의 장기화, 비용·사회적 충격이 크게 발생하는 고위험 사고) 감소를 목표로 하며, 구체적으로는 주기 실린

더 라이나 상태 진단, 보일러 공분기의 전조 진단, 블랙 아웃 전조 진단, 연료유 청정기 상태 진단 기술 등을 개발한다.

두 번째 안건은 화물선, 산적화물선(벌크화물선)용 갑판기계의 사물인터넷화 연구개발이다. 마나베(眞鍋)조선기계주식회사가 제안하고 우즈마키(渦潮)전기주식 회사가 공동으로 제안했다. 크레인 등의 갑판 기계의 실제 사용 현황과 유압, 전 기, 기계 부품 등의 상황을 파악하여 고장을 예지, 탐지하는 시스템을 구축한다.

3) 일본해사협회(ClassNK)의 선박데이터센터(Ship Data Center)

사물인터넷, 빅 데이터, 인공지능의 진화로 불리는 디지털 시대로의 진입은 새로운 부가가치 창출과 사회과제를 해결하는 동시에 과거의 산업구조 자체의 전환과 변혁을 가져오는 파도처럼 세계의 큰 조류를 이루고 있다. 모든 국가· 사회·산업에서 이미 피할 수 없는 이러한 환경하에서 일본해사협회는 2015년 12월에 선박데이터센터(Ship-DC)를 설립하여 해사산업의 선박 데이터 공유와 그 활용에 기여하는 선박인터넷오픈플랫폼(Internet of Ship Open Platform: IoS-OP) 을 운영하고 있다.

이러한 활동의 성과로서 선박데이터센터(Ship-DC)는 질서 있는 데이터 공

표 5-6 일본해사협회 자회사 선박데이터센터(Ship-DC) 활동 내용

일시	내용
2015년 8월	일반사단법인 일본선박용 공업회 신 스마트 내비게이션 연구회에의 참가
2016년 6월	첨단안전 선박기술 연구개발 지원사업에 데이터 공유 기반 제공
2017년 4월	선박 사물인터넷 활용을 위한 오픈 플랫폼에 관한 포럼 개최
2017년 5월	선박 사물인터넷 오픈 플랫폼에 관한 워크숍 개최
2017년 7월	IoS(Internet of Ships)의 사물인터넷 오픈 플랫폼(Open Platform)에 관한 포럼 개최
2017년 9월~ 2018년 2월	IoS오픈 플랫폼 추진 협의회 주최 당사가 주최하고 47개 55조직이 참가하여 데이터 활용 유스 케이스, 데이터 공유 규칙, 새로운 비즈니스 모델, 향후의 활동 방침 등을 협의

자료: https://www.shipdatacenter.com/

유 규칙 아래 데이터 공유 기반인 플랫폼을 제공함으로써, 해사산업을 구성하는 여러 기업·조직·단체가 실제 비즈니스에서 데이터를 활용하여 각자의 업무 개선을 도모하고, 새로운 비즈니스 모델을 탐구함으로써 산업 전체가 디지털 시대의 새로운 해사클러스터 형태로 발전한다는 활동 목표를 공유하게 되었다.

선박데이터센터(Ship-DC)의 주요 서비스로는 선박인터넷 오픈 플랫폼(IoS-OP) 컨소시엄 서비스, 선박운항 데이터 보관 서비스, 데이터 이용 서비스, 기상 및 해상 상태정보 부가서비스의 제공이 있다. 디지털 시대의 새로운 해사 클러스터 형태를 창조하고, 차세대를 연결하기 위해서 선박데이터센터(Ship-DC)는 해양산업들의 데이터 유통의 실현에 이바지하도록 데이터의 창출·송수신·축적·활용 등 상류에서 하류까지의 작업을 분담하고, 각 회원사가 전문 분야에 자유롭게 참여할 수 있도록 데이터 유통 기반으로서 선박인터넷 오픈 플랫폼(IoS-OP)을 제공하고 있다. 회원은 선박데이터센터(Ship-DC)가 제공하는 다양한 활동에 참가할 수 있다. 선박인터넷 오픈 플랫폼(IoS-OP) 컨소시엄은 회원 기업들을 워킹그룹으로 구성하여 데이터 유통에 관련된 테스트베드의 운영 및 기업간 비즈니스 매칭의 장을 마련하는 등, 해사산업에서의 데이터 활용을 지원하는 역할을 수행한다. 선박인터넷 오픈 플랫폼(IoS-OP) 컨소시엄은 회원 기업에 의한 제1차 총회를 2018년 5월에 개최하고 운영 방법과 워킹그룹의 활동 방침을 결정하였다. 선박인터넷 오픈 플랫폼(IoS-OP) 컨소시엄에서는 산하 4개의 워킹그룹이 활동하고 있으며 회원 기업은 희망하는 워킹그룹에 참여할 수 있다.

4) 디지털시대에 대비한 해사산업 구조전환

선박의 디지털화가 진행됨에 따라 보다 많은 기계와 장비들이 네트워크로 연결되면 이들은 소프트웨어를 통해 통합된 시스템으로서 기능하게 되므로 이 시스템을 구축할 수 있는 사람, 즉 시스템 통합자(system integrator)의 중요성이 증가하고 있다. 일본은 개별 기기 등에서는 높은 경쟁력을 가진 기업이 존재하지만 기업 규모가 작고, 업무 범위도 한정적이다. 또한 소프트웨어를 통한 시스템화 및 데이터 활용의 노하우 전문가가 부족해 개별 기업이나 업계 차원에서의 대응에도 한계가 있다.

또한 이러한 시스템화나 데이터 활용 등 디지털시대에 대응한 산업에서는 기계류 제조와 같은 기존 분야와는 다른 엔지니어링이나 서비스를 포함한 비즈니스 모델의 구축이 요구되고, 이를 위한 노하우 획득과 인재 양성도 필요하다. 기계류 등의 패키지화에 의한 사용자 요구에 대응한 제품 및 서비스의 개발이나 일본이 우위를 점하고 있는 기술을 활용한 신시장 창출에 대해서는 해양개발분야를 대상으로 한 'j−Ocean'에 의해 선행적으로 진행되고 있으나 이러한 전략을 상선분야에서도 추진하는 것이 필요하다. 따라서 지속적으로 해양개발분야에 대한 진출을 강력하게 진행함과 동시에, 일본이 강점을 발휘하고 있는 분야를 중심으로 「일본판 시스템 통합자(System Integrator)의 실현」을 추진할 예정이다. 또한 환경정비 측면에서 "시스템간 표준화 및 규격화의 추진"과 개별 기업의 "제품·서비스에 있어서의 디지털 기술과 데이터의 활용"을 추진하고, 장래를 위한 "연구개발·혁신(RD&I)의 기반 정비"를 추진함으로써 일본 해사산업을 디지털화 시대에 적합한 산업구조로 전환을 촉진하는 정책을 실시해 나갈 예정이다. 이 경우 일본 독자적인 사양이나 규격에 의한 소위 갈라파고스화 현상(Galapagos syndrome)[20]을 주의해야 하고, 국내외 연구기관들과의 제휴를 통한 표준화를 시도하는 것이 중요하다. 이와 더불어 종래 일본에서 시스템 통합 기능을 담당해 온 조선기업은 조선기자재 제조업체들과의 제휴, 협업, 통합 등을 통해 디지털시대에 대응할 수 있는 자체 능력을 배양해 나갈 계획이다.

해사분야에서도 데이터의 중요성에 대한 인식이 높아지고, 선박 데이터센터(Ship Data Center) 설립 등 세계적으로도 앞선 대책이 시행해지고 있지만, 데이터의 수집과 집적, 편익 발생과 추가 데이터의 집적으로 이어지는 선순환의 확립은 아직 충분하지 못한 상황이다. 이러한 선순환 확립을 가속화하기 위해 업계에서는 인공지능·데이터 분석 등을 대상으로 일반인 연수 외에 데이터 유통·활용을 촉진할 수 있는 제도 검토나 데이터 해석이나 비즈니스 모델 구축을 담당할 수 있는 인재 육성을 지원해야 한다.

또한 화주나 해운기업 등의 다양한 이용자 요구에 대해, 조선 산업의 수평적 협력체계 구축을 통해 유연하고 신속한 대응이 가능한 연구개발과 혁신(Research, Development and Innovation: RD&I) 구조로서, 유럽에서는 공동산업프로젝트(Joint Industry Project: JIP)가 활용되고 있다. 일본에서도 공동산업프로젝트 사례가 존재하지만 지속적으로 형성되는 체제는 아니다. 따라서 체계적인 구조·조직의 구축 및 노하우의 축적을 진행시켜야 한다. 이때, 사용자의 요구를 발굴해, 지적재산권을 포함한 권리의 조정 등을 실시하는 촉진자(facilitator)의 존재가 중요하고, 실제 공동산업프로젝트 형성을 통해 해당 인재를 육성해 나가야 한다.

section 02 우리나라 전략

1 스마트 해운물류 확산 전략

　　우리나라의 해운물류 분야 디지털 정책으로는 2021년 '제33차 경제중대본
회의'에서 심의 의결된 「스마트 해운물류 확산전략」이 있다. 이 전략은 "세계를
선도하는 스마트 해운물류 실현"을 비전으로 제시하고, 2025년까지 선박접안시
간 5% 단축, 항만작업자 30% 저감, 신디지털서비스 10개 창출, 전문인력 2천명
육성 등 4개의 목표를 제시하고 있다. 이러한 비전과 목표하에서 정부는 스마트
물류기술 개발 및 확산, 디지털 기반 해운물류 안전 확보, 해운물류 데이터 경
제 활성화, 전문인력 양성 및 민관협력 추진 등 4대 전략을 토대로 9개 주요 과
제를 제시하였다. 9개 주요 과제로는 ① 해운·항만 스마트물류 기술개발 및 확
대, ② 물류 전 구간의 운송 최적화, ③ 항만 내 작업자 및 시설 안전 강화, ④
첨단 해상통신기술 기반 선박사고 방지, ⑤ 플랫폼 기반 해운물류 신규서비스
제공, ⑥ 데이터 공유 및 유통 체계 구축, ⑦ 스마트 해운물류 스타트업 육성,
⑧ 스마트인력 양성 및 일자리 전환, ⑨ 공공·민간 스마트물류 역량 결집을 위
한 협력 등이 있다.

　　이 전략 이전에 정부는 2020년 2월 '수출입 물류 스마트화 추진방안'을 발
표한 바 있다. 이 정책은 주로 수출입 및 항만과 관련한 스마트화 전략을 마련
한 것이다. 주요 추진 과제로는 ① 항만 자동화와 지능화, ② 항만 내 터미널 간

표 5-7 스마트 해운물류 확산전략의 비전 및 목표

비전	"세계를 선도하는 스마트 해운물류 실현"

목표	**'2025년까지 스마트 해운물류 활성화 기반 마련** ▶ 주요 해운물류거점 스마트 물류기술 실증 및 확대 ▶ 디지털 기반 해운물류 데이터경제 확산 ▶ 법제도, 전문인력 등 스마트인프라 구축 선박접안시간 5% 단축 (2025) · 항만작업자 사고 30% 저감 (2025) · 新 디지털서비스 10개 창출 (2025) · 전문인력 2천명 육성 (2025)

전략	주요과제
1. 스마트 물류기술 개발 및 확산	1-1. 해운·항만 스마트물류 기술개발 및 확대 1-2. 물류 전 구간의 운송 최적화
2. 디지털 기반 해운물류 안전 확보	2-1. 항만 내 작업자 및 시설 안전 강화 2-2. 첨단 해상통신기술 기반 선박사고 방지
3. 해운물류 데이터 경제 활성화	3-1. 플랫폼 기반 해운물류 신규서비스 제공 3-2. 데이터 공유 및 유통 체계 구축 3-3. 스마트 해운물류 스타트업 육성
4. 전문인력 양성 및 민관협력 추진	4-1. 스마트인력 양성 및 일자리 전환 4-2. 공공·민간 스마트물류 역량 결집을 위한 협력

자료: 관계부처합동, 「스마트 해운물류 확산전략」, 2021.4.

연계 효율화, ③ 항만−선박−육상 연계운송 효율화, ④ 공공 물류 데이터 신뢰
도 및 활용도 제고, ⑤ 공공 물류 데이터 간 연계 활용, ⑥ 공공·민간 물류 데
이터 플랫폼 구축, ⑦ IT 융합형 물류인력 및 선원인력 양성, ⑧ 종합적인 창업
지원 체계 구축, ⑨ 영세 물류 기업의 디지털화 지원, ⑩ 종합적인 민·관 협력
체계 구축, ⑪ 국제표준 및 국제법·제도 수립 참여, ⑫ 국제적인 첨단 물류 인
프라 테스트베드 구축 등을 포함하고 있다.[21] 이외에도 2019년 1월 발표된 '스
마트 해상물류 체계 구축전략'이 있다.[22] 정부가 해상물류 관련하여 스마트화

정책을 발표한 것은 이 계획이 최초이다. 여기서는 전자에서 언급한 스마트 해운물류 확산전략과 주요 추진과제에 대해 설명하고자 한다.

1) 스마트 물류기술 개발 및 확산[23]

(1) 해운·항만 스마트물류 기술개발 및 확대

선진국과의 기술격차를 해소하기 위해 선박, 항만, 배후단지 등 물류 거점의 스마트화를 위한 물류기술개발을 적극 추진한다.

① 자율운항선박 기술개발 및 상용화

자율운항선박 기술개발을 위해 첫째, 기술개발 측면에서 운항효율성을 극대화할 수 있는 자율운항시스템 등 기술개발 및 실증사업을 추진한다 (2020~2025년, 해수부·산업부). 아울러 통신 설비, 운항 시뮬레이션 등 실증 인프라를 모두 갖춘 성능실증센터를 울산에 구축·운영하여 실증 지원 및 기술을 고도화 한다. 이를 위해 선사의 요구사항 파악 등 기술협력, 핵심 장비·시스템 탑재 및 실제 운항 데이터 확보를 위한 선박 제공 등 관련 협약을 체결하였다 (2020.11, 해수부−사업단−팬오션 컨소시엄).

둘째, 국제표준 및 상용화를 추진한다. 기술개발 및 실증 결과를 바탕으로 국내 기술의 국제표준 반영 등을 위해 국제협력(IMO 규제식별논의 등)을 적극 추진한다. 자율운항선박 도입 및 상용화 촉진을 위해 선제적으로 규제사항을 발굴·정비하는 '규제혁신로드맵'을 수립한다(2021.6).

② 스마트항만 기술개발 및 구축

첫째, 항만 자동화를 추진한다. 항만 내 화물처리 전 영역(안벽−이송−야드)에 대한 자동화운영 기술·장비 개발 및 도입을 추진한다. 광양항 '컨' 부두(3−2단계)에 테스트베드를 구축·운영(2022~2026)하고, 부산항 진해신항 등 신규항만에 자동화시스템을 도입한다. 이를 위해 광양항 컨테이너 부두를 자동화항만 구축사업 예비타당성조사 대상으로 선정(2020.12, 5,940억원)하였다. 항만배후단지에 화물의 입·출고 및 재고관리를 자동화·지능화한 공동물류센터를 순차적으로 건립(2021~2022년 인천항, 2022~2024년 부산항)한다.

둘째, 항만 지능화를 추진한다. 항만 내 장비, 작업자 데이터를 실시간 수집하고 컨테이너 최적배치 시뮬레이션 등 인공지능 기반 분석으로 항만운영을 최적화한다. 부산항 신선대터미널에 사물인터넷 기반 지능형항만 플랫폼 현장 실증을 추진한다(2021년 9월 이후).

셋째, 자율주행차량 자동하역을 추진한다. 자율주행차량 기술개발에 발맞추어 차량의 자동차운반선 자동탑재를 위한 기술개발(2021~2027)을 추진한다. 자율주행기술개발 혁신사업(2021~2027)은 산업부·과기정통부·국토부·경찰청을 중심으로 추진 중이다. 차량의 자동차운반선 자동탑재를 위한 기술은 기존 인력에 의존한 자동차 하역을 차량이 터미널과 선박 간 스스로 이동하여 자동차를 선적하는 방식이다.

③ 스마트 컨테이너 개발 추진(2021~2024)

스마트 컨테이너 개발을 추진한다. 내장 센서를 통해 화물 위치 등을 실시간 확인하고 온·습도를 원격제어할 수 있는 컨테이너를 개발한다. 컨테이너 내 온도이탈 확인 시 원격제어를 통해 냉동·냉장 화물의 손상을 방지한다.

(2) 물류 전 구간의 운송 최적화

① 자율운항선박의 항만 기항 대비 기술개발

첫째, 자율운항선박의 항만 기항 자동화를 위한 기술개발 및 실증사업(2021~2025)을 추진한다. 인공지능을 기반으로 상황판단 및 예측정보 제공이 가능한 도선지원 시스템 및 무인자동화 선박계류장치를 개발한다. 원격제어·무인선박 등과 교신이 가능한 디지털 관제 기술을 개발한다.

둘째, 비대면 입출항서비스, 항만운영통합모니터링 시스템 도입방안 논의를 위한 산학연협의회 구성 및 운영(2021년 하반기, 해수부·해경 등)하여 협력체계를 구축한다.

② 항만-육상 간 운송 자동화

첫째, 항만－철도 운송 자동화를 추진한다. 항만과 철도를 연결하는 컨테이너 셔틀 레일 기술개발 및 실증(광양항 동측 철송장)사업을 추진(2017~2021, 국토부)한다.

둘째, 항만－배후단지 운송 자동화를 추진한다. 항만과 배후단지 간 화물의 무인운송을 위한 자율주행트램(울산항) 개발을 검토(2021년 이후)한다.

③ 물류운송 최적화를 위한 플랫폼 구축 및 고도화

첫째, 데이터 공유 기반을 마련한다. 부산항에 항만 내, 항만과 육상 간 화물이동 정보의 공유를 위한 플랫폼을 개발하여 본격운영(2021년 6월 이후, 부산항)한다. 부산항 운영성과를 바탕으로 인천항, 광양항 및 울산항으로 확대한다.

둘째, 공유체계 구축 및 물류운영을 최적화한다. 선사－터미널운영사－육상운송사 간 협력적 의사결정 지원을 위한 플랫폼을 개발 검토(2022년 이후)한다. 이 플랫폼은 물류주체 간 쌍방향 의사소통 및 수송스케줄 변경 의사결정 지원을 위한 인터페이스를 구축하고, 실시간 데이터 및 인공지능 기반 물류최적화 지원기능을 구현한다. 부산항에 우선 구축한 후 타 항만으로의 확산 방안을 검토한다.

표 5-8 물류플랫폼을 통한 항만물류정보 공유체계

구분	주요 내용
항만-육상	항만에 대한 컨테이너 사전 반출입 예약시스템 구축·운영으로 컨테이너의 터미널 반입 및 반출 정보를 실시간 공유하기 위한 기반 마련
항만 내	터미널 간 화물 운송을 지원하기 위한 블록체인 플랫폼 운영을 통해 터미널 간 실시간 환적화물 이동정보의 공유 지원

자료: 관계부처합동, 「스마트 해운물류 확산전략」, 2021.4.

그림 5-3 물류 전구간의 최적화 운영(개념도)

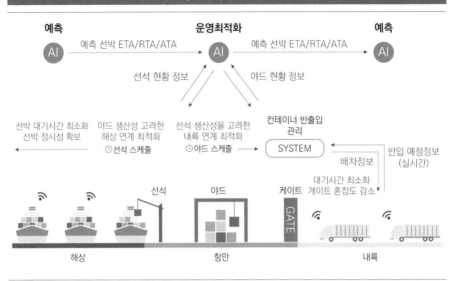

자료: 관계부처합동, 「스마트 해운물류 확산전략」, 2021.4.

셋째, 항만과 배후 도시간 물류시스템 연계를 추진한다. 항만물류시스템(항만공사)과 스마트 교통시스템(지자체) 간 데이터 연계를 통한 물류흐름 최적화를 추진한다. 항만 운영상황을 디지털 트윈으로 구현하고 화물이동의 정시성 확보를 위하여 도심 교통량정보까지 고려한 최적화 분석을 지원한다. 도심 교통량정보는 부산시 등 지자체에서 지능형 CCTV를 활용하여 트럭 등의 실시간 이동정보 파악이 가능하다. 이와 관련 실증사업(2021. 33억원, 과기정통부)을 우선 추진하고, 그 성과를 바탕으로 주요 항만으로 확대 검토(2022년 이후)한다.

2) 디지털 기반 해운물류 안전 확보

(1) 항만 내 작업자 및 시설 안전 강화

사물인터넷, 빅데이터, 인공지능 등 4차 산업혁명 기술을 활용한 항만작업자 통합안전시스템을 세계 최초로 구축하고, 항만시설의 유지보수를 위한 스마트화를 추진한다.

그림 5-4 스마트 통합안전관리 플랫폼 개념도

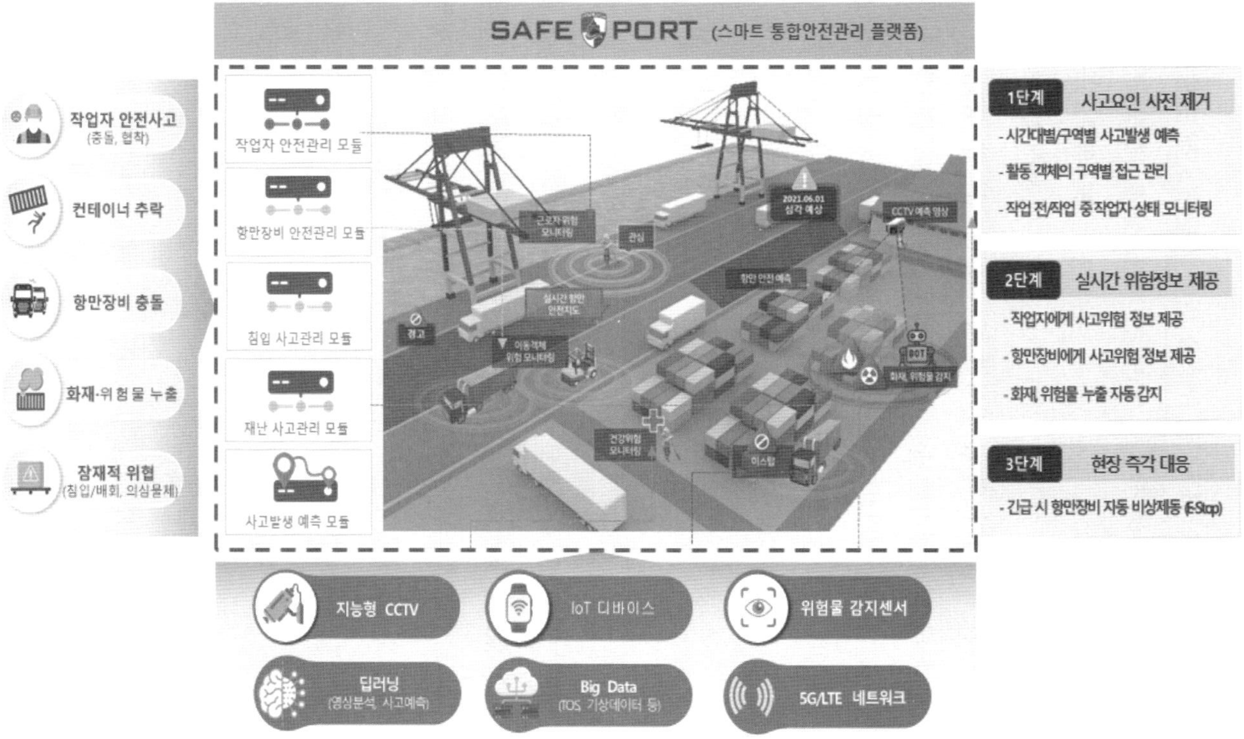

SAFE PORT (스마트 통합안전관리 플랫폼)

1단계 사고요인 사전 제거
- 시간대별·구역별 사고별 예측
- 활동 객체의 구역별 접근 관리
- 작업 전·후반 중 작업자 상태 모니터링

2단계 실시간 위험정보 제공
- 작업자에게 사고위험 정보 제공
- 항만근로자에게 사고위험 정보 제공
- 화재 위험물 누출 자동 감지

3단계 현장 즉각 대응
- 긴급 상황 시 항만안전센터 자동 비상방송(E-Stop)

작업자 안전사고 (충돌·협착)
컨테이너 추락
항만장비 충돌
화재 위험물 누출
잠재적 위험 (침입·방화·의심물체)

작업자 안전관리 모듈
항만장비 안전관리 모듈
침입 사고관리 모듈
재난 사고관리 모듈
사고인식 주행 모듈

지능형 CCTV
IoT 디바이스
위험물 감지센서
딥러닝 (영상분석 사고예측)
Big Data (POS, 기상데이터 등)
5G/LTE 네트워크

자료: 관계부처합동, 「스마트 해운물류 확산전략」, 2021.4.

① 스마트항만 안전플랫폼(Safe Port System) 구축 및 확산

첫째, 스마트항만 안전플랫폼 구축을 위한 기술개발 및 실증사업을 추진한다. 빅데이터 분석을 통해 잠재적 사고요인 제거, 실시간 현장대응 지원을 위한 플랫폼을 개발 추진(~2021, 부산항)한다. 이를 통해 충돌위험, 근로자 신체기능 저하 등 사고위험 감지 및 알람, 작업중지 조치 등을 통한 항만작업자 사고 저감을 추진한다. 작업자의 위치, 컨디션 등 확인이 가능한 헬멧, 워치, 지능형 CCTV 등 사물인터넷 장비를 활용하여 알람을 통한 필요조치 이행, 장비 운행정지 등이 가능하도록 지원한다. 자율주행 드로이드(센싱장비)와 인공지능 분석기술을 통해 위험물 누출, 화재 등 재난위험 사전감지 및 사고대응을 지원한다. 철도기술연구원에 따르면, 스마트항만안전플랫폼 기술의 전국 항만 확산 시 충돌·협착·추락 등 항만 작업자 사고 발생 건수의 약 30% 저감이 가능할 것으로 기대된다.

둘째, 항만안전플랫폼 시범운영 후 효과성이 검증된 기술을 중심으로 부산항, 인천항 등 주요 항만으로 확대 보급을 추진한다. 플랫폼 실증 운영성과의 공유 및 홍보를 통하여 새로운 항만안전플랫폼 서비스에 대한 이해도를 제고한다. 이를 위해 해수부, 항만공사 등이 참여하는 '항만하역안전 협의체'에서 스마트항만 안전플랫폼의 확산방안을 논의한다. 플랫폼을 도입한 터미널 및 부두운영사에 대해 스마트안전항만 인증 및 관련 평가 시 우대 등 인센티브를 부여한다.

② 디지털 트윈 기반 항만시설 관리 및 유지보수 스마트화

첫째, 항만시설물 관리 효율성 증대를 위하여 디지털트윈 구축을 추진한다. 전국 무역항(29개항) 대상으로 지하시설물 계측센서를 부착하여 사물인터넷 기반의 지하시설 실시간 모니터링 체계(가스 또는 기름 누출, 지반 침하, 균열 등 이상 징후 감지 등)를 구축한다.

그림 5-5 항만지하시설물 디지털 관리 개념도

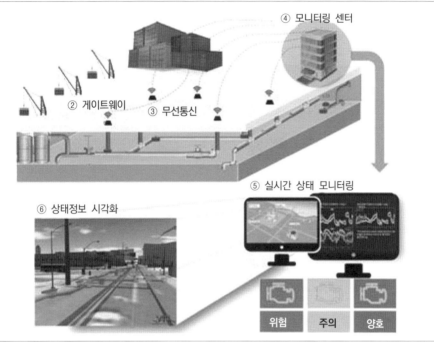

자료: 관계부처합동, 「스마트 해운물류 확산전략」, 2021.4.

둘째, 플랫폼 구축을 통해 무역항 전체 항만시설에 대해 지리정보체계(GIS) 기반의 위치·속성 정보를 데이터베이스화하여 빅데이터 기반으로 적기 유지보수 체계를 구축한다.

셋째, 항만시설 관리의 스마트화를 위한 정보화 전략계획(ISP) 수립, 시범사업(2022년, 1개항) 실시 및 「스마트 해운물류 확산전략」, 2021.4.전국 항만 확대를 추진(2023~2024)한다.

(2) 첨단 해상통신기술 기반 선박사고 발생 방지

스마트 해양교통체계(바다 내비게이션)를 본격 운영하고, 소형선박 등 사고 취약선박의 해양사고 예방을 위한 서비스 품질 고도화를 추진한다.

① 바다 내비게이션 서비스 본격 운영 및 활성화

충돌·좌초 위험 음성안내, 안전항로 제공 등 세계 최초의 스마트 해양교통
체계구축·시행 및 조기 정착을 추진한다. 바다 내비게이션은 육상의 자동차 내

그림 5-6 바다 내비게이션 운영체계

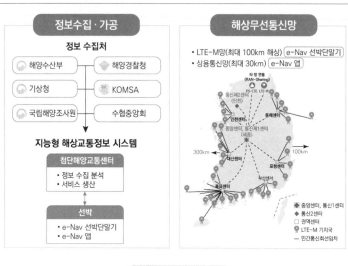

자료: 관계부처합동, 「스마트 해운물류 확산전략」, 2021.4.

비처럼 선박에 실시간 전자해도 제공 및 해양교통·안전정보를 수집·분석하여 위험경보·안전항로 안내(전국 9개의 운영·통신센터)를 하게 된다. ① 연안 최대 100㎞에서는 3톤 이상의 선박에 바다 내비게이션 서비스 전용 선박단말기 보급사업(2019~2025, 여객선·어선 등 1만 5천척)을 시행한다. ② 연안 최대 30㎞에서는 3톤 미만 및 항만 서비스업에 종사하는 항내운항선박(급유선·예선 등)에 바다 내비 앱 보급을 추진한다.

② 스마트해양교통체계 서비스 고도화(2021~2025) 추진

첫째, 서비스 사업으로 선박교통, 사고사례 등 축적되는 빅데이터와 인공지능 기술을 활용하여 충돌·좌초, 전복 등 해양사고 예방기술의 정밀도를 제고한다. 해양사고 예방기술로는 해사안전 영향평가체계 기술, 위험분석·추천항로 생성·복원성 계산모델 기술 개발 등이 있다.

둘째, 디지털 통신 사업으로 해상무선통신기술(LTE−M) 연계, 선박 간 직접 통신기술(연안 100㎞ 밖) 그리고 소형선박용(3톤 미만) 송수신기 개발을 추진한다.

3) 해운물류 데이터 경제 활성화

(1) 플랫폼 기반 해운물류 신규 서비스 제공

수출입 물류데이터 공유를 위한 선도 서비스를 중심으로 민간 참여를 유도하고, 타 플랫폼과의 연계를 통해 통합 플랫폼으로 확대를 추진한다.

① 수출입 물류 공공·민간 데이터 공유플랫폼 구축 및 확산

첫째, 수출입 물류 데이터 공유 플랫폼의 구축 및 실증이다. 클라우드 기반 공공 및 민간 물류데이터 공유 플랫폼을 구축·운영한다.

둘째, 통합플랫폼으로 확대한다. 항만 이용 주체 간 항만의 실시간 화물 처리 상황을 공유하는 통합플랫폼으로 확대 추진한다. 공공, 민간에서 운영하는

표 5-9 플랫폼 선도서비스 주요 세부내용

① 선사-항만 간 운영 최적화 서비스
선박 운항스케줄 및 터미널 선석 운영현황을 실시간 공유하고, 선석배정 시뮬레이션 결과정보를 제공하여 선사-터미널 간 운영 최적화 지원
(기능) 선박스케줄/선석운영현황 공유, 인공지능 기반 선석배정 최적화 등
② 해상물류위험물 관리
위험화물정보 통합관리체계 구축, 선사, 포워더 등 위험화물 관리 지원
(기능) 위험화물 관련 규정 통합조회 및 위험화물 여부 확인을 위한 알고리즘 구현
③ 민간서비스 인큐베이션
스마트해운물류 분야의 신규 민간비즈니스(플랫폼) 발굴 및 사업화를 위하여 아이디어, 기술, 인력 등 수요와 공급을 매칭하는 서비스
(기능) 스마트해운물류 민간프로젝트 등록, 개발 중간성과물 공유 등

자료: 관계부처합동, 「스마트 해운물류 확산전략」, 2021.4.

타 플랫폼과 데이터 연계 수요를 파악하고, 플랫폼 간 연계 지원을 통하여 공공
-민간 상생 데이터 경제를 실현한다.

② 해운물류자원 공유경제 실현

첫째, 기술개발이다. 물류기업 자원간 수급불일치로 인한 비효율을 방지할
수 있는 항만물류자원 공유플랫폼 구축을 추진(2021년 하반기, 부산항만공사 등)한
다. 공유플랫폼을 통해 공컨테이너의 위치나 상태 정보를 공유하거나 AI 기반
공컨테이너의 수급 예측을 통한 자동매칭 구현 등이 가능하다.

둘째, 항만공사, 선사, 운송사 등이 참여하는 실증 사업을 부산항에 추진
(2022년 이후, 부산항만공사 등)하고, 타 항만으로 단계적 확산을 검토한다.

(2) 데이터 공유 및 유통 체계 구축

물류 데이터 유통을 위한 마켓플레이스를 구축하는 한편, 데이터 활용과
기업의 영업비밀 보호가 조화롭게 이루어질 수 있도록 법제도의 정비를 추진
한다.

① 해운물류 데이터의 유통 촉진을 위한 플랫폼 구축·운영

첫째, 데이터유통 시스템 구축을 위해 해운물류 데이터를 유통할 수 있는 가상공간인 빅데이터 마켓 구축·운영(2020년 이후, 해수부·과기정통부)한다. 해양수산 빅데이터 거래소 구축사업도 추진한다.

둘째, 플랫폼 활성화이다. 지속적인 고부가가치 데이터 발굴을 위하여 빅데이터 경진대회, 플래그십 모델 개발 해커톤24)을 개최를 추진한다. 또한 플랫폼 운영 조기 활성화를 위하여 데이터 바우처(과기정통부) 등을 활용하여 물류데이터 유통을 지원 추진한다.

② 물류 데이터 수집 및 활용도 제고를 위한 법제도 개선

첫째, 타 기관의 공공 물류데이터 수집을 위한 제도적 기반 마련을 위해 법령 정비를 추진한다. 물류 관련 공공플랫폼의 데이터 수집이 가능하도록 '물류정책기본법'의 관련 규정(단위물류정보망에서의 데이터 요구 등) 신설을 검토한다.

둘째, 개인정보 노출 방지를 위해 안전성이 확보되는 비식별화된 가명정보, 결합정보 활용체계를 마련하여 거래안전체계를 구축한다. 물류데이터 이용 활성화를 위해 산업의 특수성을 고려한 가명처리, 이종데이터 간 결합 등을 위한 세부가이드라인을 마련 추진한다. 즉 데이터 활용도를 제고하기 위해 공통분모가 되는 요소(예: 컨테이너 고유번호)를 매개체로 한 가명데이터의 상호 결합이 필요하므로 데이터 처리를 위한 절차, 활용원칙(원데이터 대외공개 금지 등), 보안관리방안 등을 마련한다. 해운물류분야와 데이터 처리 모두에 전문성을 보유한 기관을 대상으로 결합전문기관을 지정 추진(2021년 이후, 개인정보보호위원회 협의)한다. 결합전문기관 지정을 위한 조직의 구성, 공간 및 시설, 시스템, 정책 및 절차, 재정능력 등 지정기준 충족여부에 대한 세부적 검토를 추진한다.

(3) 스마트 해운물류 스타트업 육성

스타트업 활성화를 위해 사업아이템 선정, 기술개발 및 고도화, 시제품 제작, 자금지원 등 전 과정을 지원하는 육성체계를 구축·운영한다.

① 스마트 해운물류 스타트업 육성 체계 구축

첫째, 신규 아이템 발굴, 아이템 고도화 및 창업지원, 홍보 및 판로 확보 등을 종합적으로 지원(2020~2024)한다. 2020년 창업 성과로는 청년 스타트업 13개 창업 및 신규일자리 48개 창출한 바 있다. 창업오디션을 통해 민간의 수요가 높은 플랫폼 서비스를 발굴하고 서비스 시제품 등 구축비용을 지원한다.

둘째, 스타트업 창업기업들이 성공적으로 신규 플랫폼 서비스 등에 투자할 수 있도록 해양 모태펀드(2021. 741억원)를 조성한다. 스마트 해운물류 분야의 예비 오션스타 기업 선정 등을 통하여 성과와 역량이 우수한 해운물류 ICT 기업을 집중 지원한다. 2021년 스마트해운물류분야 선정 기업은 씨드로닉스(자율운항), 맵시(AR기반 항해) 등 2개사이다.

② 스타트업의 신규 디지털 서비스 성능검증 지원 추진

첫째, 가상화 성능검증이다. 국내 중소벤처 기업들이 개발하는 디지털장비·플랫폼의 성능검증을 위한 기술개발 추진을 검토(2022 이후)한다. 항만, 선박 등 인프라와 플랫폼 서비스를 가상공간에 구현하고, 신규 개발되는 기능 및 서비스에 대한 시뮬레이션 성능테스트를 실시한다. 해상디지털 기술의 시험항목 및 성능평가 규격 등 기술표준 인증체계 개발을 검토한다.

둘째, 통신망 구축이다. 신규 디지털서비스의 실해역 테스트 지원을 위한 다기종 통신망 최적 통합운영기술 및 지능형 네트워크 관리 기술 개발을 검토(2022년 이후)한다. 현재 개발중인 지능형 초연결망 구축 기술을 활용하여 기지국 등 통신인프라 구축이 어려운 해상상황을 고려하여 통신거리 확장, 망관리

기능이 강화된 네트워크 구축이 필요하다.

4) 전문인력 양성 및 민관협력 추진

스마트 해운물류분야의 새로운 인력수요를 고려한 자격면허제도 신설 및 항만 자동화에 따른 항만근로자들의 고용안정을 위한 직무전환 교육 등을 실시한다.

(1) 스마트인력 양성 및 일자리 전환

① '스마트 해상물류 + 정보통신기술(ICT) 전문인력 2천명 양성 추진

첫째, 대학생 등을 대상으로 실무 프로젝트(기업 제안＋전문가 발굴)를 진행하여 전문가를 양성하는 교육프로그램 실시(2021~2025, 1천명)한다.

둘째, 검증된 전문인력 투입을 위한 '스마트 해상물류 관리사 제도'를 추진(2021~2025, 1천명)한다. 울산항만공사에서 우선 민간자격증 시험으로 시행한 후 국가공인자격증으로 전환을 추진(2022년 이후)한다.[25]

② (선박) 자율운항시스템 운용인력 및 육상제어사 양성을 위한 해기교육 체계 및 자격 평가기술 개발(2021년 이후)

가상현실 기반 육상제어 시뮬레이터 등 인프라를 구축하고, 스마트 장비 운용을 위한 전문 교육이 이루어질 수 있도록 지원한다. 해양대학교 등 주요 선원 교육기관을 대상으로 협의 추진한다.

③ (항만) 항만 자동화에 따른 일자리 전환대책 마련

첫째, 기존 항만 근로자를 대상으로 스마트항만 전용 장비 운용능력 배양을 위한 전문교육을 제공(2021~2025)한다. 하역기술 관련 전문성을 보유한 곳을 수행기관으로 선정하여 스마트항만에 사용되는 신하역장비의 조작방법 등 교육을 실시한다. 교육은 안벽과 야드크레인 원격제어 장비 운용이 가능하도록 시뮬레이터 장비를 활용한다.

둘째, 노·사·정 협의체를 통해 기존 항만재직자의 직무전환 등 지원방안을 지속 논의하여 사회적 합의에 기반한 스마트항만 도입을 추진한다. 노·사·정 협의체는 현재 스마트항만 기술이 활발하게 도입되고 있는 부산항을 중심으로 우선 구성하여 운영 중(해수부, 부산항만공사, 부산항만물류협회, 부산항운노조 등)이다.

(2) 공공·민간 스마트물류 역량 결집을 위한 협력

스마트물류 기술개발 및 정책 추진 상황을 공유하기 위한 민관협력 네트워크를 구축하여 운영하고, 국제표준 정립을 위한 국가간 논의에 적극 참여한다.

① (국내) 정부와 지자체, 민간협의체 간 정책 및 우수사례 공유, 신규서비스 수요 파악 등을 위한 민관협력 강화

첫째, 정부와 지자체, 항만공사, 연구기관 간 공동연구 등 협력체계를 강화하고, 추진사업 간 중복성 검토 및 연계 시너지를 극대화한다. 부산시에서 스마트교통, 선용품 등 물류 관련 플랫폼 서비스를 운영중이거나 구상 중으로 교통·물류 융복합 및 플랫폼 간 연계 논의가 필요하다.

둘째, 민간의 물류 인프라·데이터 관련 협의체와의 정기회의를 지속적으로 개최한다. 정부정책 및 우수혁신사례 공유 등 연관 분야 간 상호소통 및 현장 의견수렴으로 지속적 정책발굴 및 개선을 추진한다. 현재 해양산업통합클러스터(Mac-Net)는 조선, 기자재, 선급 등 약 50개 기관·업체 참여하고 있고, 해운물류디지털컨소시엄(GSDC)은 해운, 제조·유통, 정보통신 등 약 50개 기관과 업체가 참여하고 있다.

② (해외) 국제표준, 국제법·제도 수립 참여 등 국제협력 추진

첫째, 자율운항선박의 항만 간 시범운항 등 실증 관련 논의 진행을 위하여

그림 5-7 자율운항선박 시장규모 예측

 (효율성) 물류흐름
10% 이상 ↑

 (친환경성) 환경오염
최소화

 (안전성) 인적해양사고
75% 이상 ↓

 (경제성) 운용비용
22% 이상 ↓

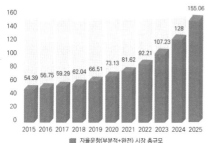

2025년 1,550억 달러(180조원) 규모로 성장 전망

구분	2016	2021	2025
자율운항선박 시장 (US $Bn)	56.756 (66조원)	81.62 (95조원)	155.05 (180조원)
성장률		12.8%	

자료: 해양수산과학기술진흥원, "자율운항선박 분야 선제적 규제혁신 로드맵", 「KIMST Insight」, 2022, No.05. pp.2−5.

국제표준 협의체(MASS Ports Network)에 참여한다. 싱가포르를 중심으로 8개국이 참여하여 자율운항선박의 항만 간 운항을 위한 표준 프로세스 및 데이터 교환 방안을 논의 중이다. 자율운항선박 운용을 위한 각 참여국간 항만 입출항 절차 검토 및 차이점을 식별하고 자율운항선박의 상세 시험운항 지침 개발과 실제 항만 간 시험운항 실시, 항만 간 통신기준 정립방안 등을 지속 논의한다.

둘째, 지능형 해상교통시스템(바다 내비게이션) 관련 국제 표준 및 국제법 제·개정 작업에 적극 참여·대응한다. 국제협력의 실효성 확보를 위한 국제 거버넌스(Digital@Sea Initiative)를 창립·운영하고, 주요국 간 양해각서 체결 등 기술교류를 활성화한다. 국제 거버넌스는 유럽(덴마크·국제항로표지협회(International Asociation of Marine Aids to Navigation and Lighthouse Authorities: IALA)), 아태(韓·덴·IALA), 북미(美, IALA) 등 3개 지역컨퍼런스가 운영 중이다.

2 자율운항선박 분야 선제적 규제혁신 로드맵

1) 추진 배경

자율운항선박은 인공지능, 사물인터넷, 빅데이터, 센서 등 디지털 핵심기술을 융합하여 스스로 최적항로를 설정하여 항해하는 차세대 고부가가치 선박으로 미래 유망 신산업 분야에 해당한다. 이큐트 마켓리포트에 따르면 2028년 세계자율운항선박 시장규모는 2,357억 달러(약 300조원)에 달할 것으로 전망된다.[26] 효율성과 안전성이 향상된 자율운항선박의 등장으로 관련 시장은 지속적으로 성장하고, 해운물류분야의 디지털화도 가속화될 것으로 전망된다.[27]

국제해사기구의 자율운항선박 관련 협약개정 논의가 본격화되면서 조선사를 중심으로 자율운항기술 실증을 활발히 진행 중이다. 2018년부터 자율운항선박 도입에 따른 19개 협약 확인 완료(2021.5., 제 103차 MSC 회의) 및 후속조치에 대한 추진방안이 논의 중이다. 아울러 2022년 4월 MSC 105차 회의에서는 자율운항선박 목표중심 강제협약(Goal-based Instrument)의 개발을 시작했다. 그동안의 비강제적 자율운항선박 코드 적용 경험을 기반으로 2028년 1월 1일 발효할 강제적인 자율운항선박 코드(MASS code)가 개발될 예정이다. 이에 따라 관련 산업 활성화를 위한 규제 정비방안의 선제적 마련이 필요하다.

표 5-10 선박의 자율등급 논의

국제해사기구는 자율운항선박 도입 대비 협약 개정사항 확인을 위해 임시 자율등급을 정하고, 이를 토대로 작업진행(~2021.5)

IMO의 4단계 자율등급			
Level 1	자동화 결정지원 시스템을 갖춘 선박	Level 2	원격제어, 선원이 승선하는 선박
Level 3	원격제어, 선원이 승선하지 않는 선박	Level 4	완전자율운항이 가능한 선박

국제해사기구 자율등급 선원의 역할에 대한 견해차 등을 사유로 다수 참여국(독일, 일본, 프랑스, 중국 등)에서 재검토 필요성 제기

자료: 관계부처합동, 「자율운항선박 분야 선제적 규제혁신 로드맵」, 2021.10.14. p.1.

2) 로드맵 개요

(1) 추진체계 구축

기술·산업·법제도 전문가로 구성된 연구체계를 마련(2020.5)하여 로드맵 연구방향을 도출하고 의견을 공유한다. 과정은 산·학·연·관 협의회를 통해 미래예측 및 규제 발굴(2020.5.~2021.5.) 후 부처협의와 산업계 의견 수렴을 거친 다음(2021.5.~9.) 로드맵 완성(2021.10.)으로 진행된다.

(2) 미래 예측

미래 예측은 국제해사기구의 자율등급을 고려하되, 3대 변수(운항방식, 정비방식, 운항해역)를 조합해 현실 적용가능성이 높은 3단계(세부 7단계) 즉 부분운항자율, 운항자율 그리고 완전자율단계 시나리오를 도출한다. 3대 변수는 ① 운항방식(선원→ 시스템) ② 정비방식(선원→ 원격) ③ 운항해역(대양→ 연안→ 항내)이다.

그림 5-8 자율운항선박 산·학·연·관 협의회

산	한국선급, SK 해운, 삼성중공업, 한국해운조합, 한국해운협회 등
학	한국해양대, 목포해양대, 고려대 등
연	한국해양수산개발원, 선박해양플랜트연구소 등
관	국무조정실, 해양수산부, 산업통상자원부, 해양경찰청 등

자료: 관계부처합동, 「자율운항선박 분야 선제적 규제혁신 로드맵」, 2021.10.14. p.4.

(3) 규제 이슈

기술발전 시나리오를 기반으로 산업 활성화와 해양안전 확보를 위한 규제이슈를 균형있게 발굴(총 31개)한다. 민간기업 수요조사, 관련 기관 및 전문가 의견 수렴 등을 거쳐 규제이슈를 발굴하는 절차로 진행된다. 검토대상은 운항에

표 5-11 자율운항선박 기술발전 3단계 시나리오

① 현재 기준이 운항에 제한이 될 수 있는 규제: 11개
　- 운항주체의 정의 및 역할(최소 승무정원 기준), 자율운항선박 운영 사업자 등록(보유선박 산정) 등

② 신기술 등장으로 새롭게 마련되어야 하는 규정 및 인프라 구축 과제: 13개
　- 자율운항선박 정의 및 자율등급, 원격운항센터 정의·설계 요건, 자율운항시스템 인증기준, 자율운항선박-스마트항로표지 연계시스템 구축

③ 자율운항선박의 운용을 위한 안전확보 및 사고대응 관련 제도: 7개
　- 자율운항선박-유인선 간 운항 안전기준 마련, 자율운힝선박 사고 대응 가이드라인 개발, 사이버보안체계 구축, 선박교통관제체계 재정립 등

자료: 관계부처합동, 「자율운항선박 분야 선제적 규제혁신 로드맵」, 2021.10.14. p.5.

표 5-12 자율운항선박 기술발전 3단계(세부 7단계) 시나리오

기술 단계	부분운항자율			운항자율			완전자율
	(~2025)			(2026~2030)			(2031~)
	Lv2-① ▶ Lv2-② ▶ Lv2-③			▶ Lv3-① ▶ Lv3-② ▶ Lv3-③			Lv4
운항방식	선원(원격운항자에 의한 지원)			시스템(원격운항자에 의한 관리)			시스템
정비방식	선원정비			원격지원정비			원격정비
운항해역	대양	연안	항내	대양	연안	항내	모든 해역

시스템 기능	경제운항, 충돌회피, 지능형 항로 의사결정
	선박 원격운항, 선원 지원
	선박 원격 유지보수 및 정비
	선박 이·접안 기능 및 도선 지원

자료: 관계부처합동, 「자율운항선박 분야 선제적 규제혁신 로드맵」, 2021.10.14. p.5.

직접적인 제한이 될 수 있는 규제, 새롭게 필요한 제도·인프라 구축 과제 그리고 선박 안전 확보를 위한 과제 등이다.

3) 로드맵 세부 과제

로드맵은 기술발전 단계별 4대 영역에 대한 규제이슈를 제시하였다. 발전단계는 1단계(~2025, 부분운항자율), 2단계(2026~2030, 운항자율), 3단계(2031~, 완전자율)로 구분되며, 4대 영역은 운항주체, 선박장치, 선박운용·인프라 그리고 해양안전으로 구분된다.

각 분야는 선박 운항 관련 국제협약 개정사항을 반영하여 추진해야 하기 때문에 국제논의 동향을 주시하여 과제내용과 추진시기를 유연하게 조정할 필요가 있다.

자율운항선박 관련 전체 규제 이슈는 4대 영역 31개 중 주요 세부과제는 첫째, 운항주체 영역에서는 자율운항선박을 운항, 제어 및 관리하는 선원 관련 기준을 마련하는 것이 핵심이다. 여기에는 첫째 과제로 자율운항선박 정의 및 자율등급 기준 정립이 있다. 이는 기존에 선박 관련 법령인 선박법 제1조의 2(정의), 선박안전법 제2조(정의) 등에 자율운항선박에 대한 정의 및 자율등급별로 선박을 구분하는 기준이 부재하므로, 자율운항선박에 대한 정의 및 운항주체(선원, 완전자율 등), 자율등급에 대한 기준을 정립하고자 한다. 즉 기존 법률의 개정

표 5-13 로드맵의 4대 영역

운항주체	선박장치	선박운용·인프라	해양안전
자율운항선박을 운항·제어·관리하는 선원관련 기준 마련	자율운항선박 탑재 장비의 상용화·표준화를 위한 기준 정비	자율운항선박 운용과 연계된 기술기준 및 제도·인프라 구축	자율운항선박 운항에 대비한 사고·안전 관련 기준 정비
9건	6건	7건	9건

자료: 관계부처합동, 「자율운항선박 분야 선제적 규제혁신 로드맵」, 2021.10.14. p.8.

그림 5-9 자율운항선박 전체 로드맵

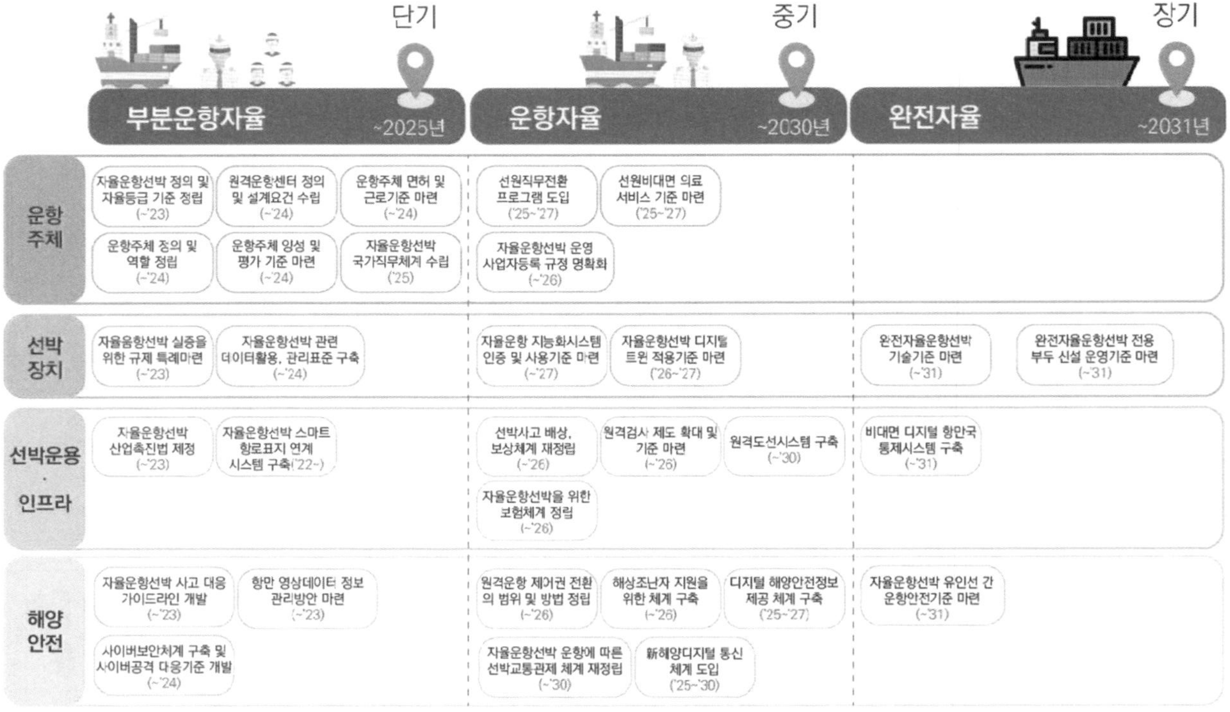
단기
중기
장기
부분운항자율
~2025년
운항자율
~2030년
완전자율
~2031년
운항 주체
자율운항선박 정의 및 자율등급 기준 정립 (~'23)
원격운항센터 정의 및 설계요건 수립 (~'24)
운항주체 면허 및 근로기준 마련 (~'24)
운항주체 정의 및 역할 정립 (~'24)
운항주체 양성 및 평가 기준 마련 (~'24)
자율운항선박 국가직무체계 수립 ('25)
선원직무전환 프로그램 도입 ('25~'27)
선원비대면 의료 서비스 기준 마련 ('25~'27)
자율운항선박 운영 사업자등록 규정 명확화 (~'26)
선박 장치
자율운항선박 실증을 위한 규제 특례마련 (~'23)
자율운항선박 관련 데이터활용, 관리표준 구축 (~'24)
자율운항 지능화시스템 인증 및 사용기준 마련 (~'27)
자율운항선박 디지털 트윈 적용기준 마련 ('26~'27)
완전자율운항선박 기술기준 마련 (~'31)
완전자율운항선박 전용 부두 신설 운영기준 마련 (~'31)
선박운용 · 인프라
자율운항선박 산업촉진법 제정 (~'23)
자율운항선박 스마트 항로표지 연계 시스템 구축('22~)
선박사고 배상, 보상체계 재정립 (~'26)
원격검사 제도 확대 및 기준 마련 (~'26)
원격도선시스템 구축 (~'30)
자율운항선박을 위한 보험체계 정립 (~'26)
비대면 디지털 항만국 통제시스템 구축 (~'31)
해양 안전
자율운항선박 사고 대응 가이드라인 개발 (~'23)
항만 영상데이터 정보 관리방안 마련 (~'23)
사이버보안체계 구축 및 사이버공격 대응기준 개발 (~'24)
원격운항 제어권 전환의 범위 및 방법 정립 (~'26)
해상조난자 지원을 위한 체계 구축 (~'26)
디지털 해양안전정보 제공 체계 구축 ('25~'27)
자율운항선박 운항에 따른 선박교통관제 체계 재정립 (~'30)
新해양디지털 통신 체계 도입 ('25~'30)
자율운항선박 유인선 간 운항안전기준 마련 (~'31)

자료: 관계부처 합동, 자율운항선박 분야 선제적 규제혁신 로드맵, 2021.10.14. p.7.

하기보다는 가칭 '자율운항선박 개발 및 상용화 촉진법'을 제정하여 자율운항선박 기술개발, 실증 및 상용화를 위한 제정안을 마련할 계획으로 2022년 국회에서 관련 법률안이 발의되었다. 한편 자율주행차량의 경우 '자동차관리법(제2조제1호의3)'에서 관련 개념을 정의하고 있다. 두 번째 과제는 운항주체 정의 및 역할을 정립하는 것이다. 이는 자율운항시스템, 스마트 장비 도입으로 인한 승선인력의 단계적 축소 및 역할 변화가 예상되나 기존의 관련규정인 선원법 제6조(지휘명령권), 선박직원법 제11조(승무정원 및 선박직원의 직무) 등에 자율운항기술의 수준과 역할변화를 고려한 승무정원 기준이 부재하므로 이에 대한 개선이 요구된다. 2024년까지 원격운항자 등에 대한 정의, 역할 및 책임을 정립하고 자율운항기술 수준별 최소승무정원 기준을 마련할 계획이다.

둘째, 선박장치 영역에서는 자율운항선박 장비의 상용화 및 표준화를 위한 기준을 정비하는 것이 핵심이다. 이와 관련한 첫 번째 과제는 자율운항선박 실증을 위한 규제 특례를 마련하는 것이다. 이는 최소승무정원 및 선박안전 기준 등 현재 해사관련법령의 규제들로 인해 원활한 자율운항선박 기술 실증이 곤란하기 때문이다. 따라서 자율운항선박 성능실증센터 및 지정된 해역에서 실증할 때 규제 샌드박스를 통해 최소승무정원 등 관련 규제 완화를 우선 추진하고, 실증을 체계적으로 지원하기 위해 별도 근거 조항을 마련하는 것이 필요하다. 경남 무인선박 특구 실증사업(2019.11~2021.12)의 데이터 등을 바탕으로 자율운항 관련 안전기준 등을 마련하고, 가칭 '자율운항선박 개발 및 상용화 촉진법'을 제정하여, 실증을 위한 규제특례의 근거를 신설하는 것이 필요하다. 두 번째 과제는 자율운항 지능화 시스템 인증 및 사용기준을 마련하는 것이다. 기존 일반선박의 설비 및 기자재와 달리 자율운항선박에 적용되는 인공지능 시스템의 인증기준 및 사용기준이 없으므로 자율운항 지능화 시스템의 정의부터, 설계 요구사항, 시험기준(시험항목, 시험방법, 판정기준 등) 및 설치기준을 정립하고 인증기준을 마련하는 것이 주요 내용이다.

셋째, 선박운용·인프라 영역에서는 자율운항선박 운용 관련 기술기준 및

표 5-14 자율운항선박 로드맵의 8대 주요 과제

4대 영역	주요 과제	기존	개선	추진 연도
운항 주체	자율운항선박 정의 및 자율등급 기준 정립	선박 관련 법령에 자율운항선박에 대한 정의 및 자율등급별로 선박을 구분하는 기준 부재	자율운항선박에 대한 정의 및 운항주체(선원, 완전자율 등), 자율등급에 대한 기준 정립	단기 (~2023)
	운항주체 정의 및 역할 정립	자율운항기술의 수준과 역할변화를 고려한 승무정원 기준은 부재	원격운항자 등에 대한 정의, 역할 및 책임을 정립하고 자율운항기술 수준별 최소승무정원 기준 마련	단기 (~2024)
선박 장치	자율운항선박 실증을 위한 규제 특례 마련	최소승무정원 및 선박안전 기준 등 현 해사법령의 규제들로 인해 자율운항선박 기술 실증이 곤란	규제 샌드박스를 통해 최소승무정원 등 관련 규제 완화 추진(2022), 실증을 위한 별도 근거 마련(~2023)	단기 (~2023)
	자율운항 지능화 시스템 인증 및 사용기준 마련	자율운항선박에 적용되는 인공지능 시스템의 인증기준 및 사용기준 부재	자율운항 지능화 시스템의 정의, 설계 요구사항, 시험기준 및 설치기준을 정립하고 인증기준 마련	중기 (~2027)
선박운용 · 인프라	원격검사 제도 확대 및 기준 마련	선박검사원이 현장에 입회하여 육안확인 등의 방식으로 선박검사 시행 중	빅데이터 기반의 원격진단 및 드론, 로봇 등 원격검사장비를 활용한 선박검사 제도 마련	중기 (~2026)
	원격 도선 시스템 구축	현재 항내에 진입하는 일정규모 이상 선박들은 도선사가 탑승하여 도선	지능형 도선 지원시스템 제도 마련	중기 (~2030)
해양 안전	사이버보안 체계 구축 및 사이버공격 대응기준 개발	2017년 채택된 IMO의 해상 사이버 위험관리에 대한 총괄적인 지침만 존재	자율운항선박의 특성을 고려하여 사이버 공격에 대비하기 위한 시스템 및 인증체계, 사고 대응 기준 마련	단기 (~2024)
	항만 영상데이터 정보 관리방안 마련	자율운항선박의 원격운항시스템에 의해 취득될 영상정보에 대한 처리 절차 부재	항만 내 보안시설 등에 대한 영상 데이터의 정의, 보관 및 삭제 등 처리 절차를 포함한 관리 방안 수립	단기 (~2023)

자료: 관계부처합동, 「자율운항선박 분야 선제적 규제혁신 로드맵」, 2021.10.14. 재정리

제도와 인프라를 구축하는 것이 핵심이다. 이와 관련한 첫 번째 과제는 원격검사 제도 확대 및 기준을 마련하는 것이다. 이는 기존에 선박검사원이 현장에 입회하여 육안확인 등의 방식으로 선체 구조나 설비(소방, 전기) 등의 상태를 확인하는 방식으로 선박검사를 시행 중이나, 향후 빅데이터 기반의 선박 상태정보를 바탕으로 원격진단 및 드론, 로봇 등 원격검사장비를 활용한 선박검사가 가능하도록 지원하는 제도를 마련한다. 두 번째 과제는 원격 도선 시스템을 구축하는 것이다. 이는 현재 항내에 진입하는 일정규모(총톤수 5백톤 이상) 이상 선박들은 도선사가 탑승하여 안전한 입출항을 지원하는 중인데, 도선작업의 자동화와 지능화를 지원하기 위해 원격도선(지능형 도선 지원시스템) 제도를 마련하는 것이다. 이와 관련 원격운항자와 도선사 간 통신체계 구축방안도 검토한다.

넷째, 해양안전 영역에서는 자율운항선박 운항에 대비한 사고 및 안전 관

그림 5-10 자율운항선박 선제적 규제혁신으로 인한 파급효과

자료: 관계부처합동, 「자율운항선박 분야 선제적 규제혁신 로드맵」, 2021.10.14. p.19.

련 기준을 정비하는 것이 핵심이다. 이와 관련하여 첫 번째 과제는 사이버보안 체계 구축 및 사이버공격 대응기준을 개발하는 것이다. 현재는 2017년 채택된 국제해사기구의 해상 사이버 위험관리에 대한 총괄적인 지침만 존재하므로 다수의 시스템 간 연계를 통해 운영되는 자율운항선박의 특성을 고려해 사이버 공격에 대비하기 위한 시스템 및 인증체계와 사고 대응기준을 마련한다. 두 번째 과제는 항만 영상데이터 정보 관리방안을 마련하는 것이다. 기존 부두 내 보안구역 등에 대한 촬영을 제한하고 있으나, 자율운항선박의 원격운항시스템에 의해 취득될 영상정보에 대한 처리 절차가 부재하므로 자율운항선박이 취득하는 항만 내 보안시설 등에 대한 영상 데이터의 정의, 보관 및 삭제 등 처리 절차를 포함한 관리방안을 수립한다.

4) 기대효과

자율운항선박에 대한 선제적 규제혁신은 신산업 육성 및 상용화 촉진, 해양안전 강화, 국제적 규제에 선제적 대응을 통해 미래 해운·조선시장 선도를 위한 기반을 강화하는 효과가 기대된다.

구체적인 기대효과는 경제적 파급효과와 사회적 파급효과로 나누어진다. 해운 및 조선산업에 미치는 경제적 파급효과는 2035년까지 약 56.5조원, 관련 일자리 창출은 약 42만명 고용 증대, 전후방산업 파급효과는 약 103조원으로 전망된다. 사회적 기대효과는 인적과실로 인한 해양사고의 75%가 감소할 것으로 예상되며, 대기오염 물질 감축으로 연간 3,400억원 환경편익을 유발할 것으로 기대된다.

③ 첨단 해양모빌리티 육성 전략

정부는 2023년 11월 비상경제장관회의에서 '첨단 해양모빌리티 육성전략'

을 발표했다. 이에 따르면, 국제해사기구(IMO)는 2050년경까지 국제해운 분야의 탄소중립을 목표로 설정하였고, 자율운항선박 표준 마련을 위한 국제협약을 2028년 발효 목표로 제정 중이며, 기존 선박과 관련 서비스도 친환경 및 자율운항 등 기술이 융복합된 첨단 해양모빌리티로 재편되고 있다고 강조하고 있다. 이에 따라 정부는 현재 1%(5조 원) 수준인 첨단 해양모빌리티 시장점유율을 2027년에 12%(71조 원)까지 높이는 것을 목표로, 국가 차원에서 첨단 해양모빌리티를 육성·지원하기 위한 전략을 마련하여 추진한다.

우선, 정부는 화석연료 선박을 친환경 선박으로 전환하기 위하여 보조금, 취득세 감면 등 종합적인 지원책을 제공하는 한편, 국가 주도의 친환경 선박 기술 연구개발 추진과 함께 미래연료 공급망과 기반시설도 확충한다. 또한, 미래형 선박인 자율운항선박의 원천기술을 확보하기 위해 국가 주도의 연구개발(R&D)을 추진하고, 선박 시설기준, 선박직원 승무기준 등 관련 제도도 합리적으로 조정해 나갈 계획이다. 아울러, 선박 등 첨단 해양모빌리티의 안정적인 운항을 위해 위성항법시스템(GPS) 위치오차를 현재의 10m 이상에서 5cm 이내로 보정하여 제공하는 기술을 개발하는 한편, 더 많은 선박이 바다 내비서비스를 이용할 수 있도록 바다내비 단말기 설치 선박에 기타 항해장비 설치의무를 면제하는 등 규제완화도 추진한다. 마지막으로 첨단 해양모빌리티 관련 국내 신기술(설비 및 기자재)의 상용화를 앞당기기 위해 민간 주도의 기술검증제도를 도입하는 한편, 선진국 수준의 기술 개발과 국제표준화 선점을 위해 국제 연구거점 구축과 전문 인력 양성 등도 추진한다.[28]

이 전략은 친환경 전략과 디지털 전략의 융합이라고 볼 수 있으며, 주요 5대 전략은 친환경 해운솔루션 제공, 자율운항선박 시장 선도, 첨단 해양교통 플랫폼 구축, 연관산업 육성, 지원체계 운영 등이며, 여기서는 디지털 전략과 관련된 자율운항선박시장 선도전략과 첨단 해양교통 플랫폼 구축을 중심으로 살펴보고자 한다.

그림 5-11 첨단 해양모빌리티 육성 전략

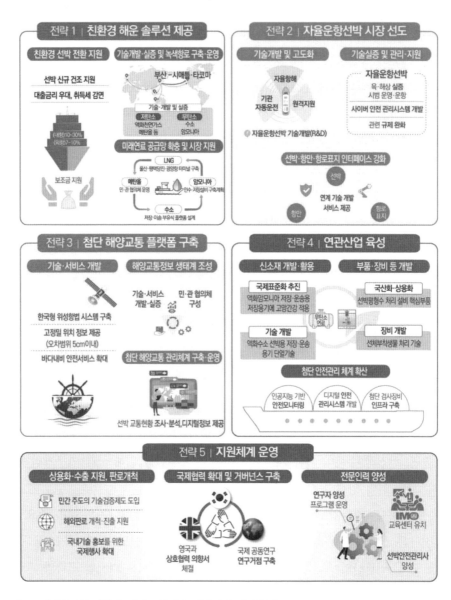

자료: 해양수산부, 「첨단 해양모빌리티 세계시장 선점한다」, 2023.11.17.

1) 자율운항선박 시장 선도

(1) 기술개발 및 고도화

기술개발 및 고도화는 세 가지 과제로 구성된다. 첫째, 자율항해 기술개발을 추진한다. 자율운항선박이 주변 선박 등을 자동식별, 위험성을 평가하여 안전성·경제성을 고려한 최적항로를 선정하는 등 기술개발을 추진한다. 이를 위해 자율운항선박 기술개발('20~'25)을 추진한다.

둘째, 기관 자동운전을 위한 기술개발이다. 선박 기관(엔진, 발전기 등) 데이터를 기반으로 자동운전시스템을 고도화하고, 기관 고장 진단 및 예측 기술을 개발한다.

셋째, 원격지원 기술 개발이다. 자율운항선박의 원활한 운항과 사고예방 및 대응을 위해 선박-육상(원격 지원센터) 간 원격 지원기술을 개발한다. 여기에는 위험요소 정보를 수집·분석하여 사고요인 사전탐지, 사고 초기대응 지원 등이 주요 내용이다.

(2) 기술실증 및 관리지원

기술실증 및 관리지원도 세 가지 과제로 구성된다. 첫째, 기술실증이다. 자율운항선박 핵심기술의 신뢰성 확보를 위해 성능 실증센터와 선박을 활용한 육상 및 해상 시범 운영 및 실증 운항을 추진한다.

둘째, 사이버 보안이다. 선박에 대한 사이버 공격과 위협에 대응하기 위한 관리 시스템 및 암호화 기술을 개발하고, 단말기 개발 및 보급도 추진한다. 이러한 단말기는 선박의 위치정보에 대한 GPS 전파교란 대응을 위한 통합(바다내비+첨단지상파항법시스템) 단말기를 의미한다.

셋째, 운항 지원이다. 자율운항선박의 운항지원을 위해 관련 규제를 완화하고, 개발된 기술의 항만 연계를 위한 육상제어 시뮬레이터를 개발한다.

(3) 선박·항만·항로표지 인터페이스 강화

선박·항만·항로표지 인터페이스 강화는 항만과 항로표지 분야로 구분된다. 첫째, 항만분야는 자율운항선박이 항만에 안전하고 효율적으로 입·출항하고, 화물 안전관리 등을 할 수 있도록 항만과의 연계기술을 개발한다. 이 같은 기술에는 선박의 부두 자동 계류, 도선사에게 상황정보 제공, 선박·화물 안전상태 관리 등이 있다.

둘째, 항로표지 분야는 자율운항선박 등의 안전운항 지원을 위해 스마트 항로표지를 활용한 연계기술 개발과 서비스를 제공하는 것이다.

2) 첨단 해양교통 플랫폼 구축

(1) 기술·서비스 개발

기술·서비스 개발은 위치정보와 바다내비게이션으로 구분된다. 첫째, 위치정보와 관련해서 자율운항선박 등에 고정밀 위치정보를 제공하는 기술을 개발하고, 2035년까지 독자적인 한국형 위성항법 시스템을 구축한다. GPS 측위성능을 향상하여 위치정보를 고정밀화하는 것으로 오차범위 10m 이상에서 5cm 이내로 줄이는 것이다.

둘째, 바다내비게이션은 많은 선박이 바다내비 서비스를 이용할 수 있도록 단말기 비용(50%)을 지원하고, 단말기 설치 시 항해장비(GPS) 설치의무 등을 면제하는 규제 완화 및 안전 서비스를 확대 추진한다.

(2) 해양교통정보 생태계 조성

해양교통정보 생태계 조성은 기술 및 서비스 지원과 민간 지원으로 구분된다. 첫째, 기술 및 서비스 지원은 디지털 해상교통정보 산업 육성을 위한 기술 및 서비스 개발, 국제항로에서의 실증 및 정보 서비스 제공 플랫폼 구축을 말한다.

둘째, 민간 지원은 정부와 기업 간 상생협력 강화를 위한 협의체 구성, 사업화 자금 지원 및 바다내비 운영체계의 오픈 플랫폼 전환 등이다.

(3) 첨단 해양교통 관리체계 구축 및 운영

첨단 해양교통 관리체계 구축 및 운영은 교통로 식별 및 교통로 개선으로 구분된다. 첫째, 교통로 식별은 선박 통항밀집해역 파악을 위해 교통현황을 조사·분석하고, 현황정보를 디지털화하여 국민에게 제공하는 것이다. 이를 위해 한국해양교통안전공단에서 구축해서 운영 중인 '해양교통안전 정보시스템(MTIS)'을 활용한다.

둘째, 교통로 개선은 자율운항선박 개발 등 선박 운항특성의 변화에 따라 법정항로의 안전성을 검토·개선하고, 해양교통시설을 설치하는 것이다. 교통안전특정해역(5개소), 통항분리항로(3개소), 지방해양수산청 고시항로(24개소) 등이 고려 대상지역이며, 시설로는 항행 장애물 관리와 실시간 교통망 관리를 위한 보조시설인 CCTV, 항로표지 등이 있다.

디지털 전환의 성공 조건과 향후 과제

1 디지털 전환의 동인과 디지털 성숙도

1) 디지털 전환의 동인

디지털 전환의 동인(driving force)은 조직이 디지털 전환에 참여하게 만드는 외부 및 내부 촉발요인(trigger)으로 정의할 수 있다.[1] 〈표 6-1〉는 해운분야의 디지털 전환 동인에 관해 분석한 티얀(2021)[2]의 연구 내용을 요약한 것이다.

이에 따르면, 해운 부문에서 DT의 디지털 전환의 동인은 조직차원에서 3개, 기술측면에서 2개 및 외부환경 측면에서 5개 등이 확인된다. 즉 조직 차원의 전환 동인으로는 비용절감, 운영 간소화 그리고 처리시간의 단축이다. 기술 관련 전환 동인으로는 신규 기술의 도입과 대량의 데이터 처리도로 구분되며, 외부환경 관련 전환 동인으로는 고객 행동 및 기대치의 변경, 경쟁 환경, 규제 요건, 이해관계자 협업의 개선, 그리고 데이터 투명성으로 세분화될 수 있다.

이러한 디지털 전환의 동인은 독립적이기보다는 서로 밀접하게 관련되어 있다. 변화하는 고객 행동과 기대치, 경쟁 환경, 그리고 블록체인, 사물 인터넷, 빅데이터, 드론 등과 같은 해운물류 부문의 새로운 디지털 기술의 출현으로 인해 시장은 극적으로 변화하고 있다.[3] 안정적이고 비용 효율적인 운송 서비스에 대한 고객의 기대치가 높아지는 경우 해운기업은 이에 대응하는 경쟁력을 유지

표 6-1 디지털 전환의 동인

구분		주요 내용
조직측면의 요인	비용절감	조직은 다른 조직과의 협업을 단순화하기 위해 새로운 기술을 구현하여 정보 교환 및 트랜잭션 실행 등의 비용을 줄인다. 보다 간결하고 자동화되었으며 오류가 없는 프로세스는 비용 절감에 도움이 된다.
	운영 간소화	향상된 자원 계획을 통해 프로세스를 보다 효율적이고 안정적으로 만든다.
	처리시간 단축	상품과 정보는 필요한 시간 내에 전달되어야 하며, 선박 대기 시간 단축 및 터미널 처리 속도의 향상이 기대된다.
기술측면의 요인	신규 기술 도입	새로운 기술은 보다 광범위한 조직수준과 전송체인의 비즈니스 혁신을 위한 새로운 기회를 열어준다.
	대량의 데이터 처리	조직의 경쟁력을 높이기 위해 대량의 데이터를 처리하는 능력이 향상된다.
외부환경	고객 행동 및 기대치 변경	새로운 기술의 등장으로 고객의 기대치가 높아졌다.
	경쟁 환경	경쟁 환경이 변화하여 DT는 기존 시장을 파괴하고 기존 제품과 서비스를 재결합하는 등의 작업을 수행할 수 있다.
	규제 요건	녹색 운송 기술 등을 달성하기 위해 국제 및 규제 기관에서 부과하는 규제에 대응이 가능해진다.
	이해관계자 협업 개선	관련 이해 관계자 간의 원활한 정보 공유를 통한 협업 개선이 필요하다.
	데이터 투명성	운송 경로의 더 나은 투명성 제공

자료 : Edvard Tijan, Marija Jović, Saša Aksentijević, Andreja Pucihar, "Digital transformation in the maritime transport sector", *Technological Forecasting and Social Change*, Volume 170, 2021, pp.4−5.

하기 위해 디지털 전환에 참여하는 유인이 생긴다. 이는 해운기업이 고객의 요구에 적응하고 적절한 운송 서비스를 제공하고자 하는 노력을 경주하기 때문이다.

규제 요건과 관련하여 해상운송 부문은 국제해사기구, 유럽연합 및 런던 협약 및 의정서와 같은 국제기구에서 승인한 보다 엄격한 환경 요구 사항에 직면해 있다. 선박으로부터 해양오염 방지를 위한 국제협약(International Convention for the Prevention of Marine Pollution from Ships, MARPOL 73/78), 안전하고 환경친

화적인 선박 재활용을 위한 국제협약(SRC 2009, The Hong Kong Convention for the Safe and Environmentally Sound Recycling of Ships, 일명 홍콩협약) 등이 그 예이다. 이러한 규정을 준수하기 위해서는 기술 투자와 관련기관의 협업과 기술 협력이 필요하다.

대량의 데이터 처리, 운영 간소화 및 데이터 투명성은 상호밀접하게 관련된 동인이다. 해운물류 기업, 포워더 등과 같은 서비스 제공자는 해운부문의 변화를 수용하고 막대한 양의 정보를 수집하고 처리할 수 있는 기술을 구현함으로써 보다 비용효율적인 방식으로 전환해야 한다.[4] 뿐만 아니라 공급사슬 상에서 이해관계자와 협력하고, 데이터의 투명성을 개선해야 한다.

또한 디지털 전환은 빅데이터, 사물인터넷, 블록체인 및 클라우드 컴퓨팅과 같은 보다 광범위한 개념을 포함하고 있어 해운물류 산업에 가치 있는 데이터를 실시간으로 수집, 처리 및 교환할 수 있는 새로운 방법을 제공할 수 있다.[5]

2) 디지털 전환과 디지털 성숙도

라자(Raza)[6]의 연구에 따르면, 해운기업이 가진 디지털 성숙도에 따라 디지털 전환이 결정된다고 한다. 치초스 등(Cichosz))[7]은 디지털 전환은 구현 조직에 따라 다르며 디지털 성숙도에 의존하는 지속적인 진화 프로세스라고 지적한다. 디지털 성숙도는 "조직이 디지털 비즈니스 환경에 적응한 정도"로 정의된다.[8] 위스테만(Westerman)과 케인(Kane)[9]은 디지털 성숙도가 높을수록 기업 성과가 향상된다는 사실을 발견했다. 또한 쿠오(Kuo)[10]는 잘 확립된 디지털 전환이 효율성 향상, 고객 만족도 향상 그리고 환경 성과 향상 등 해운산업 행위자에게 다양한 이점을 가져다준다는 것을 발견했다.

웨스터만은 디지털 성숙도가 기업 성과와는 별개이지만 관련된 두 가지 차원의 조합이라고 설명한다. 첫 번째는 디지털 집약도(Digital Intensity)로, 회사 운영 방식, 고객 참여, 내부 운영, 심지어 비즈니스 모델까지 변화시키기 위한 디지털 기능 및 기술 지원 이니셔티브에 대한 투자와 관련이 있다. 두 번째 차원

그림 6-1 디지털 전환과 디지털 성숙도

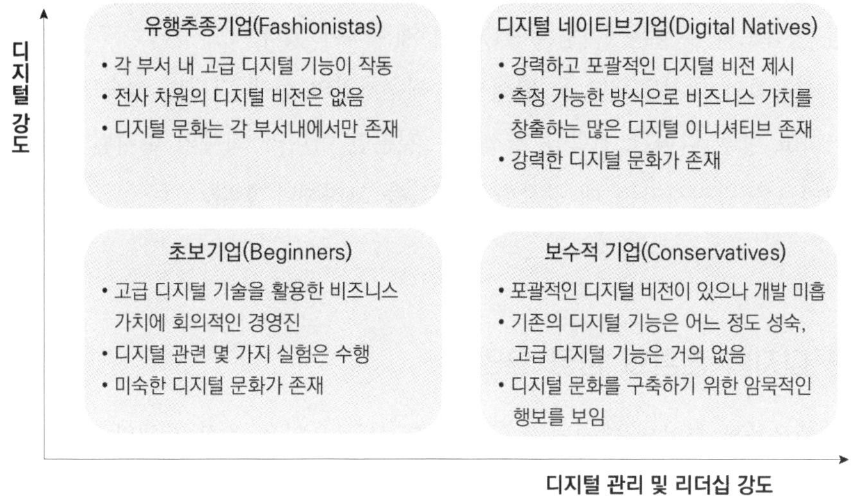

디지털 강도

유행추종기업(Fashionistas)
- 각 부서 내 고급 디지털 기능이 작동
- 전사 차원의 디지털 비전은 없음
- 디지털 문화는 각 부서내에서만 존재

디지털 네이티브기업(Digital Natives)
- 강력하고 포괄적인 디지털 비전 제시
- 측정 가능한 방식으로 비즈니스 가치를 창출하는 많은 디지털 이니셔티브 존재
- 강력한 디지털 문화가 존재

초보기업(Beginners)
- 고급 디지털 기술을 활용한 비즈니스 가치에 회의적인 경영진
- 디지털 관련 몇 가지 실험은 수행
- 미숙한 디지털 문화가 존재

보수적 기업(Conservatives)
- 포괄적인 디지털 비전이 있으나 개발 미흡
- 기존의 디지털 기능은 어느 정도 성숙, 고급 디지털 기능은 거의 없음
- 디지털 문화를 구축하기 위한 암묵적인 행보를 보임

디지털 관리 및 리더십 강도

자료: Zeeshan Raza, Martin Svanberg & Bart Wiegmans, "Modal shift from road haulage to short sea shipping: a systematic literature review and research directions", *Transport Reviews*, 40:3, 2020. p.3.

은 조직에서 디지털 전환을 추진하는 데 필요한 비전, 거버넌스 및 리더십 기능으로 구성된 변환 관리 강도이다. 이 두 가지 차원은 네 가지 유형의 디지털 성숙도를 설명한다. 디지털 역량과 디지털 전환 관리 역량이 약한 기업은 디지털 초보자다. 이와는 대조적으로 강력한 디지털 기능과 디지털 전환 관리 기능을 모두 갖춘 회사는 디지털 전환을 통해 가치를 창출하는 방법과 디지털 전환 관리의 필수 요소인 비전, 거버넌스 및 참여에 투자하여 경쟁우위를 달성하는 방법을 진정으로 이해하는 디지털 네이티브 기업이다. 웨스터만은 디지털 성숙도 또는 디지털 DNA를 구축하는 것이 모든 산업에서 중요하므로 평균적으로 디지털 네이티브 기업이 경쟁업체보다 수익성이 더 높다는 것을 지적한다. 이 기업들은 직원과 물리적 자산을 통해 더 많은 수익과 가치를 창출하고 더 높은 시장 평가를 받는다. 디지털 네이티브 기업은 디지털 역량을 통해 직원들이 변화를 일으키도록 동기를 부여하는 강력한 혁신적 비전을 개발한다. 반면 디지털 초보 기업은 아직 조직 전체에 디지털화를 통합하지 못한 경우이다. 이러한 디지털 전환 성숙도의 유형은 〈그림 6−1〉에서 제시되어 있다.

성공적인 디지털 전환을 위해서는 해운기업의 현재 디지털 성숙도 수준을 평가하고 향후 나아갈 전략을 결정하는 것뿐만 아니라 회사의 디지털 전환 이니셔티브를 발전시키는 데 중요한 과제들을 고려해야 한다.

2 디지털 전환의 성공 요인

해운물류 분야의 디지털 전환을 위한 성공 요인은 조직 자체와 관련된 성공 요인, 기술과 관련된 성공 요인, 외부 환경과 관련된 성공 요인으로 세분할 수 있다.

조직측면에서 디지털 전환의 성공요인은 다양하게 구분할 수 있다. 새로운 비즈니스 모델을 구상하는 경우, 적극적으로 미래 전략을 수립해야 하는 경우, 미래 비전의 필요성, 새롭고 역동적인 능력이 요구되는 경우(주로 변화에 대한 문화적 준비), 조직의 민첩성이 요구되는 경우, 불확실성 하에서의 조직의 위험 감수와 의사결정, 관리자와 직원의 참여, 새로운 리더십 역할 생성(예: 최고 디지털 책임자), 디지털 리더십 기술이나 역량, 직원 및 관리자 지식에 투자, 조직내 소통, 기능 간 협업 등이 이루어지는 경우 성공적인 디지털 전환이 가능하다.

기술측면에서는 디지털 보안 및 규정 준수, 적정기술 투자, 조정된 비즈니스 전략 및 프로세스에 포함된 새로운 기술, 정보통신기술 및 시스템의 호환성, 통합 및 상호 운용성, 여러 정보 플랫폼 간 통합, 비즈니스 프로세스 연결성 및 표준 개발 등으로 구분된다.

외부환경 측면에서는 조직, 리더십, 구성원 및 외부 파트너 간의 상호 신뢰, 이해관계자의 요구와 기대에 대한 이해, 고객 및 파트너 참여 및 협업, 조직 간 데이터 및 지식 교환, 정부나 정책 입안자 지원, 적절한 규제 등으로 구분된다.

정부나 정책 입안자들의 지원은 해운부문의 디지털 전환에서 중요한 역할을 하는 정부, 교통 부처 및 항만 당국과 관련이 있다. 정부는 미래 개발 시나리오를 구상 및 설명하고, 이해관계자와 지속적으로 협의하고, 이해관계자가 해상운송 부문에서 디지털 전환을 시도하는 프로젝트에 확신을 가지고 투자할 수 있도록 지원해야 한다.

표 6-2 디지털 전환의 성공요인

구분		주요 내용
	새로운 비즈니스 모델	경쟁력을 유지하고 새로운 수익을 창출하기 위해 새로운 비즈니스 모델을 개발한다. 스마트 포트는 새로운 비즈니스모델이 될 수 있다. 기업은 디지털화를 활용하여 혁신과 효율성을 극대화하는 비즈니스 모델을 개발해야 한다.
	적극적으로 미래 전략 수립	장애물을 극복하고 경쟁력을 유지하기 위해 비즈니스 최적화 및 투자(예: 직원 교육, 기술)를 통해 적극적으로 미래 전략을 수립한다.
	미래 비전	전체 조직이 공유하는 강력하고 명확한 비전을 수립한다.
조직 측면	새롭고 역동적인 능력; 변화에 대한 문화적 준비	• 새로운 비즈니스 모델을 설계할 수 있는 능력 • 비즈니스 인텔리전스(BI) 민첩성과 비즈니스 가치를 향상시키는 동적 기능 • 동적 기능을 통해 조직을 혁신하고 리소스를 재구성하는 등의 방법으로 기회를 식별하고 대응 • 신기술의 등장, 세계화 등에 따른 변화에 성공적으로 대응할 수 있는 능력 • 조직 문화는 성공을 위해 위험을 감수하고 실패를 용인
	조직의 민첩성	자원의 재할당, 재구성 및 혁신 기회를 감지하고 경쟁 시장 기회를 포착하는 민첩성
	불확실성 하에서의 조직의 위험 감수와 의사결정	새롭고 빠르게 발전하는 기술을 실험하려면 종종 불확실성 하에서 위험을 감수하고 정보에 입각한 결정을 내려야 한다.
	관리자와 직원의 참여	리더는 직원들을 격려해야 한다. 진보적 사고, 개방성, 기술 수용, 기업가 정신 및 스타트업 작업 방식 등의 측면에서 직원들은 협력할 준비가 되어 있어야 하고 새로운 기술을 개발할 준비가 되어 있어야 한다.
	새로운 리더십 역할 생성	최고 디지털 책임자(CDO)는 디지털 기술이 적절하게 활용되고 조직의 목표와 일치하도록 하는 임무를 수행

구분		주요 내용
기술 측면	디지털 리더십 기술/역량	• 향상된 성능을 달성하고 조직의 경쟁우위를 창출하는 데 필요하다. • 7가지 리더십 기술: 개방성, 실패 의지, 적응력, 공감, 동기 부여, 의사소통 및 기술 이해
	직원 및 관리자 지식에 투자	조직의 구조와 문화의 변화로 인해 직원들은 전통적으로 기능 밖에 있던 역할을 수행
	조직내 소통	지식과 정보 공유를 위한 내부 네트워크를 구축하려는 조직 의 의도
	기능 간 협업	조직의 다양한 기능 영역 간의 협업
	디지털 보안 및 규정 준수	기업은 신기술의 집중적 사용으로 인해 점점 더 사이버 위협에 노출되고 있으며 보안을 보장하기 위해 적절한 대응책을 강구
	적정기술 투자	비즈니스 요구에 따라 적절한 기술에 투자 비즈니스 가치 창출에 중요한 요소, 생산성 향상, 비용 절감
	조정된 비즈니스 전략 및 프로세스에 포함된 새로운 기술	IT 부서는 회사의 전략과 비즈니스를 이해
	정보통신기술 및 시스템의 호환성, 통합 및 상호 운용성	ICT 시스템 통합으로 데이터 교환, 사업계획 및 관리 개선
	여러 정보 플랫폼 간 통합	보다 원활한 정보 및 문서 교환 가능
	비즈니스 프로세스 연결성 및 표준 개발	전송에 따른 비즈니스 프로세스 통합용 노선
외부 환경	조직, 리더십, 구성원 및 외부 파트너 간의 상호 신뢰	점점 더 디지털화되는 작업 환경의 핵심
	이해관계자의 요구와 이해관계자의 기대에 대한 이해	운송경로상 이해관계자들과 협업 증대 및 이해관계자들의 기대치(지연감소, 정확한 정보) 이해
	고객 및 파트너 참여 및 협업	개별 참여자의 최적 네트워킹 활동을 조정하고, 트래픽 및 상품 흐름을 최적화하기 위한 운송 체인
	조직 간 데이터 및 지식 교환	팀워크, 교차 기능 협업 및 외부 파트너(예: 고객)와의 협력 준비에 대한 조직의 긍정적인 입장
	정부/정책 입안자 지원	정부/정책 입안자가 제공하는 재정적 지원
	적절한 규제	디지털 전환을 장려하는 정부 또는 기타 기관에서 만든 규칙

자료: Edvard Tijan, Marija Jović, Saša Aksentijević, Andreja Pucihar, "Digital transformation in the maritime transport sector", *Technological Forecasting and Social Change*, Volume 170, 2021, pp.6－8.

3 디지털 전환의 장애 요인

성공적인 디지털 전환을 통한 기업성과의 긍정적인 결과를 달성하기 위해 조직은 혁신을 방해하는 장애물을 식별하고 해결해야 한다.[11] 〈표 6-3〉은 디지털 전환 프로세스상에서 기업이 직면하는 다양한 기술적, 조직적, 운영적 장애요인을 정리한 것이다. 첫째, 기술적인 측면에서 디지털 전환의 장애요인으로는 ① 데이터 보안, ② 표준화 부족, ③ 기술의 선택 등을 들 수 있다. 데이터 보안은 디지털 전환 과정에서 고도로 상호 연결된 시스템이 구축되면, 데이터 보안 위험을 초래할 수 있으며 사이버 공격에 더 많이 노출될 수 있다는 것이다. 표준화 부족은 화물운송 생태계에 참여하는 행위자들이 사용하는 IT 시스템이 상이할 경우 비호환성 또는 상호 운용성 부족은 디지털 기술의 사용을 제한할 수 있다는 의미이다. 기술의 선택은 올바른 유형의 디지털 기술을 선택하여 비즈니스의 전반적인 디지털 전략을 구현하는 것이 중요하다는 의미이다.

둘째, 거버넌스 및 조직 측면에서 디지털 전환의 장애요인으로는 ① 실험 및 반복 가능성, ② 조직 문화, ③ 관성과 저항, ④ 디지털 비전 부족, ⑤ 신뢰와 기업 비밀 등을 들 수 있다. 실험 및 반복 가능성은 사람들이 보다 민첩한 방식으로 위험을 감수하고, 실험하고, 반복하고, 작업하도록 하는 것이 핵심 과제라는 점을 강조한다. 조직 문화는 조직의 유형(예: 생산 수단) 및 무형(예: 조직 문화)의 구성 요소가 일상적인 관행에 깊이 관련되어 있어 디지털 기술의 혁신적이고 파괴적인 힘을 제한한다는 점이다. 관성과 저항은 수년 동안 전통적인 방식으로 업무를 수행하는 기업이 변화에 저항하는 자연스러운 경향이 있으며, 직원의 사고방식과 신념을 바꾸는 데 어려움을 겪는다는 점을 지적하고 있다. 디지털 비전 부족은 기업의 긴박감과 디지털 비전이 부족한 점을 장애요인이 된다는 것이다. 신뢰와 기업 비밀은 뒤처지거나 경쟁 조직에 의해 착취당하는 것에 대한 두려움 때문에 기업이 생태계에 참여하는 파트너와 정보를 공유하기를 꺼리며, 따라서 조직 간 신뢰를 구축하는 것이 주요 과제임을 지적한다.

표 6-3 디지털 전환의 장애요인

유형	도전	설명	저자
기술	데이터 보안	디지털 전환의 과정에서 고도로 상호 연결된 시스템이 구축되면, 데이터 보안 위험을 초래할 수 있으며 사이버 공격에 더 많이 노출될 수 있음	Fruth and Teuteberg (2017), Kechagias et al. (2022)
	표준화 부족	화물운송 생태계에 관여하는 행위자가 사용하는 서로 다른 IT 시스템 간의 비호환성 또는 상호 운용성 부족은 디지털 기술의 사용을 제한할 수 있음	Gong and Ribiere (2021)
	기술의 선택	올바른 유형의 디지털 기술을 결정하고 비즈니스의 전반적인 디지털 전략을 지원하기 위해 이를 구현하는 방법은 여전히 주요 과제임	Agrawal et al. (2020)
거버넌스 및 조직	실험, 반복 가능성	사람들이 보다 민첩한 방식으로 위험을 감수하고, 실험하고, 반복하고, 작업하도록 하는 것이 핵심 과제임	Kane et al. (2017)
	조직 문화	조직의 유형(예: 생산 수단) 및 무형(예: 조직 문화)의 구성 요소는 일상적인 관행에 너무 내재되어 있어 디지털 기술의 혁신적이고 파괴적인 힘을 제한함	Heilig et al. (2017), Tijan et al. (2021)
	관성과 저항	수년 동안 전통적인 방식으로 업무를 수행한 기업은 변화에 저항하는 자연스러운 경향이 있음. 기업은 직원의 사고방식과 신념을 바꾸는 데 어려움을 겪음	Vial (2019)
	디지털 비전 부족	기업의 긴박감과 디지털 비전이 부족함	Agrawal et al.(2020)
	신뢰와 기업 비밀	뒤처지거나 경쟁 조직에 의해 착취당하는 것에 대한 두려움 때문에 기업은 생태계에 참여하는 파트너와 정보를 공유하기를 꺼림. 따라서 조직 간 신뢰를 구축하는 것이 주요 과제임	Vial (2019)
운영	자원 부족	새로운 디지털 기술과 리소스의 가용성을 보장하려면 많은 투자가 필요함	Agrawal et al. (2020), Tijan et al. (2021)
	부족한 기술과 재능	디지털 인재가 부족함. 직원들은 IT 기술과 프로세스 지식을 업그레이드하기 위한 교육과 개발이 필요함	Raj et al. (2020), Tijan et al. (2021)
	경제적 이익에 대한 명확성 부족	기술 구현의 생산성 향상 및 경제적 이점은 가치 사슬 전반에 걸친 단편적인 구현으로 인해 불분명함	Heilig et al. (2017)

자료: Zeeshan Raza, Martin Svanberg & Bart Wiegmans, "Modal shift from road haulage to short sea shipping: a systematic literature review and research directions", *Transport Reviews*, Vol.40, No.3, 2020, p.3

셋째, 운영 측면에서 디지털 전환의 장애요인으로는 ① 자원 부족, ② 부족한 기술과 재능, ③ 경제적 이익에 대한 명확성 부족 등을 수 있다. 자원 부족은 새로운 디지털 기술과 리소스의 가용성을 보장하려면 많은 투자가 필요하다는 점을 강조한 것이다. 부족한 기술과 재능은 디지털 인재의 양성 필요성과 직원들에 대한 IT 기술과 프로세스 지식을 함양하기 위한 교육과 훈련이 필요하다는 점이다. 경제적 이익에 대한 명확성 부족은 디지털 기술 구현에 따른 생산성 향상과 경제적 이점이 가치 사슬 전반에 걸쳐 단편적으로 실현되어 그 편익이 불분명하다는 의미이다.

한편 바이얼(Vial)[12]은 기존 연구 자료를 검토하여 디지털 전환에 대한 가장 중요한 장벽 중 하나가 관성임을 밝혔다. 관성이란 기존 리소스와 기능이 디지털 기술을 통한 혁신을 제약하는 힘이라고 정의하고 경로의존성이 디지털 전환의 장애요인으로 작용할 수 있다고 주장했다. 또한 바이얼은 파괴적 기술이 조직에 도입될 때 나타나는 직원들의 저항도 디지털 전환의 또 다른 장애요인임을 지적하였다. 이에 따라 조직이 사람들의 사고방식과 신념을 바꾸는 데 어려움을 겪을 수 있다고 지적한다. 반면 케인(Kane)은 조직이 과거 성공의 포로가 되어 저항을 유발할 수 있다는 측면에서 직원의 "역량 함정"(competency traps)을 지적하였다. 그리고 조직에 긴박감이 부족하고 디지털 비전이 없을 경우 "사람이 디지털 전환의 주요 장애물"인 것으로 나타났다.[13] 따라서 관성과 저항은 조직의 디지털 전환 도입을 방해하는 두 가지 가장 큰 장애요인이다.

이 외에도 디지털 전환의 도입 정도에 따라 조직이 새로운 외부 위협에 노출될 수 있다. 케차지아스(Kechagias)와 티얀(Tijan)은 더 많은 소프트웨어와 자동화, 인터넷 연결성, 선상 시스템 간의 상호 연결성 증가로 인해 선박의 복잡성이 지속적으로 증가하고 있어 사이버 공격에 취약하다고 밝혔다.[14] 그들은 이러한 사이버 보안의 취약성 때문에 해운물류기업들이 디지털 전환을 꺼려한다고 주장한다. 대형 정기선 운송회사와 상호 연결된 디지털 시스템에 대한 사이

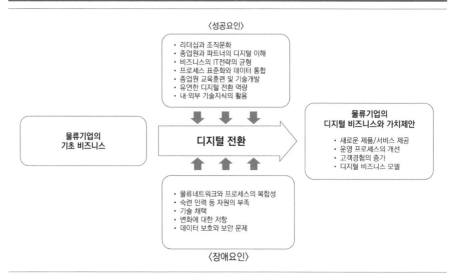

그림 6-2 물류기업의 디지털 전환 성공요인과 장애요인

〈성공요인〉

• 리더십과 조직문화
• 종업원과 파트너의 디지털 이해
• 비즈니스의 IT전략의 균형
• 프로세스 표준화와 데이터 통합
• 종업원 교육훈련 및 기술개발
• 유연한 디지털 전환 역량
• 내·외부 기술지식의 활용

물류기업의
기초 비즈니스

디지털 전환

물류기업의
디지털 비즈니스와 가치제안

• 새로운 제품/서비스 제공
• 운영 프로세스의 개선
• 고객경험의 증가
• 디지털 비즈니스 모델

• 물류네트워크와 프로세스의 복합성
• 숙련 인력 등 자원의 부족
• 기술 채택
• 변화에 대한 저항
• 데이터 보호와 보안 문제

〈장애요인〉

자료: Cichosz, M., Wallenburg, C.M. and Knemeyer, A.M., "Digital transformation at logistics service providers: barriers, success factors and leading practices", *The International Journal of Logistics Management*, Vol.31 No.2, 2020, p.220.

버 공격은 해운업계 전반에 악영향을 미치기 때문에 업계에서는 디지털 기술에 대한 의존도를 높이는 데 주저하게 된다는 것이다.[15]

4 우리나라 해운기업의 디지털 전환 수준

한국해양진흥공사는 한국능률협회컨설팅이 개발한 '디지털 전환 성숙도 모델'을 해운산업의 특성을 반영한 모델로 개선하여 한국해운협회 31개 회원사를 대상으로 진단조사를 수행했다. 진단모델은 디지털 전환 도입을 검토하는 단계부터 도입, 정착, 확산 및 고도화까지 총 5단계로 구분된다. 진단 결과 우리 해운산업의 디지털 전환 수준은 '도입단계'에 해당하는 것으로 나타났다. 이 단계는 경영진과 담당 부서가 디지털 전환에 관하여 인식하고, 계획을 수립하여 주

256   Chapter 06 디지털 전환의 성공 조건과 향후 과제

요 인프라를 도입하는 단계를 의미한다. 선종별로는 내륙까지 이어지는 운송에 참여하는 컨테이너선사가 '정착단계'인 반면, 항만 간 수송에 참여하는 벌커와 탱커는 '도입단계'인 것으로 나타났다. 기업규모별 격차는 더 컸는데, 대기업은 '확산단계'에 있으나 중견기업은 도입단계, 중소기업은 검토단계에 머문 것으로 확인되었다. 전반적으로 국적선사가 디지털 전환을 위해 도입한 기술은 원격 근무나 영상회의 등 업무 수행을 위한 인프라 위주였으며, 인공지능, 빅데이터, 플랫폼 구현 등 최신기술 도입은 아직 미흡한 것으로 나타났다. 주요 설문의 결과를 구체적으로 살펴보면 다음과 같다.16)

1) 디지털 전환의 전체 수준과 핵심가치별 수준

해운기업 디지털 전환 전체 수준은 디지털 전환에 대해 인식하고 계획을 수립하는 2단계에 해당되는 것으로 나타났다. 아울러 핵심가치별 수준 진단 결과 인프라 영역이 3단계로 가장 높게 나왔으며, 실행 영역이 2단계로 가장 낮게 나타났다. 핵심가치는 전략, 실행, 성과관리 및 인프라로 구성된다.

그림 6-3 우리나라 해운기업의 디지털 전환 전체 수준과 핵심가치별 수준

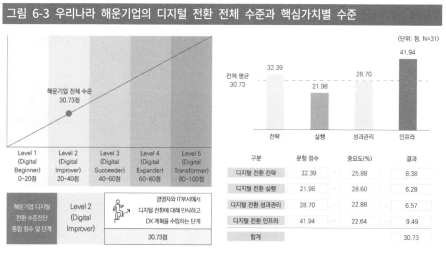

자료: 한국해양진흥공사, 「해운산업 디지털 전환 수준 진단 및 지원정책 발굴 용역」, 중간보고 발표자료, 2023. p.4.

2) 핵심가치별 수준의 세부 내용 평가

핵심가치별 수준의 세부 내용 중 디지털 전환 전략 측면에서 경영자 관심 항목이 가장 높은 점수(53.23점)이며, 투자 대비 효과 파악 항목이 가장 낮은 점

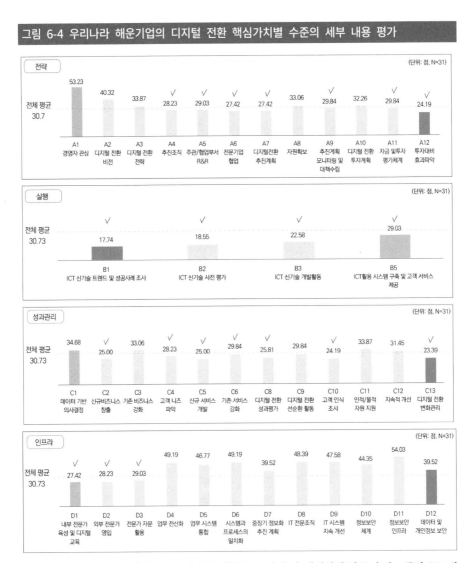

그림 6-4 우리나라 해운기업의 디지털 전환 핵심가치별 수준의 세부 내용 평가

자료: 한국해양진흥공사, 「해운산업 디지털 전환 수준 진단 및 지원정책 발굴 용역」, 중간보고 발표자료, 2023. pp.5−8.

수(24.19점)로 나타났다. 디지털 전환 실행 영역은 모든 항목에서 평균 점수보다 낮았으며, 디지털 전환 성과관리 영역 중 데이터 기반 의사결정 항목이 가장 높고(34.68점), 디지털 전환 변화관리 항목이 가장 낮게(23.39점) 나타났다. 디지털 전환 인프라 영역 중 정보 보안 인프라 관련 문항이 가장 높게(54.03점) 나왔고, 내부 전문가 육성 및 디지털 교육 문항이 가장 낮게(27.42점) 나타났다. 이에 따라 우리나라 해운기업은 투자한 자원(인력, 자금 등)에 대한 효과 파악이 미흡하고, 최신의 ICT 신기술에 대한 트렌드 및 성공사례 조사가 미흡하며, 디지털 전환 결과를 정착시키기 위해 임직원을 대상으로 충분한 변화관리 활동이 부족한 것으로 나타났으며, 마지막으로 디지털 전환에 필요한 내부 전문가를 육성하거나 일반직원을 대상으로 한 디지털 교육체계 확보가 미흡하다고 조사되었다.

3) ICT 신기술 도입 비율

우리나라 해운기업 ICT 신기술 도입 완료 비율은 10.8%로 대부분 해운기업에서 ICT 신기술이 도입되지 않은 것으로 나타났으며, 인공지능, 자율운항선박에 대한 기술 도입 지원이 필요한 것으로 조사되었다.

그림 6-5 우리나라 해운기업의 ICT 도입 비율

■ ICT 신기술 도입 비율 및 도입 기술 내용

구분	ICT 도입 비율	가장 많이 도입된 기술	가장 적게 도입된 기술
전체	10.8%	원격근무	인공지능, 자율운항 선박

■ ICT 신기술 도입 설문 세부내용

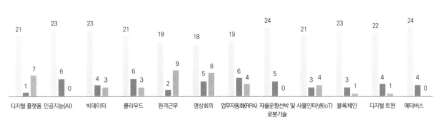

자료: 한국해양진흥공사, 「해운산업 디지털 전환 수준 진단 및 지원정책 발굴 용역」, 중간보고 발표자료, 2023. p.9.

4) 규모 및 선박유형별 디지털 전환 수준

기업규모별 진단 결과 대기업과 중견·중소기업 격차가 큰 것으로 나타났고, 선박유형별 진단 결과 컨테이너선 기업과 벌크선·탱커선 기업간 격차가 나타났다.

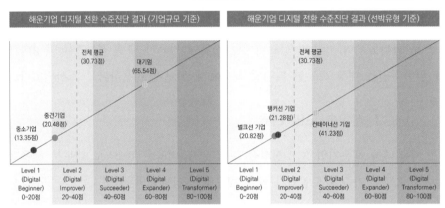

그림 6-6 우리나라 해운기업의 기업규모 및 선박유형별 디지털 전환 수준

자료: 한국해양진흥공사, 「해운산업 디지털 전환 수준 진단 및 지원정책 발굴 용역」, 중간보고 발표자료, 2023. p.10.

아울러 대기업은 성과관리 영역이 낮게 나타나고 중견·중소기업은 실행영역이 낮게 나타났으며, 컨테이너기업은 성과관리 영역이 낮게 나타나고 벌크선과 탱커선 기업은 실행영역이 낮게 나타났다

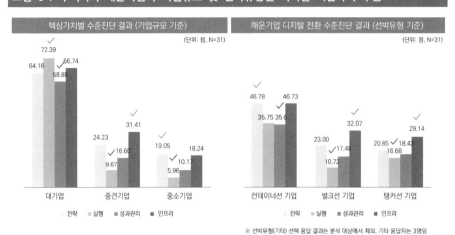

그림 6-7 우리나라 해운기업의 기업규모 및 선박유형별 디지털 핵심가치 수준

자료: 한국해양진흥공사, 「해운산업 디지털 전환 수준 진단 및 지원정책 발굴 용역」, 중간보고 발표자료, 2023, p.11.

.

section 02 향후 과제

1 디지털 전환을 위한 지원제도 마련

국내의 경우 산업통상자원부, 중소벤처기업부, 고용노동부, 과학기술정보통신부 등 각 부처가 산업 및 중소기업의 디지털 전환을 위해 각종 정책을 실시하고 있으나, 정책 지원이 파편적이어서 기업(특히 중소기업)의 디지털 전환에 한계가 있는 것으로 지적된다. 무엇보다도 국내 기업의 디지털 전환에 대한 성과를 창출하기 위해서는 기업의 디지털 전환에 대한 준비 정도를 진단하고, 이를 토대로 어떤 디지털 기술과 역량을 확보해야 하는지 컨설팅 수행을 통해 해당 기업에 필요한 정책 지원을 실시할 필요가 있다.[17]

따라서 이 같은 측면을 고려하여 해운물류분야의 지원제도를 마련할 필요가 있으며 디지털 전환에 따른 지원제도의 형태와 범위 등은 정책적인 논의를 거쳐 구체화해야 할 것이다. 이를 위한 큰 정책방향을 제시하면 다음과 같다.

첫째, 해운물류분야 디지털 전환 성과 자료의 제출을 의무화하여 이들 정보를 축적·분석하여 피드백(feedback)에 활용해야 한다.

둘째, 해운물류분야의 디지털 전환을 위한 효율적인 수행이 가능하도록 컨설팅 기능을 도입할 필요가 있다. 이는 기존의 비즈니스에서 탈피하여 가치 창출로 이어지도록 하는 요인이 될 것이다.

셋째, 해운물류분야 디지털 전환에 있어 관련 부처 간의 협업이 매우 중요하다. 우리나라의 경우 앞서 지적한 바와 같이 파편적인 정책에 그치는 경우가 있는데, 이를 총괄하는 기구를 설립하지 않더라도 부처 간 긴밀한 협조를 통해 성과를 도출할 수 있을 것이다.

최건우 외의 연구에 따르면, 디지털 플랫폼 추진과 관련한 정책적 지원사항을 다음과 같이 제시하고 있다.[18]

첫째, 해운산업의 디지털 전환에 대한 장기적인 전략 수립이 필요하다. 그동안 해운과 무역 분야에서 디지털 전환이 소홀히 다뤄졌다고 지적하고, 장기적인 전략 마련이 필요하다고 주장한다. 이에 따르면, 2021년 해양수산부의 '스마트 해운물류 확산전략'이 발표되었으며, 여기에는 플랫폼 기반 해운물류 서비스 제공이 포함되어 있다. 하지만 플랫폼의 개발 및 운영 주체가 국내 항만을 중심으로 이루어지고 있어 확산에 한계가 있다. 또한 데이터의 표준화가 이루어지지 않아 플랫폼 운영에 따른 항만 터미널 등 참여자들의 추가적인 작업이 필요한 상황이어서 이에 대한 장기적인 전략 마련이 필요하다. 「산업 디지털 전환 촉진법」 제12조는 산업데이터의 상호 호환성 및 활용 효과성 제고, 기업 간 협력 가능성 증대 등을 위하여 산업데이터의 표준화를 추진한다고 명시되어 있다. 해운산업의 디지털 전환을 촉진하기 위해서 현재 산업통상자원부가 추진하고 있는 디지털 전환 선도사업 선정에 해운·물류산업이 포함될 수 있도록 주관부처의 노력이 필요하다.

둘째, 민간 플랫폼 사업 활성화를 위한 지원이 필요하다. 특히 대기업이 운영하는 디지털 플랫폼 사업자에 대응하여 중개형 사업자에 대한 지원이 필요하다. 국내 대형 선사와 대기업 산하 물류자회사들은 자사의 온오프 물동량과 선복량을 바탕으로 플랫폼을 구축하여 자회사나 규모가 있는 수출입 화주 기업들을 주 고객으로 유인하고자 하는 목적이 강하다. 이들은 완결된 물류서비스를 제공할 수 있고 선박량을 화주에게 FCL 형태로 제공할 수 있으며 온/오프라인 전환도 가능해 사실상의 물류 서비스 사업자 역할을 수행할 수 있다. 반면 중개형 플랫폼 사업자들은 선박과 화주의 매칭에 집중하기 때문에 화주는 서비스

완결성을 위한 별도의 온/오프 계약을 체결해야 하고, 금융서비스 지원을 기대하기도 어렵다. 또한 플랫폼 사업자로부터 선박 또는 이행보조자[19]의 서비스를 보증받기 어려운 단점이 있다. 따라서 이들이 대기업의 물류 플랫폼에서 대형화주와 대등한 가격 및 서비스 대우를 받기 위해서는 정부가 지원하는 유인 정책이 필요하다. 이와 관련한 지원책은 경제적인 지원과 비경제적인 지원으로 구분할 수 있다.

경제적인 지원은 정부의 신용 공여가 있다. 디지털 전환 및 플랫폼 구축에는 많은 초기투자금이 필요하다. 중소 디지털 플랫폼이라 하더라도 초기 투자비, 특히 오프라인 자산 취득(물류센터, 터미널 장기계약, 육로 및 항공 자산 및 연계시스템 등)에 대하여서는 국가가 지분 취득 형식으로 자본을 투자하거나 민간 투자자에 대한 기업 신용 보강(보증/보험)을 지원해 줄 필요가 있다. 다행히 현재 국내에는 이러한 기능을 수행할 수 있는 한국해양진흥공사, 한국무역보험공사, 지역신용보증회사 등 공공기관이 있어 이들에게 관련 입법 또는 사업비 보존법을 제정해 주면 될 것이다. 아울러 디지털 플랫폼 서비스와 관련한 이행 보험 또는 보증 상품을 개발하여 제공하는 것도 신용 공여의 방안이 될 것이다.

비경제적인 지원은 대기업 물류자회사의 중소 플랫폼 출자 유도, 중소 선화주 플랫폼 가입 유도, 플랫폼 화물 유치를 위한 홍보 대행, 인력 양성을 위한 지원 등이 있다.

부산산업과학혁신원은 부산 물류산업의 디지털화 전환을 위한 사업으로 디지털 물류 연구개발(R&D)사업 추진, 디지털 물류 전환 플랫폼 구축, 지역 물류산업의 디지털 전환 생태계 기반 마련 등 3가지의 정책방향을 제시하였다.[20] 첫째, 디지털 물류 연구개발사업 추진은 ① 산·학·연 협력 디지털 물류기술 연구개발사업, ② 서비스 연구개발 관점의 디지털 물류서비스 연구개발사업으로 구분될 수 있다. 전자는 새로운 시장을 창출하고자 하는 중견 물류기업의 디지털 물류기술 개발을 지원하거나, 대학과 연구기관 등에서 개발한 디지털 물류기술을 중견 물류기업이 활용하기 위해 상호 매칭하여 기술을 이전하는 사업이다.

후자는 중견 물류기업 또는 기술 스타트업과의 협력을 통해 디지털 물류서비스 개발을 위한 서비스 연구개발의 확장 및 개선을 추진하는 것이다.

둘째, 디지털 물류 전환 플랫폼 구축은 ① 스마트물류센터 인증 지원 플랫폼 구축, ② 디지털 물류 연구개발 전담 플랫폼 등 2가지 정책으로 구분된다. 전자는 국토교통부의 '스마트물류센터 인증제'가 실시됨에 따라 지역 물류창고의 참여 확대에 따른 인증 취득을 촉진하기 위해 물류창고의 첨단화 및 자동화 컨설팅 플랫폼을 구축하는 것이며, 후자는 항만-내륙 간의 연계 강화와 디지털 물류 일원화를 위해 전담부서를 신설하여 물류 연구개발 정보 구축 및 제공, 지역 물류정보 수집 및 활용 지원 등의 디지털 물류 연구개발 전담 플랫폼을 구축하는 것이다.

셋째, 지역 물류산업의 디지털 전환 생태계 기반 마련이다. 이는 지역 물류산업의 디지털 전환을 촉진하기 위해 네트워크 효과에 기반한 중소 물류기업의 수용성을 제고하고, 중장기적으로는 물류기업들이 가장 필요로 하는 인적 및 기술적 지원체계를 구축하는 것이다.

2 디지털 전환을 위한 연구개발(R&D) 확대

앞서 언급한 바와 같이 디지털 전환은 산업 경쟁력 확보의 핵심 동인으로 부상 중이나 여전히 용어와 범위에 대한 명확한 정의는 부재한 상황이다. 특히 신기술 도입이 중요한 요인인 디지털 전환에 있어서 연구개발의 중요성은 커지고 있다. 또한 연구개발 대상은 과학기술분야이기 때문에 디지털 전환의 핵심기술이 무엇인지 파악하는 것이 중요하다. 디지털 전환의 핵심기술은 디지털 전환을 구현하는 데 필요한 '핵심 요소기술(Digital Transformation Enabler)'로 정의할 수 있다. 주요 연구기관들은 디지털 전환 핵심기술로 ICBM(IoT, Cloud, Big Data, Mobile), 인공지능, 로봇처리자동차, 증강현실 사이버 보안 블록체인 등을 언급

하고 있으며, 기타 핵심기술로 3D프린팅(적층 생산), 디지털 플랫폼, 소셜 미디어 등을 언급한다.[21]

이를 위해 해운물류분야의 디지털 전환을 위한 핵심 기술에 대해 정의하고, 이를 구현하기 위한 연구개발의 확대가 필요할 것이다. 국내 디지털 전환(지능정보사회, 4차 산업혁명) 관련 정책은 주로 제조업 중심으로 진행되고 있으며, "ICBM+AI"를 디지털 전환 핵심기술로 강조하고 있다. 아울러 해운물류 분야는 자율운항선박 기술개발 이외의 연구개발 분야가 미흡한 것이 사실이다. 따라서 해운물류분야에서 비즈니스 성과로 나타날 수 있는 핵심기술을 구현하고 개발할 수 있는 재원을 확대할 필요가 있다.

앞서 살펴본 바와 같이 정부는 해운항만 분야에 빅데이터, 사물인터넷, 인공지능 등 4차 산업혁명 기술을 접목하여 해상운송 체계의 지능화를 통해 해상물류 서비스를 혁신하고자 해양수산 스마트화 추진전략(이하, '스마트화 전략')을 수립하였으며, 스마트화 전략에 따라 '30년까지 완전 자율운항선박 상용화, 스마트 항만 구축, 초연결 해상통신 및 고정밀 위치정보 제공 등을 목표로 기술개발을 지원하고 있다. 또한 현 정부에서도 해운물류산업의 경쟁력 확보와 디지털 해운물류의 신시장 선점을 위해 「세계를 선도하는 해상교통물류체계 구축」을 국정과제로 선정하였다. 해운물류 분야의 주요 연구개발 추진현황을 정리하면 〈표 6-4〉와 같다.[22]

표 6-4 해운물류 분야 주요 스마트화 연구개발 추진현황

사업명	사업기간	사업내용
스마트자동화항만 상용화기술개발	'19~'22	고생산성 신개념자동화컨테이너항만시스템 상용화기술개발 ※2만 5천TEU급 컨테이너선1일 하역서비스
사물인터넷기반지능형항만 물류기술개발	'19~'21	선박, 화물, 트랙터 및 인력 등 항만자원의 실시간 정보수집·제공 체계 및 최적항만운용을 위한 시스템 구축
자율운항선박기술개발	'20~'25	IMOLevel3수준 자율운항지능화·자동화시스템개발, 검·인증 및 실증과 국제표준선도
해양PNT고도화기술개발	'20~'24	주항법(위성파)고정밀측위성능(<10cm)을 만족하는 기술개발 보조항법(지상파)측위성능(<10m)를 만족하는 기술개발

사업명	사업기간	사업내용
스마트항만컨테이너 자동통합검색플랫폼 기술개발	'20~'24	컨테이너를 열지 않고 자동으로 위험화물을 검색·탐지할 수 있는 항만컨테이너 통합검색시스템과 검색정보 공유플랫폼 개발
스마트항만-자율운항선박 연계기술개발	'21~'25	자율운항선박이 항만에 안전하고 효율적으로 입·출항할 수 있도록 육상과 연계된 자동화·지능화시스템개발
수출입자율주행차량자동 하역지원시스템개발	'21~'27	수출입자동차화물 효율성증대와 자율주행차량 등장 시 선적 및 하역이 가능하도록 항만인프라 지능화 기술 및 플랫폼개발
스마트항로표지 및 연계기술개발	'21~'25	스마트항로표지 디지털시설개발 및 관리고도화, 해상교통인프라 지능화 및 정보서비스개발
해상디지털통합활용 연계기술개발	'21~'25	육상-선박-시설을 유기적으로 연결하는 해상디지털통신 연계기술 개발 및 해상디지털정보활용 기술개발
스마트컨테이너 실용화기술개발	'21~'24	기존소형탈부착형센서(위치, 상태 등)를 통합·모듈화하여 컨테이너에 내장한 스마트컨테이너 기술 개발 및 상용화
항만내환적화물자동 운송시스템개발	'22~'24	환적화물의 타부두 이동을 기존도로 이용에서 입체형 기반시설로 변경시키는 항만 내 자동운송시스템개발
타이어형항만크레인적용 자동화안전모듈개발	'22~'25	타이어형 항만크레인에 적용할 수 있는 자동화 및 라이다·영상인식기반위험인지·회피가 가능한 안전모듈 기술개발
자율협력주행기반화물 운송시스템개발·실증	'22~'24	Level4 자율협력주행화물 운송시스템 개발 및 통합시스템의 세계 최초 상용화
해운-항만-운송기업간 물류연계최적화서비스개발	'22~'25	인공지능 기술로 해상-항만-육상물류를 최적화 및 항만생산성·안전성 극대화를 위한 초연계서비스 플랫폼구축
해상물류통신기술 검증테스트베드구축	'22~'25	디지털신기술장비 및 소프트웨어의 검인증서비스를 위한 시뮬레이션 플랫폼개발 및 실해역성능검증기반 기술개발
한국형위성항법 시스템(KPS) 개발	'22~'35	초정밀PNT(위치·항법·시각)정보를 안정적으로 제공하고, 다양한 위성항법수요충족을 위한 KPS의 위성·지상·사용자시스템개발

자료: 음학진, "해운물류 스마트화 R&D 추진현황 점검 및 기술개발 방향", 「KIMST Insight」, No.05. 2022. p.10.

음학진(2022)은 개별 연구개발 사업들이 성공하기 위한 공통적인 요소로서 실증 지원, 국산화, 테스트베드 활용, 데이터 공유를 통한 빅데이터 확보 등을 제시하였다.

첫째, 해운·항만·물류 분야 기술들은 대부분 선박, 항만, 항만설비 등 대형 항만물류 자원을 대상으로 적용되는 기술들로, 실제 항만 또는 선박을 대상으로 기술을 검증하고 최적화해야 하나 현실적으로 불가능하다는 것이 전문가들의 의견이다. 정부에서 실증지원을 위해 테스트베드를 구축하고는 있으나, 구축·운영 주체가 민간 운영사이다 보니 연구자들은 테스트베드의 활용이 어려울 것이라고 우려하고 있다. 따라서 테스트베드가 필요한 연구개발(R&D)의 경우 기획 단계부터 기술개발, 실증, 현장적용, 환류 등 선순환 구조의 전주기형 연구개발 설계와 예산지원이 필요하다. 특히, 정부지원으로 구축된 테스트베드의 경우에는 이를 활용한 연구개발 성과 검증을 지원하는 공모형태의 테스트베드 활용지원 사업 추진을 제안해 본다.

둘째, 해운물류 산업현장에서는 2030년 또는 2050년까지 개발할 장기 관점의 기술도 중요하지만 현장에서 당장 활용할 수 있는 기술들을 요구하고 있으며, 연구현장에서는 연구개발사업에 바로 적용할 수 있는 유연성과 전문기관의 적극적 행정지원이 필요하다. 또한 대부분의 항만장비가 외국산이다 보니 유지보수의 어려움, 사물인터넷 등 신기술 적용시 발생하는 통신 프로토콜 문제로 장비제어가 불가능한 점을 들어 주요 항만장비의 국산화가 시급하다. 따라서 급속히 발전하는 신기술의 즉각적 활용 및 개발이 시급한 항만장비 국산화 등 단기관점의 기술개발을 위한 패스트 트랙(Fast－Track)형 해운물류 자유공모 사업 추진이 필요하다.

셋째, 데이터 공유와 관련해서는 우리나라 해운물류 운영사가 몇 안 되는 상황에서 데이터를 공개할 경우 영업비밀 누출의 우려가 있어 자발적 공유에 한계가 있으며, 공공데이터라는 측면에서도 자료제공 범위가 제한될 수 있다. 따라서 블록체인기술 등을 통해 데이터의 공유 기반을 마련하고, 선사, 운영사, 물류기업 간 데이터 연계가 가능한 공공데이터를 시작으로, 향후에는 확산될 수 있도록 제도적 장치도 마련되어야 한다. 예를 들어 해양수산 빅데이터 플랫폼 또는 해양과학기술진흥원의 연구 인프라 공동 활용센터 등을 통해 각종 해양수산 정보뿐만 아니라 과학조사 결과 및 해운물류 정보 등도 제공할 수 있다.

③ 디지털 전문인력 양성

한철환(2022)은 현재 우리나라 물류인력양성은 양과 질에서 이중고에 처해 있다고 주장한다.[23] 우리나라 물류인력 양성의 문제점으로는 첫째, 산업계에 필요한 전문인력의 절대적 부족을 들 수 있다. 물류산업 발전과 디지털 전환에 따라 신기술과 역량으로 무장한 물류전문인력에 대한 수요는 증가하고 있으나 베이비붐 세대의 은퇴와 저출산 고령화, 물류기업에 대한 낮은 국민인지도 그리고 낮은 취업선호도로 인해 청년인력 유입이 여의치 않아 인력수급에 어려움을 겪고 있다. 둘째, 산업계에서 요구하는 물류역량(기술)과 대학에서 가르치는 교육내용의 격차가 심각하다는 점이다. 4차산업혁명과 코로나 팬데믹으로 인해 글로벌 물류시장의 복잡성과 가변성은 그 어느 때보다 높아지고 있는 상황에서 새로운 물류환경 변화에 필요한 전문인력이 그 어느 때보다 절실히 필요한 상황이다. 이처럼 양적인 측면에서 물류전문인력의 부족과 질적인 측면에서 산업계가 요구하는 현장실무 전문가를 양성해야 하는 이중고에 처해 있다. 구체적으로 국내대학에서 제공되고 있는 교육과정의 문제점과 대응방안은 다음과 같다.

첫째, 새로운 환경변화에 대비한 교육과정이 미흡한 실정이다. 대부분의 대학에서 제공하는 교육과정을 보면 전통적인 상경계열 교과목들이 주류를 이루고 있고 4차산업혁명에 대비한 관련 교과목은 크게 부족한 실정이다. 둘째, 산업계와 연계한 실무교육이 부족하다. 현재 국내 대학에서 제공하는 교육커리큘럼을 보면 실무 및 실습과목들이 일부 운영되고 있으나 대부분 강의실에서 이론 위주의 수업방식으로 진행되고 있다. 따라서 산업수요 맞춤형 교육프로그램을 적극 도입하여 기업들이 원하는 역량을 갖춰 즉시 현장투입이 가능한 인력을 양성해야 한다. 이를 위해 산업계 종사자를 활용한 멘토링 프로그램, 기업체 주문식 교육과정,[24] 현장실습형 캡스톤디자인수업,[25] 문제해결형 클래스셀링 수업[26] 등을 적극 도입할 필요가 있다. 나아가 현장실습이나 인턴십 등 학생들이 현장에서 실무지식을 교육받을 수 있는 장단기 교육프로그램을 확대해 나갈 필요가 있다. 영국 카디프대학이나 독일 KLU(Kuehne Logistics University)의 경우 학사과정에 장기 인턴십을 의무이수과목으로 운영하고 있다. 무엇보다 실질적인 인턴프로그램이 운영되기 위해서는 기업 섭외단계에서부터 인턴교육에 대해 대학과 기업이 심도 있는 협의과정을 거쳐 인턴프로그램을 수립해야 한다. 또한 인턴기회를 제공하는 기업들(특히 중소기업)에 대해 세제혜택이나 보조금과 같은 정부지원이 절실한 상황이다.

셋째, 분야별 표준화된 교육커리큘럼의 부재이다. 현재 국내 대학의 교육과정은 경제, 경영, 무역, 유통 등과 관련한 교과목이 대부분으로 대학별 교육내용의 차별화가 거의 이루어지지 못하고 있다. 이는 대학들이 입시자원을 최대한 확보하기 위해 특성화보다는 보편화를 추구한 결과이고, 산업계에게 요구하는 내용을 가르치기보다는 교육서비스 제공자의 전공에 따라 커리큘럼이 정해지는 한국적 특성에 기인한 결과로 풀이된다. 따라서 이제부터라도 국내대학들이 산업계와 협력하여 물류역량에 기반한 표준화된 교육과정을 마련한 후, 지역과 대학의 특성화에 맞는 물류인력을 양성해 나갈 필요가 있다.

넷째, 외국어 및 글로벌마인드 함양 교육이 필요하다. 물류산업은 그 특성상 세계시장을 무대로 이루어지며, 글로벌 물류기업의 경우 다국적 인재들이 함께 근무하는 사례가 증가하고 있다. 이에 따라 의사소통을 위한 외국어 교육 강화와 글로벌 매너와 문화에 대한 이해 그리고 다국적 인재들과 함께 협업할 수 있는 커뮤니케이션 능력이 필요하다.

다음으로 정부지원 물류인력양성사업의 문제점으로 먼저 일자리 창출보다는 인력양성 자체에 초점을 맞추고 있다는 점이다. 최근 청년 일자리 창출이 주요 국정과제로 부상하고 있는 상황에서 국비가 투입되는 물류인력양성사업을 취업지원 및 일자리 창출과 연계한 사업으로의 개선이 시급하다, 이를 위해서는 사업단 평가 시 취업률을 의무평가항목으로 포함할 필요가 있다. 둘째, 교육내용측면에서 공급사슬 전반에 관한 전문지식을 갖춘 융합인재 양성이 필요하나 국내 물류정책이 국토부와 해수부로 이원화되어 있어 걸림돌로 작용하고 있다.

따라서 향후 물류인력양성은 국제물류 또는 공급망관리 전문인력 양성으로 통일하는 방안을 강구할 필요가 있다. 셋째, 사업의 주체가 대학 중심으로 이루어지다 보니 실무역량보다는 이론교육 중심으로 교육과정이 운영되고 있다는 점이다. 대학원 석박사과정은 이론중심 교육으로 운영되더라도 학부과정에서 운영하는 인력양성사업은 현장견학, 장단기 국내외 인턴 등 현장실무지식을 강화하는 방향으로 운영할 필요가 있다.

결론적으로 4차 산업혁명에 따른 디지털 전환, 코로나 19 팬데믹에 따른 글로벌공급망 변화 등 글로벌 물류산업수요(헬스케어 공급망, 구호물류, 콜드체인시스템 등)에 선도적으로 대응할 수 있는 물류인력을 육성하기 위해서는 글로벌스탠다드에 맞는 교육프로그램이 필요하다. 이를 위해 세계적인 대학, 연구기관, 국제기구와 공동교육과정이나 공동학위과정을 적극 활성화할 필요가 있다. 특히 국내 진출한 글로벌 물류기업들과 대학이 협업하여 최신 물류교육과정을 도입하는 방안도 고려해 볼 필요가 있다. 나아가 글로벌 물류산업을 선도하기 위해서는 종합적인 물류전문지식을 가진 물류전문인력 양성이 필요하다. 이를 위해 기존 대학에서 제공하는 일반적이고 단편적인 교육과정을 대신할 물류특화대학으로서 "한국물류대학(Korea Logistics University)"의 설립도 그 방안이 될 수 있을 것이다.[27]

4 디지털 기업가 정신 함양

디지털 경제 환경에서 기존의 기업가정신 메커니즘이 작동하기 어렵다는 문제인식에 따라 최근 '디지털 기업가정신(digital entrepreneurship)'이라는 새로운 개념이 등장하고 있다. 디지털 전환은 기업가가 창업 및 비즈니스를 수행하는 방식에 파격적 변화를 가져오고, 이는 전통적인 경영전략, 프로세스, 경쟁구조 등을 재편성하면서 기업환경을 크게 변화시키고 있다. 기업가적 활동 측면에서는 기존 산업의 진입장벽 파괴에 따른 새로운 비즈니스 기회 확대, 자산의 디지털화에 따른 초기 창업비용의 축소 등 중대한 환경적 변화를 초래한다. 이러한 변화는 기존 이론으로는 기업가들이 새로운 비즈니스 기회를 인식하고 기업가적 가치를 추구하는 일련의 과정을 설명하기에 충분치 않으며, 따라서 기업가정신의 특성 및 영향요인에 대한 새로운 접근이 필요하다는 논의가 확산되고 있다.[28]

해외 주요국들은 디지털 대전환이라는 시대적 환경 변화에 대응하여 '디지털 기업가정신' 관련 정책을 추진하고 있다. 유럽연합은 2014년 '디지털 기업가정신에 대한 전략적 정책 포럼(Strategic Policy Forum on Digital Entrepreneurship)' 개최 및 정기적 운영을 통해 디지털 기업가정신 관련 정책방안 논의에 본격 착수하였다. 영국은 '디지털 전략 2017(UK Digital Strategy 2017)'을 수립하고 주요 목표 중 하나로 '디지털로 창업하기 좋은 영국'을 제시한 바 있으며, 여기에 디지털 기술 관련 숙련기술인력 공급, 규제완화, 디지털 클러스터 구축·확장 등 구체적 정책지원 방안을 포함하고 있다. 아일랜드는 국가 차원의 디지털 전략 'Doing more with Digital'을 수립하고, 주요 목표 중 하나로 '온라인 거래 및 디지털 기업가정신 지원'을 제시하였다.[29]

변충규 외의 연구에 따르면, 학계에서는 디지털 기업가 정신과 관련하여 디지털 기술변화와 기업가정신, 디지털 기업가정신 영향요인, 디지털 비즈니스 모델 개발, 디지털 기업가정신 연구 동향, 디지털 기업가정신 교육, 디지털 기업가정신 이론 구축 등과 같은 연구가 진행 중이다.[30]

우리나라의 경우, 타 국가에 비해 디지털 경제하에서의 기업가정신 및 디지털 기술 기반 창업 관련 정책적 논의나 대응이 부족한 상황으로 지적된다. 더욱이 해운물류분야의 경우 전통적인 비즈니스 모델에 머물러 있다는 것이 보편적인 인식이다. 산업의 특성상 기존 비즈니스 모델을 크게 변화시킬 수 있는 아이디어가 쉽지는 않다. 그러나 디지털 전환은 기업가정신에 기반을 두고 새로운 비즈니스를 시도·창출하는 창업 환경에 중대한 변화를 초래하고 있는 만큼 해

표 6-5 디지털 기업가 정신 관련 연구

구분	주요 내용	주요 연구
디지털 기술변화와 기업가정신	디지털 트랜스포메이션, 디지털 생태계, 디지털 플랫폼 등의 변화	Nambisan et al.(2019) Elia et al.(2020
디지털 기업가 정신 영향요인	기업가정신 의도, 영향요인, 구성요소	Abubakre et al.(2020) Shukla et al.(2021)
디지털 비즈니스모델 개발	비즈니스모델혁신, 비즈니스 프로세스 혁신	Ghezzi & Cavallo(2020) Gregori & Holzmann(2020)
디지털 기업가정신 연구 분석	개념적 문헌검토, 연구동향 분석	Kraus et al.(2019) Satalkina & Steiner(2020)
디지털 기업가정신 교육	디지털 기업가정신 교육 방법론	Kumanov et al.(2020) Vorbach et al.(2019)
디지털 기업가정신 이론 구축	디지털 관점에서 기업가정신의 구축 디지털 기업가정신의 이론 정립	Nambisan(2017) Steininger(2019)

자료: 변충규·김석호·하환호, "디지털 기업가정신 분야의 연구동향 분석과 연구방향 제언", 「지역산업연구」, 45.1, 2022, p.128.

운물류 분야에 있어 창업 지원방식·체계 등 우리나라 창업 활성화 정책에 대해 전면 재검토할 필요가 있을 것이다.

본서를 집필하고 있는 동안 한국해양진흥공사는 한국해운협회 산하 31개 회원사를 대상으로 '해운산업 디지털 전환 수준 진단'을 실시한 결과를 발표하였다. 진단 결과에 따르면 우리나라 해운산업의 디지털 전환 수준은 도입단계에 해당하는 것으로 나타났다. 이 단계는 경영진과 담당 부서가 디지털 전환에 관하여 인식하고, 계획을 수립하여 주요 인프라를 도입하는 단계를 의미한다. 선종별로는 공급사슬이 내륙까지 이어지는 컨테이너선사가 정착단계인 반면, 항만간을 수송하는 벌크선사와 탱커선사는 도입단계인 것으로 나타났다. 기업규모별 격차는 더 컸는데, 대기업은 확산단계에 있으나 중견기업은 도입단계, 중소기업은 검토단계에 머문 것으로 확인되었다. 전반적으로 국적선사가 디지털 전환을 위해 도입한 기술은 원격 근무나 영상회의 등 업무 수행을 위한 인프라 위주였으며, 인공지능, 빅데이터, 플랫폼 구현 등 최신기술 도입은 아직 미흡한 것으로 나타났다.

세계 해운물류업계는 4차 산업혁명과 코로나 엔데믹 시대를 맞아 디지털 전환을 미래 생존전략으로 간주하고 있다. 블록체인기반의 해운물류서비스 플랫폼, 사물인터넷을 이용한 선박과 화물의 실시간 위치추적, 인공지능과 빅데이터 기술을 활용한 선대운영 및 항로 최적화와 예측적 유지보수 등이 그것이다. 나아가 가까운 장래에 등장할 자율운항선박과 스마트항만 시대에 디지털 기술과 이를 활용한 디지털 솔루션의 제공은 해운물류기업에게 선택이 아닌 필수적인 경쟁우위가 될 것이다. 특히 기후변화에 따른 탈탄소 시대의 도래는 필연적으로 해운물류기업들로 하여금 에너지 효율성 개선과 엄격한 환경규제 준수를 강요할 것이 명확한 상황에서 디지털 전환은 이를 해결할 수 있는 훌륭한 대안이 될 수 있다.

이에 따라 세계 유수의 해운물류기업들은 디지털 전환에 적극 나서고 있다. 기존의 수출입 물류 프로세스는 다수의 이해관계자들이 참여하여 매우 복잡하고, 거의 대부분의 업무가 이메일, 전화, 팩스 등 전통적 방식에 의해 수행됨에 따라 업무효율성이 낮고 데이터의 투명성이 낮았다, 이 같은 상황에서 코로나 팬데믹은 세계 물류업계가 디지털 전환이라는 새로운 궤도에 접어들게 만든 결정적 계기로 작용하였다. 덴마크 선사 머스크는 수출입 화물운송과 관련된 모든 거래를 디지털 플랫폼을 통해 처리함으로써 적시에 수출입 신고를 처리하고 있으며, 독일 선사 하파-로이드는 3백만 개의 컨테이너 박스에 센서를 부착하여 고객들에게 글로벌 차원에서 컨테이너 이동에 관한 완전한 가시성을 제공하고 있다. 또한 두바이에 본사를 둔 글로벌항만운영회사인 두바이포트월드(Dubai Port World)는 전체 물류과정에 대한 솔루션 제공과 화물추적관련 가시성을 확보하고자 2022년 한해에만 500명이 넘는 엔지니어를 고용하였다. 샌프란시스코에 본사를 둔 디지털포워딩기업인 플랙스포트(Flexport)는 아마존의 전 임원을 공동 CEO로 영입한데 이어, 2023년 한 해에만 400명 정도의 소프트웨어 프로그래머를 고용하여 공급망의 디지털화를 추진하고 있다.

이처럼 세계 주요 물류기업들이 디지털 전환을 적극 추진하고 있는 것과 상반되게 IT 강국이라고 자부하는 한국의 해운산업이 디지털 전환에 있어서 걸음마 수준인 이유는 무엇일까? 짧은 호황기와 긴 불황기로 대별되는 해운시장의 경기순환으로 인해 국내 해운기업들이 디지털 전환에 투자할 여력이 부족했을 수도 있고, 전통적으로 보수적 성향이 강한 해운산업 특성상 기존의 비즈니스 모델에 안주하고자 하는 성향이 강하다는 점을 꼽을 수도 있을 것이다. 그러나 무엇보다 변화하는 시대의 흐름에 민첩하게 대응함으로써 고객에게 새로운 가치를 제안하고 그를 통해 기업의 지속가능한 발전을 도모하려는 노력이 부족하였던 것이 아닐까? 다시 말해 우리 해운기업들의 디지털기술에 대한 전문지식, 디지털 조직문화 그리고 디지털 리더십 등 소위 디지털 역량이 부족하고, 새로운 디지털 기술을 비즈니스에 어떻게 활용할 것인지에 관한 전략적 사고가 부족한 데 기인한 것은 아닐까?

본서는 이러한 질문들에 대한 해답을 찾아보고자 하는 시도에서 집필되었다. 이를 위해 디지털 전환에 대한 개념과 의의에서부터 시작하여 주요국들의 디지털전환 전개과정과 해운물류산업에 적용가능한 다양한 디지털기술들의 사례를 소개하였다. 또한 e-내비게이션에서부터 자율운항선박, 디지털 해운플랫폼, 디지털 해운물류 스타트업 그리고 디지털 금융에 이르기까지 해운물류산업에 있어서 디지털 전환의 적용분야를 살펴보았다. 이어 우리나라의 스마트 해운물류 전략을 비롯해 중국과 일본의 해운물류분야 디지털 전환 정책과 전략을 비교해 보았다. 마지막으로 우리나라 해운물류분야의 디지털 전환이 성공하기 위한 조건과 장애요인을 검토한 데 이어, 디지털 전환을 위한 향후과제를 지원제도, 연구개발(R&D), 전문인력, 기업가정신 측면에서 제시해 보았다.

해운물류산업의 디지털 전환이 성공적으로 이루어지기 위해서는 무엇보다 새로운 가치 창출원천으로써 디지털 전환에 대한 인식 전환이 우선이다. 디지털 인프라와 디지털 역량을 갖추는 데 소요되는 자금을 비용으로 생각하기보다는 미래 경쟁력 확보를 위한 선제적 투자로 인식하여야 한다. 이를 토대로 기업 내부에 디지털 전환을 주도할 전담부서를 설치하고, 직원들에 대한 디지털 교육훈련을 강화하는 등 기업의 조직과 문화를 디지털 역량을 제고할 수 있는 방향으로 정비해 나가야 한다. 이러한 디지털 인프라와 디지털 역량을 기반으로 참신하고 획기적인 디지털 솔루션을 제공할 수 있는 새로운 비즈니스 모델을 구축하여 기업의 운영효율성은 물론, 고객경험의 극대화를 도모하여야 할 것이다. 이를 위해서는 해운물류기업 최고경영자들이 전통적 사업방식의 관성에서 과감히 벗어나 디지털 혁신가(digital disruptor)로 재탄생해야 한다. 정부 역시 해운기업들의 디지털 혁신 역량 강화를 위해 연구개발(R&D) 지원, 디지털기술을 겸비한 물류전문인력 양성에 노력해야 한다. 무엇보다 투자여력이 부족한 중소선사들이 디지털 변혁에 적극 뛰어들 수 있는 지원책이 필요하다. 강한 자나 똑똑한 자가 아닌, 변화에 적응한 자만이 살아남는다는 찰스 다윈의 말은 오늘날과 같은 디지털 변혁기에 우리 해운물류산업에도 여전히 유효하다.

　한국경제가 비록 산업화는 늦었지만 정보화에 발 빠르게 대응하여 선진국으로 도약할 수 있었던 것처럼 해운물류산업이 디지털 전환에 성공하여 다시 한 번 우리나라가 글로벌 해운강국으로 자리매김할 수 있기를 기대해 본다.

찾아보기

참고문헌과 미주

머리말

1) 클라우스 슈밥, 『제4차 산업혁명』, 새로운현재, 2016.
2) 에릭 브린욜프슨, 앤드루 맥아피, 『제2의 기계시대』, 청림출판, 2014.
3) 니어쇼어링(near-shoring)은 기업의 업무 프로세스 일부를 경영효율 극대화를 위해 다른 기업에 위탁해 처리하는 아웃소싱의 한 방법으로 지리적으로 인접한 국가에서 아웃소싱하는 것을 말함. 리쇼어링(re-shoring)은 비용 등을 이유로 해외로 나간 자국 기업이 다시 국내로 돌아오는 현상을 말하는 것으로 리쇼어링이 어려울 경우 인접국가로 생산시설을 이전하는 것을 니어쇼어링이라고 함. 프렌드 쇼어링(friend-shoring)은 우호국이나 동맹국들과 공급망을 구축하는 것으로 생산시설을 해외로 이전하는 오프쇼어링(off-shoring)이 중국 의존도를 높이고 글로벌공급사슬을 교란한다는 지적에 따라 미국이 오프쇼어링의 대안으로 제안한 것임.
4) Riedl, J., Chan. T, *The Digital Imperative in Freight Forwarding*, BCG, 2019.
5) DApps는 Decentralized Applications의 약어로 탈중앙화 어플리케이션이라는 뜻임. 일반적인 어플리케이션처럼 중앙화된 서버에서 실행되지 않고, 탈중앙화된 컴퓨터 네트워크에서 실행되는 소프트 프로그램을 말함.
6) 데이터 사일로란 회사의 나머지 부서와 격리된 단일부서에서 제어하는 데이터 저장소를 말함.
7) 제러미 리프킨, 『한계비용 제로사회』, 민음사, 2014.

chapter 01 디지털 전환의 개념과 의의

1) Klaus Schwab, "The Fourth Industrial Revolution: What It Means and How to Respond", *Foreign Affairs*, December 12, 2015 여기에 발표된 내용을 World Economic Forum(Jan 14, 2016)에서 언급
2) 김태일·전우현, 「정기선 해운의 변혁과 대응: 우리나라 해운기업의 4차 산업혁명 대응전략 및 정책방안 마련」, 재단법인 양현, 2018, p.1.
3) Klaus Schwab(2015), 상게서.
4) 김민식·최주한, "제4차 산업혁명과 Industrial IoT·Industrial Internet의 이해", 「정보통신방송정책」, 제28권 12호 통권 626호, 2016, p.21.

5) 이승현, 독일의 4차 산업혁명에 대한 정책적 대응: 인더스트리 4.0과 노동 4.0의 전개 상황, 국제노동브리프, 2020년 1월호 p.95, 한국노동연구원

6) 이승현(2020). 상게서, p.95.

7) 이승현(2020), 상게서, pp.97－98.

8) 김경만, 「차세대 생산 혁명(The Next Production Revolution)」, 주OECD대표부, 2017,

9) 김승현·김만진, 「차세대 생산혁명을 대비한 제조업 혁신정책과 도전과제」, 「정책연구 2016－20」, 한국과학기술정책연구원, 2016. pp.11－13.

10) 장필성, "초연결사회, 기계 자동화 넘어선 기계 자치 시대 예고", 「나라경제」, 2017.1, p.73.

11) 김태일·전우현, 「정기선 해운의 변혁과 대응: 우리나라 해운기업의 4차 산업혁명 대응전략 및 정책방안 마련」, 재단법인 양현, 2018. pp.2－3.

12) https://ko.wikipedia.org/wiki/제4차_산업혁명(검색 2023.06.07.)

13) https://alternative.house/podcast－116/(검색 2023.04.07.)

14) 진로와직업교과연구회, 「4차 산업혁명 시대를 함께할 미래 직업 체험」, 씨마스, 2017. pp.6－8.

15) 츠치하시 카즈시게, 고바리 기요타카, "소비재 업체의 DX: DX 3.0을 주도하는 기업이 차세대 업계 리더로", 「지적자산창조」, 3월호, 2022, p.1

16) WEF, Digital Transformation Initiative, Executive Summary, 2018, p.2.

17) 한국산업기술진흥원, "디지털 전환의 국내외 추진현황 및 정책적 시사점", 「ISSUE PAPER 2022－2」, 2022, p.2.

18) 강현무·서성호·이동원, "중소기업 디지털 전환 지원전략", 「KISTI Issue Brief」 제41호, 2022, p.2.

19) IBM, What is digital transformation?(검색일: 2022.5.23.)

20) https://www.bain.com/insights/management－tools－digital－transformation/(2023.06.08.)

21) https://www.microsoft.com/en－us/microsoft－365/business－insights－ideas/resources/what－is－digital－transformation(2023.06.08.)

22) https://cloud.google.com/learn/what－is－digital－transformation(2023.06.08.)

23) https://www.samsungsds.com/kr/insights/dta.html (2023.06.08.)

24) https://www.accenture.com/us－en/insights/digital－transformation－index(2023.06.08.)

25) 디지타이제이션(Digitization)은 원래는 디지털화로 번역이 되나 여기서는 디지털화(Digitalization)와 구분하여 정보화로 부르기로 한다.

26) Peter C. Verhoef, Thijs Broekhuizen, Yakov Bart, Abhi Bhattacharya, John Qi Dong, Nicolai Fabian, Michael Haenlein,, "Digital transformation: A multidisciplinary reflection and research agenda", *Journal of Business Research*, Volume 122, 2021, p.891.

27) V. Ramaswamy, K. Ozcan, "Brand value co－creation in a digitalized world: An integrative framework and research implications", *International Journal of Research in Marketing*, 33 (1) 2016, pp.93－106.

28) J. Van Doorn, K.N. Lemon, V. Mittal, S. Nass, D. Pick, P. Pirner, P.C. Verhoef, "Customer engagement behavior: Theoretical foundations and research directions",

Journal of Service Research, 13 (3) 2010, pp.253 – 266.

29) M. Pagani, C. Pardo, "The impact of digital technology on relationships in a business network", *Industrial Marketing Management*, 67 2017, pp.185 – 192.

30) A. Singh, T. Hess, "How chief digital officers promote the digital transformation of their companies", *MIS Quarterly Executive*, 16 (1) 2017, pp.1 – 17.

31) I.M. Sebastian, J.W. Ross, C. Beath, M. Mocker, K.G. Moloney, N.O. Fonstad, "How big old companies navigate digital transformation", *MIS Quarterly Executive*, 16 (3) 2017, pp.197 – 213.

32) Lambrou, M., Watanabe, D. & Iida, J. "Shipping digitalization management: conceptualization, typology and antecedents", *Journal of shipping and trade*, 4, 11 2019. pp.1 – 17.

33) Pfohl HC, Yahsi B, Kurnaz T., "The impact of industry 4.0 on the supply chain", In: proceedings of the Hamburg international conference of logistics HICL 2015, Hamburg, august 2015.

34) 공급망 동기화는 정보가 실시간으로 수집, 분석 및 활용되는 연결된 협업 데이터 파트너의 생태계, https://gravitysupplychain.com/the – need – for – a – supply – chain – synchronization – strategy/(2023.06.28 검색)

35) Jokioinen E., Remote and autonomous ship – the next steps. AAWA Project Position Paper, 2017, http://docplayer.net/19502019 – Remote – and – autonomous – ships – the – next – steps.html

36) Loebbecke C, Picot A., "Reflections on societal and business model transformation arising from digitization and big data analytics: a research agenda", *Journal of Strategic Information System* 24(3), 2015, pp.149 – 157; Lycett M., "Datafication: making sense of (big) data in a complex world", *European Journal of Information System* 22(4), 2013, pp.381 – 386; McAfee A, Brynjolfsson E., "Big data: the management revolution", *Harvard Business Review* 90, 2012, pp.61 – 67.

37) Pilkington M., "Blockchain technology: principles and applications", *Research handbook on digital transformations*. (eds) F. Xavier Olleros and Majlinda Zhegu. Edward Elgar : Sternberg H, Baruffaldi G., "Chains in Chains – Logic and Challenges of Blockchains in Supply Chains", In: *Proceedings of HICSS 2018*, Hawaii, January 3 – 6, 2018 : Underwood S., "Blockchain beyond Bitcoin", *Commun ACM* 59(11), 2016, pp.15 – 17.

38) Levander O., "Forget autonomous cars—autonomous ships are almost here", *IEEE Spectr* 54(2), 2017, pp.26 – 31.

39) Lycett M., Datafication: making sense of (big) data in a complex world. *European Journal of Information System* 22(4), 2013, pp.381 – 386; Shmueli G, Koppius OR., "Predictive analytics in information systems in research", *Management Information System*, Q 35(3), 2011, pp.553-572; Thomas LD, Autio E, Gann DM., "Architectural leverage: putting platforms in context", *Acad Manage Perspect* 28(2), 2014, pp.198 – 219.

40) 네트워크의 원거리에서 데이터가 처리되거나 사용되는 모든 장치, 센서, 서버, 클라우드 등

에지 컴퓨팅에서 활성화되는 모든 구성 요소를 포함하는 분산 컴퓨팅 아키텍처, https://www.redhat.com/en/topics/edge−computing/what−is−edge−architecture, (2023.06.28. 검색)

41) Kane G, Kiron D, Palmer D, Buckley N, Philips AN., "Strategy, not technology, Drives Digital Transformation: Becoming a digitally mature enterprise", *MIT Sloan Management Review*, 2015.

42) Liere−Netheler K, Packmohr S, Vogelsang K., "Drivers of digital transformation in manufacturing", in: proceedings of HICSS 2018, Hawaii, January 3−6, 2018.

chapter 02 디지털 전환이 해운물류에 미치는 영향

1) 백엔드 시스템은 백엔드 시스템은 보통 요구되는 자원들에 가깝게 있거나, 또는 요구되는 자원들과 교신할 수 있는 능력을 가지는 등 프론트엔드 서비스를 간접적으로 지원한다. 백엔드 응용프로그램은 프론트엔드와 직접 상호 작용할 수 있지만, 아마도 보다 일반적인 것은 클라이언트/서버 컴퓨팅 모델과 비교한다면, 프론트엔드는 클라이언트로, 백엔드는 서버로 이해할 수도 있을 것이다.

2) 머스크라인, 하팍로이드, MSC, ONE 등 4개의 글로벌 컨테이너 선사들이 설립한 비영리 단체이다. 해운업계의 표준화, 디지털화, 상호운용성을 목표로 하며, 사무소는 네덜란드 암스테르담이다. http://www.monthlymaritimekorea.com/news/articleView.html?idxno=23934

3) Peter C. Verhoef, Thijs Broekhuizen, Yakov Bart, Abhi Bhattacharya, John Qi Dong, Nicolai Fabian, Michael Haenlein,, "Digital transformation: A multidisciplinary reflection and research agenda," *Journal of Business Research*, Volume 122, 2021, p.891.

4) F. Li, A. Nucciarelli, S. Roden, G. Graham, "How smart cities transform operations models: A new research agenda for operations management in the digital economy", *Production Planning & Control*, 27 (6), 2016, pp.514−528.

5) 국제해사기구(IMO)는 자율운항선박(Maritime Autonomous Surface Ship: MASS)을 다양한 자동화 수준으로 사람의 간섭 없이 독립적으로 운용될 수 있는 선박이라고 정의하고 있다. 자율운항선박에 대한 자세한 내용은 4장 2절 참조.

6) 자율운항선박 기술개발은 유럽의 경우 전문 솔루션 기업 중심, 군용 자율운항선박 수요가 강한 미국의 경우 스타트업 중심, 조선 3대 강국이 있는 동아시아의 경우 조선업계 중심으로 추진되고 있음. 2022년 노르웨이는 세계 최초 무인 자율운항 화물선 '야라 버클랜드(Yara Birkeland)'를 개발하여 시험운항중임.

7) 라스얀센 저, 조봉기·김형도 외 1 역, 「생존을 넘어 번영으로: 정기선 해운의 미래」, 법문사, 2018, pp.145−149.

8) 우리나라의 경우 자율주행자동차 상용화 촉진 및 지원에 관한 법률[시행 2022. 1. 28.]이 있으나 상용화 운행에 필요한 구체적인 기준이라기보다 자율주행차 인증 등 상용화 촉진을 위한 지원 관련 법률임

9) 라스얀센 저, 조봉기·김형도 외 1 역, 「생존을 넘어 번영으로: 정기선 해운의 미래」, 법문 사, 2018. p.149.

10) 라스얀센 저, 조봉기·김형도 외 1 역(2018), 상게서, pp.152−155.

11) 삼정KPMG 경제연구원, 블록체인과 물류/유통 혁신, 그리고 디지털 무역, ISSUE MONITOR 제85호, 2018. p.7.

12) BPO란 기업 경쟁력강화를 위해 기업의 핵심업무를 제외한 회사업무처리의 전 과정을 외 부전문업체에게 맡기는 전략적 차원의 아웃소싱방식을 말함. 물류 BPO란 고객사의 공급망 물류업무 자체를 수행하는 아웃소싱 서비스를 말함.

13) 데일리안, '삼성SDS·SK㈜ C&C, 물류 경쟁 본격화…사업전략은 상이', 2020.08.17. (https://www.dailian.co.kr/news/view/912727/?sc＝Naver)

14) 삼정KPMG(2018), 상게서, p.7.

15) 2023년 6월 26일 환율 기준.

16) 생산 라인 등과 같이 여러 공정별로 생산 라인이 나열되어 있고 동시에 공정별 프로세서가 가능하게 하는 것으로, 시스템의 효율을 높이기 위해 명령문을 수행하면서 몇 가지의 특수 한 작업들을 병렬 처리하도록 설계된 하드웨어 기법. [네이버 지식백과] 파이프라인 [pipeline] (컴퓨터인터넷IT용어대사전, 2011.1.20., 전산용어사전편찬위원회)

17) 코리아포워더타임즈, '머스크 IBM, 블록체인 JV설립 추진', 2018.02.14. (http://parcelherald.com/korean/news_view.php?nd＝9275)

18) 응용프로그램 개발자들이 애플리케이션 개발할 때 운영체계에서 동작하는 프로그램을 쉽 게 반들 수 있도록 각종 함수를 모아 놓은 것.

19) 디지털투데이, "세계 최대 블록체인 해운 프로젝트는 왜 실패했나?", 2023.02.07.

20) 딜로이트 안진회계법인, 「디지털 공급망의 부상: 인더스트리 4.0이 공급사슬의 디지털 변 환을 가능케 한다」, 2016, pp.5−12.

21) 최소효율규모(Minimum Efficient Scale)란 규모의 경제의 이득을 보는 기업의 장기평균비 용이 최소가 되는 지점에서의 생산량을 말한다. 어떤 기업이 생산 활동을 하기 위해 공장 과 같은 고정설비가 필요하다면, 생산량을 늘릴수록 재화당 평균 생산비는 장기적 관점에 서 하락한다. 평균 생산비의 하락은 생산량이 고정설비가 감당할 수 있는 최대량이 되기까 지 계속되며, 그 이후에는 다시 평균 생산비가 증가하게 된다. 따라서 고정설비가 수용 가 능한 최대 생산량에서 장기평균 생산비용이 최소가 되고, 이 지점을 가리켜 최소효율규모 라고 한다.

22) 채찍효과(Bullwhip effect)는 공급사슬관리에서 반복적으로 발생하는 문제점 중 하나로, 이 것은 제품에 대한 수요정보가 공급사슬상의 참여 주체를 하나씩 거쳐서 전달될 때마다 계 속 왜곡됨을 의미한다.

23) 애널리틱스(Analytics)는 데이터 또는 통계의 체계적인 계산전 분석이다.[1] 데이터의 유의 미한 패턴의 발견, 해석, 의사소통을 위해 사용된다. 효과적인 의사 결정에 데이터 패턴을 적용하는 것이 수반되기도 한다.

24) Michael Papageorgiou, "Digital Transformation in the Shipping Industry is here", *NAFS magazine*(*KPMG*), 2021.

25) Lloyd's Register, QinetiQ and University of Southampton, *Global Marine Technology Trends 2030*, 2015.

26) 김태일, 전우현, 「정기선 해운의 변혁과 대응: 우리나라 해운기업의 4차 산업혁명 대응전략 및 정책방안 마련」, 양현재단, 2018, pp.81−84.

27) 삼일PwC경영연구원, 「신해양강국, 한국 해운업의 미래를 말하다: 해운업의 이해와 전략적 제언」, 2023, p.35.

28) Camille Egloff 외 4인, *The Digital Imperative in Container Shipping*, The Boston Consulting Group, 2018.2, p.5.

29) 강미주, "스마트한 해운업, 디지털 경쟁 막 올라", 「해양한국」, 2017.4, pp.44−45.

30) 쩐훙, "4차 산업혁명이 해운업 발전에 미치는 영향", 「KMI중국리포트」, Vol. 17 No. 24, 한국해양수산개발원, 2017.12.29, pp.2−3.

31) 해양한국, "ICT 혁명, 새로운 해운시대 열리나",2015.5, pp.36−37.

chapter 03 물류산업의 디지털 기술

1) 차량과 차량이 스스로 무선통신네트워크와 인터넷기술을 이용해 서로 정보를 주고받는 기술

2) 레이저광선을 이용하여 주변 환경을 인식하는 장비로서 전자파를 이용해 주변 사물을 인식하는 레이더와 차이가 있음

3) 상용차신문, "日T2, 레벨4 자율주행 트럭 공도 테스트 추진", 2023.5.22.

4) 액추에이터(actuator. 작동기, 작동장치)는 시스템을 움직이거나 제어하는 데 쓰이는 기계장치이다.

5) 이제영, "블록체인 기술동향과 시사점", 「동향과 이슈」, 제34호, 2017.7.25., p.4.

6) 한국은행 금융결제국, 「분산원장 기술의 현황 및 주요 이슈」, 2016.12, pp.12−14.

7) 한국은행금융결제국, 「분산원장 기술의 현황 및 주요 이슈」, pp.14−18.

8) 장지웅, "블록체인 산업 최근 동향", 물류신문, 2018.2.26.

9) 김정균 외, "블록체인이 산업과 국제무역에 미치는 영향 및 시사점", IIT Trade Focus, 2018년 14호, 국제무역연구원, 2018.4, pp.24−25.

10) 스마트계약(smart contract)이란 계약당사자가 사전에 협의한 내용을 미리 프로그래밍하여 전자계약서 문서 안에 넣어두고, 계약 조건이 충족되면 자동으로 계약이 실행되도록 하는 시스템임. 과거에 일어났던 일을 기록하는 것이 블록체인 1.0 기술이라면 미래에 일어날 일을 미리 기록해 두는 것을 블록체인 2.0기술이라고 함.

11) The European Sting, "5 technologies that will forever change global trade", 2018.6.6.

12) Ryan Browne, "EY teams with Microsoft, Maersk to use blockchain for marine insurance", CNBC, 2017.10.4,

13) 최홍석, "해운물류 블록체인 인식, '시간이 필요하다'", 한국해운신문, 2018.6.29.

14) 김병운, "인공지능 동향분석과 국가차원 정책제언", 「정보화정책」, 제23권 제1호, 한국정보화진흥원, 2016.3.31, p.76.

15) 원동규, 이상필, "인공지능과 제4차 산업혁명의 함의", 「ie 매거진」, 제23권 제2호, 대한산

업공학회, 2016.6, pp.13 − 14.

16) 한국전자통신연구원, 「인공지능 분야 국가경쟁력 제고 및 사업화 혁신방안」, 국가과학기술 자문회의, 2015.12.16, p.11.

17) 김병운(2016), 상게서 p.78.

18) 정보 수집에 대한 요청에 쓰이는 컴퓨터 언어를 말함.

19) 심혜정, 김건우, "우리 기업의 인공지능을 활용한 비즈니스 모델", 「IIT Trade Focus」, 2018년 3호, 국제무역연구원, 2018.1.

20) 김정현, "AI가 물류판에 몰고 올 변화", CLO, 2016.5.24.

21) DHL, *3D Printing and The Future of Supply Chain*, Nov. 2016.

22) 길광수·김은우·안영균, "3D 프린팅 기술혁신과 해운·항만물류분야 대응방향", 「현안분석」, 한국해양수산개발원, 2014. pp.19 − 20.

23) 이경숙 외 5인, 「3D 프린팅이 주요 산업에 미치는 영향과 대응 방안」, 산업연구원, 2016.

24) "Navantia offers its printing resources 3D to fight coronavius", 2020.3.24.(www.navantia.es)

25) 길광수·김은우·안영균(2014), 상게서, pp.40 − 41.

26) DHL, *Internet of Things in Logistics*, 2015, p.4.

27) 예측정비란 고장 가능성을 줄이기 위해 정기 작업 중에 진행하는 성능 모니터링 및 장비 상태 모니터링을 말함.

chapter 04 해운산업의 디지털 전환

1) 시분할다중접속(TDMA: Time Division Multiple Access)는 하나의 중계기를 매개로 하여 다수의 기지국이 다원접속하여 동일 주파수대를 시간적으로 분할하여 신호가 겹치지 않도록 상호통신을 하는 시분할다중접속 방식을 말하며, 디지털 셀룰러폰 통신에 사용되는 기술이다.

2) 무선설비 및 디지털선택호출장치(Very High Frequency Digital Selective Calling)는 초단파 무선전화에 기능이 내장되어 조난 시 긴급 용이하게 사용하도록 버튼식으로 되어 있어 본선의 위급함을 인근 선박 및 육상에 알리는 기능이다.

3) MMSI는 Maritime Mobile Service Identity(해상이동업무식별번호)로서 선박국, 선박지구국, 해안국, 해안지구국 및 집단 호출을 유일하게 식별하기 위하여 무선경로를 통하여 송신되는 9개의 숫자로 구성된 번호를 말한다. https://blog.naver.com/kobety/120012256522

4) COG(Course Over Ground) 실제 침로로 표현되며, GPS를 통해 선박의 위치가 시간에 따라 측정된다.

5) 선원 통지(NtM 또는 NOTMAR)는 선원에게 새로운 수로 정보, 수로 변경, 항해 보조 장치 및 기타 중요한 데이터를 포함하여 항해 안전에 영향을 미치는 중요한 문제를 알려주는 것으로 해도를 생산하는 60개 이상의 국가는 선원들에게 알림도 제공한다.

6) 좌표계의 종류이다.

7) 홍순배, "e-Navigation과 디지털 선박의 현재와 미래", 「2021년 MacNet 기술정책제언집 Digitalization 4.0」, 2022, pp.22-29.

8) https://www.imo.org/en/OurWork/Safety/Pages/eNavigation.aspx

9) 결의서(Resolution MSC.467(101). Guidance on the definition and harmonization of the format and structure of maritime services in the context of e-Navigation), 지침서 (MSC.1/Circ.1610. Initial descriptions of maritime services in the context of e-Navigation).

10) 과학기술장관회의, '스마트 해양교통정책 추진전략(안)', 2020.8.6

11) 홍순배(2022), 상게서, p.86.

12) 이선명 · 김선재, "자율운항선박", 「KISTEP 기술동향브리프」, 2020. 6호. p.3.

13) 임성주, 자율운항선박 도입에 따른 선원직능 변화와 인력양성에 관한 연구, 한국해양대학 교 대학원 박사학위논문, 2021, pp.28-34

14) 이선명 · 김선재(2020), 상게서, p.5.

15) 임성주(2021), 상게서, pp.28-34.

16) Digital Today, '세계 최초로 자율항행 전기 화물선 등장', 2021.6.9.

17) 임성주(2021), 상게서, pp.28-34

18) 아시아타임즈, 'K-조선, 자율주행 선박서 일본 압도하고 유럽과 경쟁 준비중', 2023.9.7.

19) 관계부처합동, 「자율운항선박 분야 선제적 규제혁신 로드맵」, 2021.10.

20) 이선명 · 김선재(2020), 상게서, pp.22-23.

21) 김민식 · 이가희, "디지털 플랫폼과 인공지능의 이해", 「정보통신방송정책」, 제29권 제18호, 정보통신정책연구원, 2017.10.2, p.4.

22) 김민식 · 이가희(2017), 상게서, pp.4-5.

23) 쉬핑뉴스넷(2017)(검색일: 2022.7.26.)

24) 전서연 · 황진회 · 이호춘, 「국내 컨테이너 해운기업의 디지털 전환 활성화 방안 연구」, 한국 해양수산개발원, 2022, pp.21-23.

25) 김서현, 「해운물류기업의 E-플랫폼 품질과 가치에 관한 실증연구」, 석사논문, 한국해양대 학교 글로벌물류대학원, 2020, pp.10-11.

26) 김서현(2020), 상게서, pp.10-11.

27) 머스크의 물류자회사 담코(Damco)는 대규모 조직 개편에 따라 2020년 말에 폐지되어 머 스크의 물류 서비스 사업으로 통합되었음.

28) 롱테일이라는 용어는 온라인 DVD 대여점인 미국의 넷플릭스(Netflix)나 아마존(Amazon) 등의 특정 비즈니스 모델을 설명하기 위해서 IT 잡지인 와이어드(Wired)의 편집장인 크리 스 앤더슨(Chris Anderson)에 의해 처음 명명되었다. 롱테일은 온라인 소매점의 하나인 아 마존을 통해 쉽게 이해할 수 있다. 전통적인 시장구조는 특정 분야에서 잘 팔리는 상위 20%가 전체 매출의 80%를 차지한다는 파레토 법칙에 따르고 있다. 따라서 매장에는 잘 팔 리는 물건만 진열하고 나머지는 재고 창고에 쌓여 있다. 그러나 재고나 물류에 드는 비용 이 종래 소매점보다 훨씬 저렴해진 온라인 비즈니스에서는 그동안 비인기 상품의 진열이 가능하게 되었고, 이러한 비인기 상품이 니치 시장을 발생시켜 매출의 20~30%를 차지하 는 등 높은 이익을 창출하는 새로운 비즈니스 모델을 만들었다. 이러한 현상을 설명한 것

이 바로 롱테일 이론이다. [네이버 지식백과] 롱테일 이론 [The Long Tail] (손에 잡히는 IT 시사용어, 2008.02.01.).

29) 김서현(2020), 상계서, pp.10−11.

30) 선사가 화물을 다음 선박으로 이월하여 선적하는 행위.

31) 송형복, 「정기선 해운서비스 온라인 플랫폼 비즈니스 전략에 관한 연구」, 석사논문, 중앙대학교 글로벌 인적자원개발대학원, 2021, pp.62−63.

32) End−to−End logistics는 종종 E2E라고 표기되며 공급망 전체를 망라하는 운송프로세스를 의미하며 제품 디자인에서부터 원료 및 부품 조달, 유통, 그리고 최종소비자로의 배송을 위한 모든 운송물류 활동을 포함함.

33) 송형복(2021), 상계서, pp.62−63.

34) 송형복(2021), 상계서, p.65.

35) 송형복(2021), 상계서, p.66.

36) https://www.cma−cgm.com/local/uruguay/news/134/cma−cgm−esolutions

37) 송형복(2021), 상계서, p.66.

38) https://www.hapag−lloyd.com/en/online−business.html

39) 김서현(2020), 상계서, pp.10−11.

40) https://splash247.com/zim−debuts−ez−quote/

41) Bingisht, Digitalizing Supply Chain(https://www.cbinsights.com/research/digitizing−supply−chain−logistics−market−map/(2023.07.11.)) 이 장의 내용은 이 사이트를 참조하여 작성하였음.

42) 최초 자금조달인 시드펀드(seed fund) 이후 펀딩을 시리즈A 자금(제품 출시, 시제품 단계)이라고 하고, 시리즈B 자금은 제품 개발단계를 넘어 비즈니스화 단계 펀딩이며, 시리즈C는 해외진출, 시장 확대 등을 위한 단계의 펀딩. https://marketomni2020.tistory.com/73

43) Bingisht, Flexport teardown expert intelligence(https://www.cbinsights.com/research/report/flexport−teardown−expert−intelligence/?utm_source=linkedin&utm_campaign=Reddy&utm_medium=contentteam(2023.07.11.검색))

44) Market Watch, "Logistics software company Flexport valued at $8billion in funding round", 2022.2.7.

45) https://www.asiacargonews.com/cargonews/news/detail?id=6503(2023.07.11.검색)

46) https://www.freightos.com/about−freightos(2023.07.11.검색)

47) https://www.freightos.com/about−freightos#key−stats(2023.07.11.검색)

48) https://www.freightos.com/freight−resources/freightos−vs−icontainers/(2023.07.11.검색)

49) https://www.freightos.com/freight−resources/should−i−ship−with−freightos−or−cogoport/(2023.07.11.검색)

50) https://www.freightos.com/freight−resources/freightos−vs−convoy/(2023.07.11.검색)

51) https://www.compassft.com/xeneta_compass_press_release/(2023.07.11.검색)

52) www.ted.com/talks/bill_gross_the_single_biggest_reason_why_start_ups_succeed?language

=ko

53) 지금까지 Security Token을 증권형 토큰으로 표현했으나, '2023년 2월 금융위원회에서 발표된 가이드라인에 토큰증권으로 명시하였는데, 여기서는 인용 자료에 따라 용어를 혼용하여 쓰기로 한다.

54) 금융위원회, 금융감독원, 한국거래소, 예탁결제원, 「토큰 증권 발행·유통 규율체계 정비방안」, 2023.

55) Quinlan & Associates, *Cracking the Codes: The evolution of digital assets to the mainstream*, 2021, p.64.

56) 해양수산부, 공급망 안정성 강화를 위한 민간 선박투자 활성화 방안 연구, 2023. p.133.

57) 해양수산부(2023), 상게서, p.134.

58) 가상화폐공개(Initial Coin Offering: ICO)란 사업자가 블록체인 기반의 암호화폐 코인을 발행하고 이를 투자자들에게 판매해 자금을 확보하는 방식을 말함.

59) 토큰과 코인에 대한 구분은 주로 메인넷(main network) 즉, 블록체인 플랫폼이 있는 경우를 코인이나 암포화폐 등으로 지칭하고, 없는 경우에는 토큰(Token)이라 부르며, 토큰이 보다 포괄적인 개념으로 사용되고 있음. 대부분의 가상화폐공개 시 발행되는 것은 '토큰'으로 볼 수 있으며, 토큰은 메인넷을 구축한 이후 코인이나 다른 (가상)화폐 등으로 교환(swap)됨.

60) 이지언·이보미, "ICO 현황과 규제방안: 자본시장법을 중심으로", 「KIF Vip리포트」, 2018, pp.12−20.

61) 곽선호, "증권형 토큰(Security Token) 시장의 성장을 위한 과제", 「금융브리프」, 2022, 31−22, p.1.

62) 정부에서 가상화폐공개를 전면 금지하겠다는 방침을 발표하였지만 가상화폐공개 그 자체를 명시적으로 금지하는 법령이 있는 것은 아님. 그러나 정부에서 가상화폐공개를 전면금지 하겠다는 방침을 발표한 상황이기 때문에 현행법령(자본시장법, 유사수신 행위규제법 등)이 폭넓게 해석, 적용될 가능성이 있어 문제가 될 수 있음(Decenter, 2018.03.06.)(검색일: 2023.03.21.)

63) 금융위원회, 금융감독원, 한국거래소, 예탁결제원, 「토큰 증권 발행·유통 규율체계 정비방안」, 2023, p.3.

64) 한국블록체인협회, "토큰 경제 차세대 주역으로 떠오른 STO(Security Token Offering)'−증권형 토큰의 상대적 강점과 리스크 그리고 활용 잠재력 분석−", 「BLOCKCHAIN 동향과 이슈」, 2019년 2월 제4호 pp.3−8.

65) 이투데이, '빗썸, STO(증권형 토큰) 시장 진출 검토', 2022.5.12.

66) 창업일보, '바이셀 스탠다드 '피스', KDB, NH투자증권 통과 선박금융 업무협약 체결, 2022.9.13.

67) 데이터넷, "바이셀 스탠다드 민간투자 어려운 선박금융 분야, 조각투자 길 연다", 2022.9.13.

68) 규제샌드박스(https://www.sandbox.go.kr/zz.main.PortalMain.laf)(2023.07.18. 검색). 사업자가 신기술을 활용한 새로운 제품과 서비스를 일정 조건하에서 시장에 우선 출시해 시험·검증할 수 있도록 현행 규제의 전부나 일부를 적용하지 않는 것을 말하며 그 과정에서 수집된 데이터를 토대로 합리적으로 규제를 개선하는 제도

69) 딜사이트(DealSite), '한국토지신탁, 선박금융 관련 토큰증권 발행 추진,' 2023.2.20.

70) 부산국제금융진흥원, 「민간 중심 선박금융 활성화를 위한 STO(Security Token Offering) 기술 사업화 방안에 대한 컨설팅」, 2021, p.115.

71) Splash, 'Newshore invest: KG2.0', February 3, 2020.

72) Vogemann 홈페이지(Vogemann.de)(검색일: 2023.03.21.)

73) 파이낸셜투데이, "블록체인 활용한 선박금융 조각투자 눈길… 국내시장도 '똑똑'", 2022.11.21.

74) Marine Money(검색일: 2023.03.21.)

75) 차영주, "디지털플랫폼 정부 실현에 따른 금융투자업계의 영향과 시사점", 코스콤 뉴스룸, 2023.07.10. https://newsroom.koscom.co.kr/35530

75) https://economist.co.kr/article/view/ecn202309270029

chapter 05 디지털 전환과 주요국 전략

1) 최원석, 정지현, 김정곤, 김주혜, 이효진, 백서인, "중국의 디지털 전환 전략과 시사점: 5G 네트워크 구축과 데이터 경제 육성을 중심으로", 「KIEP 정책연구 브리핑」, 2022. p.2.

2) IMD, World Digital Competitiveness Ranking 2022

3) 오종혁, "'디지털 중국' 추진전략의 주요 내용과 평가", 「KIEP 세계경제 포커스」, Vol. 6 No. 8, 2023. p.2.

4) http://www.nbnnews.co.kr/news/articleView.html?idxno=767376

5) 산업연구원, "중국의 디지털 실크로드(DSR) 전략과 시사점: 중국 디지털 기업의 해외진출을 중심으로", 「KIET 산업경제」, 2021, p.57.

6) 유현정, 「중국의 디지털 시크로드: 목표, 전망 그리고 한국의 대응」, 국가안보전략연구원, 2020, pp.30−41.

7) 산업일보, '중국, 실크로드로 中중심 디지털 생태계 주도권 노린다', 2021.3.5.

8) 인민망한국어판, '시진핑주석, G20정상회의 2일 차 디지털 전환 세션 참석', 2022.11.17.

9) SAFETY4SEA, "China's DigitalSilk Road and shipping digitalization," 2022.2.1.

10) 유현정(2020), 상게서, p.42.

11) 중국망(http://www.cmnews.kr), 세계 첨단기술시장의 일구양제(一球兩制)시대를 대비하라!(2023.05.06.)

12) 유현정(2020), 상게서, p.43.

13) Liang Jingjing, *Smart Shipping Technology and Maritime Administration: A Comparative Study of Japan and China*, Graduate School of Public Policy, University of Tokyo, June 2020, pp.9−12.

14) 해양수산해외산업정보포털, '중국, 지능형 선박개발 계획을 발표(8)', 2019.12.2.

15) KMI 중국연구센터, "중국 스마트 해운의 발전 추세 및 한국에 대한 시사점", 「중국리포트」,

2019.10.16. p.5.

16) MoST(2016), "高新技术企业认定管理办法"(Measures for the Administration of the Certification of High－tech Enterprises). Ministry of Science and Technology of China.

17) *Lena Broeckaert, Digital Transformation in Japan*, EU－Japan Centre, 2022.

18) 交通政策審議会 海事イノベーション部会,「海事産業の生産性革命の深化のために推進すべき取組について」, 2018. 6. 참고하여 작성.

19) "자율운항선박"이란 선상에 고도의 센서 및 정보처리기능, 보안을 확보한 위성통신, 육상으로부터의 원격지원기능 등을 갖춘 선박과 운항시스템을 말함.

20) 전 세계적으로 쓸 수 있는 제품인데도 자국 시장만을 염두에 두고 제품을 만들어 글로벌 경쟁에 뒤처지는 현상을 가리키는 말이다.

21) 관계부처합동, 수출입 물류 스마트화 추진방안, 2020.02.

22) 관계부처합동, 스마트해상 물류 체계 구축전략, 2019.01.

23) 관계부처합동, 「스마트 해운물류 확산전략」, 2021.4. 내용을 참조하여 작성하였음

24) 해커톤(hackathon)이란 해킹(hacking)과 마라톤(marathon)의 합성어로 기획자, 개발자, 디자이너 등의 직군이 팀을 이루어 제한 시간 내 주제에 맞는 서비스를 개발하는 공모전이다. 교육을 목표로 하거나 새로운 소프트웨어의 개발, 또는 기존 소프트웨어의 개선을 목표로 하는 경우가 많다.

25) 스마트해상물류관리사 자격증 시험은 2022년부터 국제물류, 해운물류, 정보통신기술개론, 스마트해상물류기술개론, 해상물류정보통신법규 등 5개 과목을 대상으로 시행중에 있다.

26) 시사저널e, "조선3사 300조 시장 자율운항선박 주도권 잡기 전쟁 치열", 2023.8.26.

27) 해양수산과학기술진흥원, 자율운항선박 분야 선제적 규제혁신 로드맵, KIMST Insight, 2022, No.05. pp.2－5.

27) 관계부처합동, 자율운항선박 분야 선제적 규제혁신로드맵, 2021.10.14. p.19.

28) 해양수산부, 첨단 해양모빌리티 세계시장 선점한다, 보도자료, 2023.11.17.

chatper 06 디지털 전환의 성공 조건과 향후 과제

1) Osmundsen, Karen; Iden, Jon; and Bygstad, Bendik, "Digital Transformation: Drivers, Success Factors, and Implications" MCIS 2018 Proceedings. 37, 2018, pp.1－16.

2) Edvard Tijan, Marija Jović, Saša Aksentijević, Andreja Pucihar, "Digital Transformation in the Maritime Transport Sector", *Technological Forecasting and Social Change*, Volume 170, 2021.

3) Peter C. Verhoef, Thijs Broekhuizen, Yakov Bart, Abhi Bhattacharya, John Qi Dong, Nicolai Fabian, Michael Haenlein, Digital transformation: A Multidisciplinary Reflection and Research Agenda, *Journal of Business Research*, Volume 122, 2021, Pages 889－901.

4) M. Jović, E. Tijan, S. Aksentijević and D. Čišić, "An Overview Of Security Challenges

Of Seaport IoT Systems," 42nd International Convention on Information and Communication Technology, Electronics and Microelectronics (MIPRO), Opatija, Croatia, 2019, pp.1349−1354.

5) European Council for maritime Applied R&D, Maritime Technology Challenges 2030: New Technologies and Opportunities, 2017, pp.1−12.

6) Zeeshan Raza, Johan Woxenius, Ceren Altuntas Vural, Mikael Lind, "Digital transformation of maritime logistics: Exploring trends in the liner shipping segment", *Computers in Industry*, Volume 145, 2023, pp.1−16

7) Cichosz, M., Wallenburg, C.M. and Knemeyer, A.M., "Digital transformation at logistics service providers: barriers, success factors and leading practices", *The International Journal of Logistics Management*, Vol. 31 No. 2, 2020, pp.209−238.

8) G.C. Kane, D. Palmer, A.N. Phillips, D. Kiron, N. Buckley, "Coming of Age Digitally: Learning, Leadership, and Legacy", *MIT Sloan Management Review* 2018, pp.1−35.

9) Westerman, George, Didier Bonnet, and Andrew McAfee. "The nine elements of digital transformation." *MIT Sloan Management Review* 55.3 2014, pp.1−6; Gerald C. Kane, D. Palmer, A.N. Phillips, D. Kiron, N. Buckley, Achieving Digital Maturity, *MIT Sloan Management Review*, 2017, pp.1−29.

10) Kuo, H.−M., Chen, T.−L. and Yang, C.−S., "The effects of institutional pressures on shipping digital transformation in Taiwan", *Maritime Business Review*, Vol. 7 No. 2, 2022, pp.175−191.

11) Parola, F., Satta, G., Buratti, N., & Vitellaro, F., "Digital technologies and business opportunities for logistics centres in maritime supply chains", *Maritime Policy & Management*, 48(4), 2021, pp.461−477.

12) Vial, Gregory, "Understanding digital transformation: A review and a research agenda", *Managing Digital Transformation*, 2021, pp.13−66.

13) Agrawal, Prakash; Narain, Rakesh; Ullah, Inayat. "Analysis of barriers in implementation of digital transformation of supply chain using interpretive structural modelling approach", *Journal of Modelling in Management*, 2019, 15.1, pp.297−317.

14) Kechagias, Evripidis P., et al., "Digital transformation of the maritime industry: A cybersecurity systemic approach", *International Journal of Critical Infrastructure Protection*, 2022, 37, pp.1−14; Tijan, Edvard, et al., "Digital transformation in the maritime transport sector", *Technological Forecasting and Social Change*, 2021, 170, pp.1−15.

15) 2017년 덴마크 머스크, 2018년 중국 코스코, 2019년 스위스 MSC, 2020년 프랑스 CMA−CGM 등 세계 4대 글로벌 선사들이 사이버 공격을 잇달아 받아 선박예약 중단 등 글로벌 해운물류업체에 큰 피해를 입혔음.

16) 한국능률협회컨설팅, 「해운산업 디지털 전환 수준 진단 및 지원정책 발굴 용역」, 중간보고 발표자료, 한국해양진흥공사, 2023. pp.1−11.

17) 한재필·구자현·김정욱·한성민·이종관·이규엽, 「디지털 기반 성장을 위한 디지털 전환 정책과제」, 연구보고서 2021−07, 한국개발연구원, pp.350~351.

18) 최건우·윤재웅·황수진·류희영·김병주, 「포스트 코로나 시대의 컨테이너 해운산업 대응방안 연구: 디지털 플랫폼을 중심으로」, 기본연구 2022－14, 한국해양수산개발원, 2022.

19) 채무자가 채무를 이행하는데 있어서 그 보조를 하는 자를 말한다. 채무자와 협력하여 채무를 이행하는데 있어서 채무자와 고용관계에 있는 경우와 채무자와 독립하여 계약자로서 채무자를 대신하여 채무를 이행하는 경우가 있다. 예를 들어 무역거래에서는 해상화물 취급업자, 선내하역업자(Stevedore)가 이에 해당된다. 해상운송인과 동일한 책임제한의 이점을 Stevedore 등의 이행보조자가 받는 것은 선하증권에 명문으로 규정되어 있다. 고용자의 지휘, 감독하에 고용자의 채무이행을 보조하는 자를 말하고 Assistant 또는 Subcontractor Servant라고도 부른다. https://www.kita.net/cmmrcInfo/cmmrcWord/detail.do?nindex＝71015.

20) 부산산업과학혁신원, 「부산 물류산업 디지털 전환 역량 분석」, 정책연구 2021－01, 부산산업과학혁신원, 2021

21) 송영근·박안선·심진보, "디지털 전환의 개념과 디지털 전환 R&D의 범위", 「기술정책 트렌드」 2022－02, 한국전자통신연구원, 2002.

22) 음학진, "해운물류 스마트화 R&D 추진현황 점검 및 기술개발 방향", 「KIMST Insight」, No.05. 2022, p.9

23) 한철환, "디지털시대 물류전문인력 양성방안", 「한국항만경제학회」 제38집 제1호. pp.15－29, 2022.3 내용을 다시 정리한 것임

24) 현재 국내에서 이루어지고 있는 물류분야 기업연계 교과목으로는 중앙대와 한국해양대가 CJ대한통운과 운영하고 있는 CJ 물류비즈니스와 CJ물류컨설팅방법론이 있다.

25) 주로 공학계열 학생들에게 산업현장에서 부딪칠 수 있는 문제들을 해결할 수 있는 능력을 길러주기 위해 졸업 논문 대신 작품을 기획, 설계, 제작하는 전 과정을 경험하게 하는 교육과정을 뜻한다. 즉 산업 현장의 수요에 맞는 기술 인력을 양성하기 위한 프로그램으로, '창의적 종합 설계'라고도 한다. [네이버 지식백과] 캡스톤 디자인 [capstone design] (한경경제용어사전)

26) 기업이 요청하는 교과목을 개설, 지도교수와 기업이 공동으로 학생들을 지도하며 수업을 통해 도출된 결과물은 기업에 판매되는 '주문식 판매 프로그램'으로 문제해결형 교과로 동서대에서 최초로 시행한 프로그램으로 클래스셀링®(Class Selling®) 사용 상표 획득(2015. 10.26.), 기업 애로기술을 해결하고 기업과 공통프로젝트 진행을 통하여 학생들에게 현장감 있는 교과과정을 제공한다.

27) 2010년 퀴네재단(Kühne Foundation)의 지원으로 설립된 KLU(Kühne Logistics University)은 독일 함부르크 하펜시티에 위치한 세계적인 물류전문대학교로 발전하고 있음.

28) 봉강호·이동현, "디지털 기업가정신'의 부상: 의의와 전망, 그리고 정책적 시사점", 「ISSUE REPORT」 2022.08.19. IS－143, 소프트웨어정책연구소, pp.1－2.

29) 봉강호·이동현, "디지털 기업가정신'의 부상: 의의와 전망, 그리고 정책적 시사점", 「ISSUE REPORT」 2022.08.19. IS－143, 소프트웨어정책연구소, p.2.

30) 변충규·김석호·하환호, "디지털 기업가정신 분야의 연구동향 분석과 연구방향 제언", 「지역산업연구」, 2022, 45.1, pp.117－142.

디지털 전환과 해운물류

초판발행	2024년 2월 28일
지은이	한철환·김태일
펴낸이	안종만·안상준
편 집	전채린
기획/마케팅	박부하
표지디자인	Ben Story
제 작	고철민·조영환
펴낸곳	(주)박영사
	서울특별시 금천구 가산디지털2로 53, 210호(가산동, 한라시그마밸리)
	등록 1959. 3. 11. 제300-1959-1호(倫)
전 화	02)733-6771
f a x	02)736-4818
e-mail	pys@pybook.co.kr
homepage	www.pybook.co.kr
ISBN	979-11-303-1873-8 93320

정 가   22,000원

이 개발과제는 지자체-대학 협력기반 지역혁신 사업비로 개발되었음